JN267885

近代日中関係史再考

田中 明【編著】

日本経済評論社

目次

凡例

1　地名・人名など固有名詞を含め、原則として常用漢字を用いた。
2　現在の中国東北地方の旧名については、慣例に従い「満州」を用いた。但し、文献名や編者名、引用資料中の「満洲」はそのままにした。
3　「満州国」や「新京」については、傀儡政権の国号・首都名として本来「」を付けるべきであるが、煩瑣を避けるため省略した。
4　元号表記については、引用資料中のものを除き、原則として西暦に統一した。

満州国経済の研究課題と資料の現状

解学詩　著
江田いづみ訳

はじめに

一九三一年九月から三二年三月にかけて、日本の関東軍は中国東北を占領し、「満州国」政権を成立させた。従来から半植民地となっていた東北地方は、この時から四五年八月まで、日本による軍事的支配下に置かれることになったのである〔原文では傀儡国家の意味で「偽満州国」とあるが、煩瑣を避けるため以下では「偽」や「　」は付さない――訳者〕。この時期の中国東北に関して歴史学的研究が行われるようになったのは、中国でも日本でもそれほど以前のことではない。一九六〇年代の中頃から、日本では『満州開発四十年史』（上下巻、補巻）や『満洲国史』（総論、各論）を代表とする、中国東北に関する著作の出版が始まり、それは七〇年代末まで続いた(1)。しかし、これらはかつて満州国の侵略政策を策定または執行する役職にあった著者・編者たちが、当時の歴史を「忘れない」ため、ひいては正当化するため、戦前の立場から執筆したものであり、真の意味で歴史研究と言えるものではなかった。こうした著作が日本の出版界に氾濫していた一方、心ある学者は「満州」に関する歴史学的研究に着手し、優れた成果を生み出していた。以下、これらの成果を紹介しつつ、中国東北、満州国経済の研究課題について述べてみたい。

一

満州国についての歴史学的研究は、六〇年代に安藤彦太郎編『満鉄――日本帝国主義と中国』（一九六五年）、七〇年代には浅田喬二、松村高夫、原朗、小林英夫らによる『日本帝国主義下の満州』が出版された。これらによって「日本における満州国研究、日本支配下の満州における政治、経済過程に関する研究はここ一〇年着実に進展(2)」した。

最も大きな業績は、鈴木隆史『日本帝国主義と満州』（一九九二年）と山本有造編『満洲国の研究』（一九九三年）の出版であろう。前者は鈴木氏個人による著作で、一九〇〇年から四五年に至る日本帝国主義の「満州」に対する侵略を跡付け、後者は山本氏を中心とするグループによる「『満州国期』の満州支配の実態」を重点に据えた、五年に渡る共同研究の成果である[3]。ともに日本における満州国研究の最も注目に値する大著といえよう。

中国の満鉄研究が一九五〇年代末に国の学術計画の一環として始まったのに対し、満州国研究は、七〇年代初め『週刊読売』の特集からまとめられた『あ、満洲』に対する大きな反発を契機としている。つまり、中国の満州国研究は日本の右翼的作品の刺激によって始まったといえる。もっとも、幅広く緻密な研究となると、その登場は八〇年代以降のことであり、檔案館等が（単独あるいは研究機関と共同で）関連資料や著作を出版して成果の公表が相次いだのも、ここ十年来のことである[4]。

もちろん、同じ満州国研究といっても、中国と日本の歴史学界では重点の置き方が異なる。日本では主に植民地史の視点から研究され、その結果「経済史研究は満州国研究における先進分野といってよ」い[5]が、中国にとって満州国期は中日関係史上の被侵略期間であるため、中国では政治的・軍事的側面に研究の重点が置かれてきたのである。こうした着眼点の相違が存在するのは、ある意味では当然であるが、それでもなお満州国経済問題の研究を進展させ、その不足を補うことは、両国の学界に裨益するところがあろうし、重要なのは歴史の実相を明らかにし、その本来の姿を取り戻すことである。経済の面でも、中日間には対立を解消して、共通の認識に到達すべき歴史的課題が残されているのである。従って、経済問題は満州国史ばかりでなく、近現代の中日関係史と被侵略史研究の中にあっても、基本的なテーマの一つといえる。

二

満州国経済が九・一八事変前の中国東北経済の延長線上にあるのは当然だが、満州国の十数年間に東北経済には根本的変化が生じた。変化をもたらしたのは経済的要因よりむしろ、日本の武力占領による軍事的政治的反作用である。このため中国東北経済の研究は、九・一八事変を境に、あらゆる面で視点を変えざるをえない。この問題を説明するため、以下に事変前の東北経済と満州国経済の推移を概略的に振り返っておこう。

広大な土地を擁する中国東北では、開発にとって交通は極めて重要な要素であった。一八六一年の営口開港後、(6)東北はようやく沿海の一部地域で世界市場とつながりをもつに至ったが、二〇世紀初頭には、ロシアの中東鉄道と英国資本を背景とする北寧鉄道が開通する一方、日本がロシアから南満州鉄道を獲得して、三鉄道鼎立状態を呈するようになった。ここに東北の経済と社会に大きな変化が生じたのである。これらの鉄道の中で、地理的条件から日本が優勢に立ったのは当然であった。満鉄（南満州鉄道株式会社）は長春――大連間の鉄道を直接経営する以外に、さまざまな手段を通じて吉長、吉敦、四洮、洮昂などの中国系鉄道を、満鉄が貨物を吸収するための「栄養線」とし、程度の差こそあれ、各鉄道の経営権を左右するようになった。中国資本の鉄道建設は二〇年代にピークを迎えたものの、(7)九・一八事変に至るまで収益を上げられた期間はごくわずかであった。

当時、東北の鉄道は、国内の他地域に比べてはるかに発達しており、そのもたらした経済効果はまず農業に現われた。一九二四～三〇年頃、東北地区では毎年耕地面積が五〇～一〇〇万ヘクタール拡大しており、鉄道交通の発展により、増加を続ける華北農民の東北移入が容易になる一方、東北の農業は世界市場に参入し、商品作物の栽培が盛んになった。統計によれば、一九〇八～三〇年に関内〔山海関以南〕からの移民は五八一万人、定住者は二九一万人に達した。特に二七～二九年には年間の移民は一〇〇万人を超え、定住者の平均は六〇万人以上に上った[8]。また一九〇三年の東北の対外貿易総額は全国の三・〇五％に過ぎなかったものが、三〇年には二九・二％まで上昇し、額では一六〇三万両から四億九八九一万両へと三〇倍以上増加している[9]。貿易の急激な増加は主に商品大豆生産によるものであった。日清戦争後、日本では魚肥に代わって大豆のしめかすが耕作に用いられるようになってその消費が急増し、日露戦争後には三井物産などの商社が、満鉄を利用して東北の大豆、豆油、しめかす（俗に「三豆」または「大豆三品」と称される）を大量に欧州などへ輸出するようになっていたのである。一九〇八～三〇年に東北の耕地面積は八〇四万ヘクタールから一三六〇万ヘクタールへと六九％拡大し、大豆の生産高は一五〇万トンから五八四万トンに二八九％増加した[10]。一九二九年の大豆の作付け面積は四〇二万ヘクタールで、全耕地面積の三〇・三％に上り、一九〇〇年から二九～三三年の間に大豆生産の比重は八％増加した[11]。大豆の生産高と商品化率はともに上昇し、二九年から三一年の大豆生産高は平均五〇〇万トンを超え、大豆三品の輸出も四〇〇万トン近くであった。当時の中国東北は、すでに世界の大豆の生産と輸出のトップを占めており、一九三一年の世界の総生産量八〇〇万トンのうち、六六％の五三〇万トンを占めていた[12]。

しかしながら、生産構造と経済構造が異なった発展経路を辿ることは、歴史的にも明らかであり、商品作物生産の高度成長も、農業経営の近代化をもたらすことはなかった。清代中期以降動揺しつつあった、旗地制度に象徴される東北の封建的土地制度は、清末には更に衰退し、辛亥革命後の軍閥官僚政府による官庄や王侯荘園の払い下げ、一般旗地の整理や開墾放棄の結果、旗地制度は全面的に崩壊した。ところが、それに代わった軍閥官僚の土地所有制も依然として封建的土地制度であり、小農経済の生産様式はそのまま踏襲された。地租は依然として現物であるばかりか、地租率は資本主義のそれをはるかに上回り、定率にせよ、定量にせよ、地租額が小作農の収穫物に占める割合は大半が四〇～五〇％に及び、農民の生産費と自家労働賃金に食い込んだ。こうした封建的生産関係の中で、肉体労働を基礎とする脆弱な小農経済が、近代資本主義的大規模経営に転換することは極めて困難であった。数少ない比較的大規模な農業開墾会社も名ばかりにすぎず、ほとんどが貧しい開墾者や小作人を搾取して成り立つものだった。東北の大豆三品の輸出は、主に日本の商人に独占されており、[13]彼らは圧倒的多数を占める小農経済の存在のおかげで、輸出用農産物を廉価で買い入れ、高額の利潤を獲得できたのである。分散した小農経済による生産と大規模な集中輸出、すなわち「小規模生産、大規模販売」の矛盾は、商業資本の経営する糧桟〔穀物問屋〕、油坊〔搾油場〕、焼鍋〔焼酎醸造所〕などに、充分な活動の余地を与えた。彼らは一方で地主階級と一体となりながら、あるいは相互に立場を入れ替えつつ、一方で直接間接に外国資本に従属し、買弁的経営を行った。このように、小農経済が長期的に存続したのは偶然ではなかった。

鉄道幹線の開通によって、中国東北にも近代的大工業が出現したが、その大半は外国資本であり、特に日本の資本による独占は大きかった。一九二九～三〇年、東北の年間平均石炭産出量は八七二万トンにのぼったが、そのうち八一・七%に当たる七一三万トンは日本資本が産出し、銑鉄の平均生産量二八・四万トンはすべて日系企業によるものだった。[14]その一方で一九一四年に中国の「鉱業条例」が公布されたのち、特に二〇年代中期は、中国資本による鉄道建設の興隆に従って石炭産業の発展も顕著となった。軍閥政府も大衆のナショナリズムの高揚を無視できず、外国資本を制限する措置を採らざるをえなかったのである。だが、外資系企業との競合にいささかでも耐えうるのは、後に東北鉱務局の管轄下に置かれる八道壕、復州、西安、尾明山など官僚資本の炭鉱が主体で、個人資本には小規模なものしかなかった。そのうえ、外資の制限措置や外資系企業の独占的地位の変化も極めて限られたものに過ぎなかった。たとえば、満鉄の撫順炭鉱は三〇年になってその地位に若干の変化が見られたが、その変化の要因はむしろ前年の世界恐慌の影響にあった。

外国資本は東北において他にも工業を興しており、特に満鉄は鉄道と石炭・鉄鋼業関連で電力工場、鉄道工場、機械製造工場、セメント工場など、数多くの補助工業を創設した。同時に満鉄は日系の個人資本にも資金援助や支援を行ったため、搾油、マッチ、硝子、染料、紡績、製麻、毛織、製紙、煙草などの日系企業が相次いで出現した。特に第一次世界大戦中、日本の工業資本の投資はピークに達した。ただ、日系資本の工業は大部分が関東州と満鉄付属地に集中しており、一九二〇年までに同地域には五五五の日系工場が存在し、資本総額は一億九〇〇〇万元、一軒あたり平均三四万二〇〇〇元であった(15)。こうした日系企業が一定の近代的工業生産方式を導入したことは事実だが、その地域は限られており、「日本資本主義の諸要求」の実現に有利であるときのみ、すなわち「大陸政策の経済面での」「基本的に必要な範囲内」の発展に限られていた(16)。そのため、中国東北における日本の一般工業企業は、石炭・鉄鋼など重工業に比べて地位が格段に低いばかりか、日系の商業や銀行資本などにも及ばなかった。それでもなお、中国の民族資本にとっては強敵であった。

三

営口が開港し、外国製品が入ってくると、封建的農業と一体をなす手工業は深刻な衝撃を受けたが、民族資本による工業体系ができあがるのは、東北に幹線鉄道が開通した後のことであった。中国の民族資本工業で比較的発展したのは、油坊や製粉、焼鍋などの農産物加工業で、この三者が代表的だった。当然、それは東北の商品作物生産が発展し大豆三品貿易が急激に成長した結果であったが、外国資本に対する従属度は大きく、日系資本とは厳しい競合関係にあった。

油坊業は東北の奥地でも盛んに行われたが、その中心となっていたのは営口であった。ところが満鉄が発展し、大豆貿易を吸収し大豆加工業対策を実施すると、営口の地位は大連に取って代わられることとなった。一九二七年を例にとると、東北の大豆加工能力の五〇％以上を占める大連の油坊業者の中で、機械化生産を採用した業者の生産高は、大連全体の七七％に当った[17]。それに対して大連以外の各地の油坊業は、完全には機械化されない螺旋式の搾油機を主としており、特に大都市や鉄道沿線以外の油坊は、大半が手動搾油機を使用する、糧桟と兼業の小規模なものだった。東北油坊業のこうした分布と技術的複雑さは、その海外市場への依存度と後進性を反映しており、二九年に世界恐慌が起こると、深刻な打撃を免れることはできなかった。三〇年には搾油能力の一〇％近くが日系資本に掌握された。

近代的製粉工場は、北満のハルビンを中心として立地しており、古くからの歴史を有していた。順調な発展の背景にはロシア資本の導入や中東鉄道の建設とその保護政策があり、一九三〇年に北満に存在した四〇の製粉工場のうち、二二はハルビンに、一八は中東鉄道沿線にあった[18]。だが、外国資本との競争は激しく、苦況に陥るものが相次いだ[19]。

焼鍋以外の民族工業のほとんどが日本や外国資本との激しい競争に巻き込まれる中で、外国資本とある程度拮抗することができた産業は、紡績とマッチ製造の二業種だけだった。紡績業は中国が遼寧紡績廠（一九二一年設立、資本金一〇〇万元）という官僚資本企業を擁しており、マッチ製造業は、マッチの包装に家内労働が威力を発揮したためといえる。この他、電力産業においても民族工業は一定の地位を有していたが、それでも、三〇年までに、企業数では中国資本は五〇％を占めたものの（民営三六、官営一三）、発電量と電灯数、投資額では日本資本が圧倒的で、それぞれ八〇％、六七％、八七％を占めていた。これは日本資本が鉄道と石炭・鉄鋼業を独占していたことによるもので、日系の電力企業の中では、満鉄とその子会社である南満州電気会社の投資は七三％強を占めていた[20]。兵器工業では、東北地方政府が創立し経営した奉天兵工廠が、東北だけでなく中国全土でその名を知られていた。

技術面では、当時の東北は鉄道幹線が建設され、石炭・鉄鋼業など重工業が興隆し、他の工業もある程度発展し、特に日本資本によって新しい技術が導入・開発されていた。たとえば、一九二九年に満鉄が建設に着手した製鋼所の設備は、すべてドイツから導入されたものであったし、三〇年に九〇〇万元費やして購入した第三号高炉はアメリカのプラントであった。その他、満鉄は東北の資源条件に合せて、たとえば鞍山の低品位鉱を処理するための「鞍山式還元焙焼法」や坑道の爆破、液体酸素爆薬の採用、復州高磬土の研究など、新しい技術を開発・採用した。しかし、これらの新技術は、単に一般的資本増殖を目指すというより、差し迫った資源獲得の必要に迫られたものであり、国家資本を背景とする「国策」執行者である満鉄にして、はじめて可能であった。従って、これらの技術は資源獲得の重要な局面でしか実用に至らなかった。日系資本工業のこうした技術面の奇形的発展は、生産構造にも顕著であり、たとえば石炭・鉄鋼の原料工業は加工業より大規模で、一般の加工業は機械工業より大きかったが、交通・鉱山関連の機械工業は、普通の機械工業より規模が大きかった。一九一〇〜三〇年にかけて関東州と満鉄付属地内では、機械・金属企業は一八から七七に増加したが、大企業は満鉄の修理工場以外になく、小規模な金属工場の生産能力は限られており、同時期の工業生産高を増大させるには至らなかった。

少数の紡績工場、兵器工場を除く民族工業の生産技術は、大半が工場制手工業または家内工業の段階に留まっていた。三一年の東北の機械工業の生産高は四三〇〇万元で、各種工業の総生産高（鉱工業は除く）の中で第三位にあった。そして機械工業の中でも兵器が五五％を占め、その他の四五％の中では、鉄道機械が圧倒的優勢を占め、その次が採鉱と製鋼関連の工業で、電気機械と一般機械は極めて少なかった(21)。これは、東北の機械設備の自給率の低さを物語っている。

このように、外国資本の導入や鉄道、石炭・鉄鋼業など重工業の発展は、東北の産業と技術水準の普遍的向上をもたらすことはなかった。外国資本は中国の安価な労働力を最大限搾取するため、近代的生産方法を大きく制限したし、民族資本には近代的生産技術を取り入れる力はなかったからである。このため、当時の東北にはごく少数の世界的水準の先端技術と大規模な植民地的奴隷労働が共存していた。たとえば、鞍山製鉄所の大孤山採鉱場の第一期計画ではパワーショベルを使用しない規定になっていたが、それは「三〇〇〇トン前後の出鉱（日産）では人力で充分であり、人力を利用した方が安い」[22]ためで、当時の満鉄には「精確を要する仕事は……日本人が担当し」「その他の単純な肉体労働は……中国人を使用する方が経済的に有利である」[23]という原則があった。一九二九年に満鉄総裁の山本条太郎が朝鮮の新義州に製鉄所を建設するとき「満州の資源を完全に利用しさえすればよい」「無駄に中国人を雇う必要はない、彼らに仕事を探させよ」[24]と述べている。小農経済を主体とする農村から余剰労働力が析出され、外国資本は低廉な労働力を獲得する一方、それを利用して工場労働者の賃金を抑え込んだのであるから、廉価な中国人労働者は、ある意味では外国資本が作り出したものに他ならなかった。

以上、九・一八事変前の中国東北経済を概観してみると、当時の主要外国資本が経済的命脈を握っており、民族資本は競争と圧力の中で健全な発展は望むべくもなかったことが理解できる。

満州国成立後、東北は経済的従属が徹底されたばかりか、政治的にも完全に主権を喪失し、日本の軍事占領下に置かれた。こうした政治的・軍事的状態は、満州国経済の変化に重大な影響を与えており、これらの要素を過小評価して、単に経済に始まり経済に終わるような視角では、この時期の経済的発展や変化をとらえることはできないのである。満州国は侵略戦争の結果生まれ、侵略戦争によって変異し、侵略戦争の失敗が崩壊を招いた。従って満州国の経済もこの論理から逸脱することはできず、政治的過程と経済的過程は基本的に表裏一体のものとしてとらえるべきであろう。

こうした観点によって、満州国期を時期区分しつつとらえてみると、一九三一年九月一八日に関東軍が柳条湖事変を引き起こしてから、三三年三月に熱河を占領するまでを九・一八事変期と称することができる。この期間に、軍事的には東北全土の占領が進み、政治的には満州国が作りあげられ、これに対応して、経済面では鉄道・交通・通信などの施設を支配下に置き、税関や塩税を強制的に接収して満州国の財政的基盤を固め、基本政策である経済統制政策が実施された。

その後一九三六年までは植民地支配の確立期であり、この時期の重点は政治と軍事にあった。もっとも重要だったのは、傀儡当局が討伐と弾圧によって植民地支配を確立することと、関東軍が西から関内に侵入することだった。経済的には、統制政策が開始され、特殊会社が発展し、軍事的鎮圧や戦争準備に関連する交通通信、基幹産業、軍需工業が積極的に振興された。三四、三五年には鉄道建設がピークを迎え、昭和製鋼所の銑鉄倍増計画の第一期、第二期増産計画が開始されたが、すでに世界恐慌の打撃を受けていた農業は、傀儡当局の逆行的農業政策と植民地支配により、危機は一層深まり、三四年には最悪の状態に陥って三六年になっても回復しなかった。

一九三七年から四一年は、満州国経済が全面的戦時体制へと歩み始めた時期と称することができる。傀儡当局の政治的・軍事的な支配に変化はなかったが、拡大する日中戦争を経済的に支えることが、この時期の突出した課題となった。このため産業五ヶ年計画が実施され、三八、三九年にはそれが修正・拡大された。三八年の第四・四半期からは満州国でも物資動員計画が実施され、日本とともに戦時体制に突入した。三九年には戦時経済の矛盾が露呈し始め、四〇年に日米通商条約が失効すると、屑鉄などの戦略物資が輸入できなくなり、産業計画は重点主義をとらざるをえなくなる。三九年には対ソ戦準備のための北辺振興計画が開始され、軍用鉄道工事が大規模に行われた。労働力が不足し、四一年七月の「関特演」後には労働力の「緊急募集」すなわち強制的徴用が始まった。一〇〇万戸の日本人移民計画が実行に移されたのもこの時期である。

太平洋戦争勃発から日本敗戦、満州国崩壊に至るまでは、「緊急経済収奪」の時期といえよう。傀儡当局の政策は、戦時緊急需要物資の「増産」と「対日供給」増加に集中し、そのためには手段を選ばず、緊急かつ非常の措置がとられた。たとえば「戦時緊急方策要綱」や「国防経済体制」の実施、「大陸物資交流」強化、鉄鋼・石炭・石油・非鉄金属の緊急増産、食糧緊急増産と農民への「出荷」強制、食糧配給、「国民皆労」体制、労働者の徴用、民衆の戦争奴隷化、金融・財務面での収奪などの結果、インフレや生産崩壊が発生し、民族商工業は徹底的に破壊されて、人々は塗炭の苦しみを味わうこととなった。

以上、満州国期の東北経済の推移について、生産から流通まで、社会の各方面にわたって概観を試みた。この時期の歴史事実を明らかにするには、日本と傀儡当局による経済政策と、その結果である経済的実態研究に重きを置くべきであろう。満州国期のあらゆる経済現象や経済的変化は、どれも経済政策を直接の要因としており、傀儡当局の経済政策を研究することにより、当局の意図や目的と、それを達成するための手段を理解することができる。政策の帰結としての経済実態を科学的に分析することは、逆に経済政策の本質を解明し、しかるべき歴史的評価につながるはずである。現在までに、内外の研究者はこの二つの側面について多くの作業を行ってきたが、さらにより深く幅広い研究が必要なことは言うまでもない。

四

歴史研究はさまざまな制約を受けつつ行われるものだが、研究者の立場と視点を除けば、資料面の条件は極めて重要である。満州国経済の分野では残存する資料は決して少なくなく、むしろ相当に豊富と言わねばならないが、檔案（文書）が少なく、内容的に体系性を欠き、後期の文書に至ってはごく少量しか残っておらず、資料の収集は容易ではない。その主な原因は、一九四五年八月の日本敗戦時、傀儡機構が組織的にほとんど全ての檔案と秘密資料を焼却したことにあり、その後も外国軍の占領や内戦などのため、資料を保管していた機関はこれらの文書を整理できず、破損や流出を免れなかった。檔案・資料の焼却に関しては戦犯の供述が残っているが[25]、当時、軍事機関や政府当局ばかりか、特殊会社でさえ文書や資料廃棄の命令を受けた。満鉄も例外ではなかった[26]。

日本と中国に残る満州国関係資料の具体的状況については、新潟大学教授の井村哲郎氏が『満洲国の研究』と『交流簡報』において詳細な紹介を行っている。[27]ここでは関東軍、満州国、満鉄、満州中央銀行の檔案資料について簡単に紹介しておこう。

関東軍は満州国期の中国東北にあって最高権力者であり、政策決定権を握っていたため、その発行した文書に最も権威があることは言を待たないが、残念ながら関東軍の檔案は大部分が焼却されて残存しない。吉林省檔案館には三〇〇〇点以上もの関東軍檔案が所蔵されていると言われるが、実際にはそれらは関東憲兵隊の文書で、[28]日本敗戦時に廃棄が間に合わなかったか、徹底できずに残ったものである。その内容にはまとまりがなく、中国人取締の記録が主であり、すでに利用されたものからみて、各階層の中国人に関する報告が多くを占めている。たとえば食糧配給を原因とする各地の民衆の反抗や、労働状況、労働者（特殊工人を含む）の運動、戦時経済状況と民心の動向などで、大半が憲兵隊の内部通報や『思想対策月報』に転載されている。

国務院や総務庁など各部局を含めた満州国政府の檔案は、その大部分が廃棄された。ある檔案館には満州国国務院総務庁、経済部、産業部、国務院建築局の文書が「全宗」（所蔵機関別分類）の項目をたてて保存されているが、量は少なく内容も体系的でないから、おそらく焼却の間に合わなかった残存資料と思われる。政府各部門の出版した年報や年鑑なども一部は残っているが、揃っているとは言い難い。満州国前期と中期の産業経済法令集を探すことは容易で、後期の政策や法令は『満洲国政府公報』から調査が可能だが、たとえば火曜会が制定・実行した政策や法令を見つけることは難しく、筆者は「興農部関係重要政策要綱集」以外は見たことがない。これは、日本人官吏による火曜会[29]が国務院会議を通すことなく、直接に政策や法令を制定したり、公布・推進するという、満州国政権の二重構造を体現したものであり、こうした政策は『満洲国政府公報』その他の定期刊行物で公表されることはなかった。

満州中央銀行は、満州国最初の特殊会社であり、満州国金融の中枢かつ流通部門での統制の鍵を握る機関であった。同行は比較的多くの檔案と資料を残しており、『満洲中央銀行報』も揃っている。特に同行の調査課は、満州国後期においては重要な調査機関であった。本書に収録する満州国の第一期、第二期五ヶ年計画と生産指数、物価指数などは、この調査課によるものである。

満鉄は少なくとも満州国前半期においては経済施策に全面的に参画しており、満州重工業開発株式会社（すなわち満業）が成立する以前には、満州国経済は満鉄によって独占されていたということができる。満鉄は膨大な調査機関を擁しており、調査資料と定期刊行物の数量も多い。また、残された満鉄檔案も比較的豊富で、満州国経済の研究には欠くことのできない存在である。問題は、満鉄資料は分散しているうえ未整理なため閲覧が困難なことで、時間とエネルギーを大々的に投入することなしに、大きな成果は得られないのが現状である。

おわりに

以上、本稿は満州国の歴史を経済面から研究することの重要性とそのために必要な資料の利用について言及してきたが、最後にもう一つの重要な資料の来源について指摘しておきたい。

中華人民共和国成立後、ソ連は戦犯の一部（主に一九四五年に関内の戦場から関東軍に編入された四個師団の戦犯と満州国の日本人高級官吏、憲兵、警察など）と溥儀などの満州国政府の中国人高官（一般に「漢奸」〔売国奴〕と称される）を中国に移管し、中国で逮捕された日本人戦犯（主に山西に残留し内戦に参加した日本の軍・政関係者）を加えた一〇〇〇余人に対して、五〇年代に裁判が行われた。思想改造により、彼らの大半は自身の罪業を認めて自白し、多数の供述と証言を残した。裁判の過程で関係機関は大量の調査を行い、多くの傍証資料と文件を収集した。こうした戦犯裁判に関する檔案は、日本帝国主義による中国侵略の最も重要な人的・文献的証拠である。満州国経済の問題を研究するには、こうした檔案についても十分意を用いて発掘すべきであろう。(30)

(1) たとえば日本経済往来社は、一九七八年に片倉衷の『回想の満洲国』と古海忠之の『忘れ得ぬ満洲国』を相次いで出版している。
(2) 井村哲郎「『満洲国』関係資料解題」(山本有造編『満洲国の研究』京都大学人文科学研究所、一九九三年、五三五頁)。
(3) 同前書、一頁、山本序言。
(4) たとえば中央檔案館、中国第二歴史檔案館、吉林省社会科学院の共編による『日本帝国主義侵華檔案資料選編』シリーズ二三巻中、七巻が直接あるいは間接的に満州国を扱っている。また、八〇年代以降に出版された満州国についての出版物には、『偽満洲国史』『歴史的毒瘤——偽満政権興亡』『偽満洲国史新編』『東北倫陥十四年歴史綱要』『東北倫陥十四年歴史』叢書などがある。
(5) 前掲、山本有造編『満洲国の研究』二頁、山本序言。
(6) 営口は一八五八年六月二六日に清国政府と米国が調印した天津条約によって開港を強要された。条約の中で営口は「牛荘」と呼ばれていた。
(7) 一九三〇年までに中国資本の鉄道はすでに一五一三キロ(うち官営は一〇四五キロ)に達しており、当時の東北の鉄道総キロ数の二五%を占めていた。日本資本の鉄道は二三四〇キロで総キロ数の三八%にあたり、貨物総量の五六%を輸送していた。
(8) 満鉄太平洋問題調査準備会「在満中国移民問題に関する数量的研究」一九三一年。
(9) 天野元之助「満洲経済の発展」一九～二二頁。
(10) 同前書、二一頁。
(11) 鈴木小兵衛「農作物から見た満洲経済の発展」(『東亜』一九三四年五月号)。
(12) 『満洲評論』一九巻二三号。
(13) 前掲「満洲経済の発展」四四～四五頁によると、一九三〇年の外国商人による輸出量の中で、日本人商人による輸出は大豆では四五%、しめかすの七一%、豆油の八三を占めていた。中国人商人によって輸出されたのは大豆の七%、しめかすの二六%、豆油の一〇%に過ぎない。

(14) 前掲「満洲経済の発展」一二頁。
(15) 『満洲経済年報』一九三三年、一四二頁。
(16) 同前書、九五頁。
(17) 天野元之助「満洲油坊の大連集中について」一九二八年、タイプ原稿。
(18) 「満洲の製粉業」タイプ原稿。
(19) 一九三〇～三三年、北満で生産された小麦粉は二一万トンから一四万六〇〇〇トンに減少し、長春では五万二〇〇〇トンから三〇〇〇トンに下降した。それに対して外国産小麦粉の輸入は二〇万六〇〇〇トンから五〇万六〇〇〇トンに増加し、中でも日本産は三万トンから二八万七〇〇〇トンに増えた。
(20) 「南満洲電気株式会社沿革史」一九三〇年一一月。
(21) 『満洲開発四十年史』下冊、四九四頁。
(22) 「大孤山採鉱計画概要」一九二五年五月（『鞍山鉄鋼会雑誌』一五号）。
(23) 満鉄檔案、甲種、総体、文書、調査、調査報告、三三冊の二四。
(24) 「製鉄計画討議に関する満鉄理事会議議事の要点」一九二九年一二月七日（満鉄檔案、甲種、総体、文書、監理、昭和製鋼所、二二一冊の二、第九号）。
(25) 一九五四年八月九日の古海忠之の供述によると「一九四五年八月一六日午前一〇時、総務長官室において日本人次長と総務処及び各部長の会議が召集され、その後の措置について協議がなされた。席上、機密文件の廃棄が決まった。私が総務庁次長として秘密を守らなければならなかったのは、たとえば関東軍の物資労務動員計画に関するもの、及び物資・労働力調達を要求する文件、『満州国』の物資動員計画及び資源測量調査に関する文件、さらに臨時次長会議の緊急時局対策、民族対策、『関特演』などの文件があり、一六日と一七日の二日間で、私自身の手で焼却した」（中央檔案館所蔵、一一九－二、一九、一、五）。
(26) 傀儡各機関の文書資料廃棄の状況については、井村哲郎氏が『一九四〇年代の東アジア――文献解題』（アジア経済研究所、一九九七年）六四～六六頁に詳細に述べている。
(27) 井村哲郎、前掲「『満洲国』関係資料解題」五三五～五八〇頁、「中国東北戦前期日本関係資料の所在」（『交流簡報』一九九四年一一月号、日中人文社会科学交流協会)。

(28) 井村、前掲「中国東北戦前期日本関係資料の所在」によれば、吉林省檔案館は関東憲兵隊檔案三六〇〇冊を所蔵しているという。

(29) 満州国国務院総務長官や次長、各部次長が参加して毎週火曜日に会議が開かれたため、「火曜会」と称される。「次長会議」とも呼ばれた。

(30) 裁判にかけられた一〇〇〇名を超える日本人戦犯のうち、最終的に有罪となったのは四五名のみであった。この四五名の自筆供述書は、日本人ジャーナリストの新井利男氏が特別許可を得て入手し、『侵略の証言』(岩波書店、一九九九年)に掲載した。おそらく中国側でもこうした資料は正式に公表されることになろう。

日本帝国主義の「満州」支配史研究

柳沢　遊

はじめに

近代日本の植民地支配体制のもとで、中国東北地域、「満州」(以下カッコを省略)は、日本の中国大陸侵略の橋頭堡ないし策源地として、換言すれば、「大東亜共栄圏」に帰結する日本の勢力圏拡大と旧来の植民地支配との交錯地域としてきわめて重要な位置に置かれていた。敗戦時一〇〇万人をこえる日本人が在留した満州については、戦後におびただしい数の回想録・引揚記録が執筆・出版された。しかし、一方で日本帝国主義の瓦解とともに、戦前の日本の植民地政策学も高等教育機関から姿を消し、ここに満州史研究をはじめとした植民地支配史研究の長期「空白」期が生じることになったのである。他の帝国主義国とは異なる、日本の脱植民地化を規定した歴史的社会的諸条件の特殊性によって[1]、満州史研究は、満州在留経験者と非経験者、戦後の歴史研究者と一般市民、そして「日本国」民と中国人との間に当初から深い認識ギャップが存在していたが、その認識ギャップと満州支配の実態双方に、歴史研究者は正面から向きあうことを回避する傾向が存在した[2]。ようやく一九七〇年前後から、学術的な満州支配史研究が戦後の歴史研究者によって開始されるが、歴史学界における植民地研究の治性化は、必ずしも市民レベルでの植民地認識の転回には連動せず、日本社会の多数派は、戦前日本が遂行した植民地支配にまつわる経験を、高度経済成長の時代にむしろ記憶の底に「封印」してきた。さらに戦争責任と植民地支配責任を曖昧化する傾向は、中国残留孤児問題が登場した一九七〇～八〇年代にも継続することになった[3]。こうして、冷戦体制がソ連・東欧型社会主義体制の崩壊という不均衡な形で部分的に終焉し、東アジア諸国との経済的政治的交流が緊密化した一九九〇年代に入って、戦前期日本帝国主義による東アジア支配をめぐる歴史認識のギャップが、マグマの噴出のように一挙に露呈し、「新しい教科書」問題をはじめとした政治・社会問題にまで拡大したといえよう[4]。

本稿は、二一世紀初頭の地点から、あらためて、戦後の満州支配史研究が提示し蓄積してきた論点とは何であったかを回顧し、この研究潮流からわれわれが今日何を継承すべきかを展望するための前提条件の構築をめざして、四期にわけて研究史を概観するものである(5)。その際、帝国主義史的視角による満州史研究がさかんになった一九七〇年代～八〇年代初頭の研究動向をやや詳細に紹介し、これらの研究の分析枠組みの特徴を、再検討してみたい。

一　前　史（一九六〇年代まで）

戦前、帝国大学に設置されていた植民政策学が廃止されるとともに、アカデミズムにおける植民地研究は、その継承・発展の場を失い、戦前・戦時期に自然科学・人文科学・社会科学の諸領域で膨大な業績をうみだした満州研究も、ほぼ途絶状態となった。大学内で植民政策学から国際関係論・国際経済研究への講座変更が進められる中で、戦前日本の植民地統治政策の実証的研究の中で生み出された諸論争も長期間「凍結」されることになった。たとえば、帝国主義と移植民の必然性をめぐる矢内原忠雄と大内兵衛との論争は、日本の植民地支配の論理を、社会科学の次元で解明する重要な糸口となりうる質をもっていたが、その論争は一九八〇年代後半までふりかえられることなく月日が経過した(6)。戦後日本の社会科学者が、植民地支配・中国支配のメカニズム究明に本格的に向きあうのは、ようやく第二次大戦後、三〇年近く経過した、一九六〇年代に入ってからのことであった(7)。もっとも、山辺健太郎や井上晴丸・宇佐美誠次郎のように、ごく少数ながら日本帝国主義と植民地支配との関連を追求しようとした研究者が存在していた事実は重要であろう。

たとえば、井上晴丸・宇佐美誠次郎『危機における日本資本主義の構造』は、日本の植民地侵略を地主・商業資本的侵略、産業資本的侵略、金融的侵略の諸側面から跡づけ、それらを「収奪と横領」という帝国主義史の視点から本国―植民地間の相互規定関係にも留意しながら考察したが、(8)こうした視点を発展・継承した実証的な満州研究は一九六〇年代初頭まではあらわれなかった。ようやく一九六五年に安藤彦太郎編『満鉄――日本帝国主義と中国――』が刊行され、満鉄という国策会社の歴史的役割を中心として、日露戦争から一九三〇年代に至る満州をめぐる日中関係史研究が登場した。このほか、石田興平『満州における植民地経済の史的展開』や満史会編『満州開発四十史』全三巻が一九六四年を前後して公刊され、戦前満州で研究に従事した研究者世代による研究によって満州研究の資料的条件は整備されたが、これらの刊行物には、植民地の収奪、他民族への抑圧という視点が後景に退いていたことは指摘しておかなければならない。

一方政治史研究でいちはやく、日本国際政治学会編『日本外交史研究』が一九六一年版で〈日中関係の展開〉という特集号を組んで、日露戦争期から満州事変期までの外交史・軍事史研究を収録したが、一九六〇年代後半には、栗原健編『対満蒙政策史の研究』や緒方貞子『満州事変と政策の形成過程』が公刊され、満州事変直前までの政治外交史研究の成果が相次いで出された。

一九六〇年代の満州研究の動向を整理した鈴木隆史「『満州』研究の現状と課題」（一九七一年）は日本帝国主義による満州支配の研究課題として、次の三点をあげた。第一に、満州における植民地支配を日本帝国主義の構造的一環として把握するという立場から、個々の実証研究を発展させて満州植民地経営史の全体像を構築すること、第二に、満州における植民地支配は、日本帝国主義の植民地体制全体の中でどのような位置を占めていたかを明らかにすること、第三に、日本帝国主義の支配に対する中国人民の抗日民族闘争の展開過程を、支配の全過程について系統的に解明すること、である。七〇年代の満州研究は、ほぼ鈴木の問題提起にそって進展していくことになる。

二　満州支配史研究の開花――一九七〇年代――

一九七〇年代に入ると、資料的環境の充実とともに、植民地研究の活性化がみられ、満州研究においても、研究の新段階を画する重要な実証研究が相次いで出現した。まず、満州史研究会編『日本帝国主義下の満州』は、「満州国」成立前後における日本の満州経済支配の動向を、経済統制政策、貨幣・金融、移民・労働、土地商組権という四つの問題から詳細に分析した。また、満州移民史研究会編『日本帝国主義下の満州移民』は、政策、営農実態、反満抗日運動等の諸側面から満州農業移民の全体像を考察した。一九六〇年代には不十分であった「満州国」論についても、一九七〇年代には注目すべき研究成果があらわれた。鈴木隆史は、「『満州国』の成立と経営」（『太平洋戦争史Ⅰ　満州事変』一九七一年所収）にひきつづき「『満州国』論」（『体系・日本現代史2』一九七九年）を著して、「満州国」の傀儡国家としての性格を明らかにした。岡部牧夫『満州国』（一九七八年）も、支配体制・産業開発・農業政策の三領域に力点を置いて「満州国」の成立から崩壊までの生涯を簡潔に論じた。当該期の「満州国」史研究の方法的特徴は、日本帝国主義の満州支配の深化の文脈の中に傀儡国家を位置づけようとしたこと、それゆえ、政治・経済・文化の全体的把握が志向されたことである。また、満州事変については、江口圭一「満州事変と排外主義の形成」（のち『日本帝国主義史論』一九七九年、に所収）が排外主義へ傾斜していく日本国内諸階層の動向を検討し、侵略と戦争を可能にした歴史的根拠を探求しようとした。

このほか一九七〇年代には、帝国主義史の視角にとらわれない日中関係史の実証研究も相次いで出された。北岡伸一『日本陸軍と大陸政策』（一九七八年）は、日露戦後から第一次大戦末までの日本の大陸政策の推移を、中国政策と満州経営政策との区分に留意しながら、陸軍内部の動向に焦点をあてて詳細に検討した成果であり、とくに鉄道・

金融問題・経営機関の三つのポイントがあてられている。また、臼井勝美『日本と中国』（一九七二年）は、一九一〇年～二〇年代の日中関係史の歴史的文脈のなかに満州問題を位置付けた外交史研究の成果である。

次に、個別分野ごとに主に一九七〇年代の満州研究をみておこう。まず、第一に満鉄史研究では、前述した安藤彦太郎編『満鉄』にひきつづき、概説的性格の強い研究成果として鈴木隆史「南満州鉄道株式会社（満鉄）の創立過程」（一九六九年）、宇田正「日本資本主義の満州経営」（一九七三年）が出された。とくに実証研究の進展がみられたのが満州国期の満鉄史研究である。植田健介「一九三〇年代における満鉄改組問題」（一九七四年）、原朗「『満州』における経済統制政策の展開」（一九七六年）によって関東軍（満州国）と満鉄との動態的関係が実証的に深められ、岡部牧夫「日本帝国主義と満鉄」（一九七八年）によって、当該期の全体像が呈示された。このほか桜井徹「南満州鉄道の経営と財閥」（一九七九年）は、財閥資本の資本蓄積と満鉄の資本調達との関連を分析した。満州事変の前史となる一九二〇年代の満鉄については、金子文夫「一九二〇年代における日本帝国主義と『満州』」（一）（二）（一九八一年）が、実証分析の水準を上昇させ、満鉄の国内資本市場への依存および中国側排日政策への対抗の必要性が増大する過程で、恐慌期に前提条件である「営利」の悪化によって「国策」の危機への転化がひきおこされることを指摘した。

満鉄を中軸とする日本の鉄道政策と中国側鉄道政策との対抗関係については、金子文夫前掲論文ほか、尾形洋一「第二次『幣原外交』と『満蒙』鉄道交渉」（一九七六年）および同「東北交通委員会と所謂『満鉄包囲鉄道網計画』」（一九七七年）があげられる。尾形は、「満鉄の危機」の主要因は、恐慌による大豆需要の落ち込みであり、中国側対抗鉄道の活動は、いまだ直接満鉄形成に打撃を与える段階には達していなかったことを指摘した。一方、満州事変前の東支鉄道（中東鉄路）の動向については、島田俊彦「東支鉄道をめぐる中ソ紛争」（一九七〇年）、松縄善三郎「露支協定に到る東北鉄道の利権回収と日本の対応」（一九七七年）が中ソ間の交渉過程を考察した。

第二に、金融史研究では、満州特産物の流通過程と関連させた実証分析が一九七〇年代に大きく進展した。小林英夫「満州金融構造の再編成過程」（一九七二年）は、官銀号―糧桟による農民収奪メカニズムと特産物買占問題を考察した。また東三省政権基盤の崩壊過程を財政・金融問題を中心に分析した西村成雄「一九二〇年代東三省地方権力の崩壊過程」（一九七一年）も、「奉天票問題」をめぐって日本帝国主義と東三省政権との間に衝突が生じ始めたことを指摘した。一方、石田武彦「中国東北における糧桟の動向」（一八七四年）は、日本人中小資本を「買弁化」しつつ、輸出部面における独占化を強化しようとする日本側特産商と、中国農民と結合した中小糧桟を金融面から掌握しつつ、全流通機構の把握志向をつよめる官商筋糧桟との経済的対抗が明確化する過程を分析した。こうした諸研究を集大成した金子文夫前掲論文は、一九二〇年代後半に満州「大豆経済」をめぐる日中関係が、補完的側面から対抗的側面へその基調を変化させたと主張している。また、三井物産と満州市場との関連をあとづけた坂本雅子「三井物産と『満州』・中国市場」（一九七七年）も、地方糧桟との直接取引により大豆取引を拡大した三井物産が、張作霖軍閥政権さらに張学良政権との対抗関係を深化させていく論理を究明した。こうして特産物流通をめぐる日中間の金融的対抗関係についての実証研究が大きく進展したのが一九七〇年代の特徴である。

一方、日本帝国主義の対満金融政策の歴史的特質を究明する研究も相次いで提出された。まず、大竹慎一「『満州』通貨工作と日本的一体化論」（一九七六年）は、銀本位国＝中国への進出が二潮流の通貨政策を必然化したと主張し、柴田善雅「日本の対『満州』通貨金融政策の形成とその機能の実態」（一九七七年）は、日本側発行通貨（金票・鈔票）は、短期特産為替貸付を媒介するのみで、中国経済に浸透しなかったことを明らかにした。松野周治「東北アジアの金融連関と対満州通貨金融政策」（一九七九年）も、横浜正金銀行大連支店の銀券発行業務の独自性を強調しつつ、「金の論理」と「銀の論理」の矛盾の深刻化が満州事変への衝動を生む一要因を形成したと主張する。次に、在満日本人団体の金融制度改革運動については、大谷正「満州金融機関問題」（一九七五年）および波形昭一

「日本帝国主義の満州金融問題」（一九七五年）によって満州金融機関設立運動の評価が明らかにされ、波形論文は、植民地支配における日本人居留民の尖兵的過激性を浮彫りにした。

第三に、在満居留民経済・社会の動向についての研究をみておこう。

日本帝国主義の満州経済支配は、巨大な国策会社である満鉄を主柱として、その周辺に財閥資本・日本系金融機関・「地場」商業資本という「中堅」的部分と、膨大かつ零細な中小商工業者層（各種サービス産業を含む）という「裾野」的部分を配置するという重層的編成を有していた。(9)「裾野」的部分には、八〇万人をこえる朝鮮人農業移民も含まれ、「中堅」的部分では、満州に進出した日本人地主層も重要な役割を果たしていた。かかる重層的編成を有する在満留民経済（社会）の動向は、日本帝国主義の満州支配を支える社会的基盤であるとともにその「アキレス腱」にも転化しうる問題性をはらんでいた。一九七〇年代から八〇年代初頭にかけて、この在満「日本人」居留民をめぐる諸研究が進展した。

居留民経済に関する研究としてまずあげるべきは、農業移民をめぐる実証研究である。その詳細については、浅田喬二「満州移民史研究の課題について」（一九七七年）に譲ることとし、ここでは代表的作品のみを列挙しておく。「土地商租権」をめぐる日中間の角逐を分析した浅田「満州における土地商租権問題」（一九七三年）は、中国側官民による商租権反対運動により、満州事変前に日本の「商租権」の空権化が進展していたことを示した。日本帝国主義の朝鮮支配との関連において、在満朝鮮人問題を考察した諸研究も相次いで公刊された。たとえば中塚明「朝鮮支配の矛盾と『満州事変』」（一九七二年）は、満州侵略が朝鮮支配の「安定」と不可分という認識を朝鮮軍が抱いていたことを強調した。また、対満朝鮮人移民政策を分析した松村高夫「日本帝国主義下における『満州』への朝鮮人移動について」（一九七〇年）は、一九二七年以降在満朝鮮人に対する軍閥政権による圧迫が激化したと主張した。依田憙家「満州における朝鮮人移民」（一九七六年）は、日本帝国主義の侵略政策の強化が、軍閥政権による在満朝鮮人圧迫をひきおこした、という論点を呈示した。

在満朝鮮人問題とともに満州への中国人移民問題も重要な農業移民問題であるが、これについては、鍛治邦雄「一九二〇年代における満州への中国人の移動について」（一九七九年）の研究が重要である。鍛治は、中国人移民増大が中国本部への満州の経済的依存を深める要因として機能したと主張した。この論点と関連して久保亨「日本の侵略前夜の東北経済」（一九八一年）は、満州事変直前期における中国製軽工業製品が東北市場におけるシェアを拡大していた事実を指摘し、そのことが日本品の後退、東北在住の日本人中小資本の危機意識醸成の背景となったことを指摘している。(10) 鍛治や久保の研究が示唆するのは、移民・商品流通の二部門において、一九三〇年代初頭に東北経済が中国本部との関係を緊密化させていた実態であり、それが日本帝国主義の満州支配に及えたインパクトの重要性であろう。

次に在満都市居留民経済の研究に目を転じると、前掲の波形昭一「日本帝国主義の満州金融問題」を先駆的研究として、柳沢遊、高橋泰隆、間宮国夫などが、満州に進出した日本人商工業者の動向とその経済団体の機能についてそれぞれ研究成果を出した。柳沢遊「一九二〇年代『満州』における日本人中小商人の動向」（一九八一年）は、在満日本人小売商の経済的窮迫化と社会運動の展開過程を分析し、一九二〇年代末に中小商人の経済的社会的不満が排外主義の方向に転轍されていくと論じた。柳沢遊「奉天における『奉天票暴落』問題と『不当課税』問題の展開過程」（一九八一年）は、奉天における日本人商人の経済活動が、軍閥政権の経済政策と対立を深めていく過程で、居留民の間に張作霖排斥意識が席捲していくことを示した。高橋泰隆「南満州鉄道株式会社における組織改組問題と邦人商工業者」（一九八一年）は、一九三〇年代の満鉄改組を在満商工会議所の動向を視野に入れて検討したものであり、間宮国夫「日本資本主義と植民地商業会議所」（一九八三年）は、大連実業会・大連商業会議所の会員構成と主要活動を考察した。

以上のように、在満居留民経済研究は、農業移民・在満朝鮮人問題を中心に研究蓄積が進展したが、日本側中小企業の経営動向を含めて都市居留民経済の実証分析は、この時代には未だ初期的段階にとどまっていた。むしろ、政治史研究者による在満居留民の社会意識分析が進展したところに一九七〇年代の特徴がみられた。在満日本人の「民族協和」思想の返遷を跡付けた平野健一郎「満州事変前における在満日本人の動向」（一九七〇年）は、当初の「日華和合」「満蒙自治制」の主張から、在満日本人の生存権確保と結合した「民族協和」の主張へ転化を遂げたことを明らかにした。これに対して松沢哲成「満州事変と『民族協和』運動」（一九七〇年）は満鉄社員会創設運動および満州青年連盟の活動に参加した、満鉄社員の階層構成・意識を分析し、満鉄ホワイトカラーによる青年連盟運動が三つの通路を通じて満鉄現業員、小商店主・店員等に浸透し、在満居留民社会を揺り動かしていくと論じた。一方、岡部牧夫「植民地ファシズム運動の成立と展開」（一九七四年）は、満州青年連盟の活動を植民地ファシズム運動として考察し、一九二九年以来一貫して在満日本人の経済的政治的安定、日本の権益確保等を主張し続け、強硬論が主流を占めたことを強調した。以上のように、満州青年連盟や満鉄社員会などの社会団代の活動分析を通じて、事変前の在満居留民の意識動向の究明に成果をあげたところにこの時期の居留民社会史研究の特徴があった。こうした居留民社会史研究も含めて、当該期の満州支配史研究が前提にしていた枠組みは、日中間の政治的経済的対抗関係がどのように形成・展開していくかを多面的に考察しようという問題関心であった。

一九七〇年代に満州支配史研究が盛んになり、実証的理論的水準が大きく引上げられた背景には、①資料集・文献目録の出版や資料の発掘が進み、満州史研究の資料条件が整備されたこと、②司法・教育の反動化や日本企業のアジア進出の本格化など、一九七〇年代の日本の政治・経済状況の変化が、若手研究者に、帝国主義史研究に駆りたてる動機として機能したこと、③日本経済史の分野で、研究の焦点が産業革命期から両大戦間期に移行し、金融資本（独占資本）の対外侵略をふくめて対外経済関係史研究への関心が急速に高まったこと、などがあげられよう。

中国東北地域を含めた植民地研究の活性化は、なによりも歴史関係の学会が相次いで日本の植民地問題をとりあげたことに示される。土地制度史学会は、一九七四年度大会の共通論題を「一九三〇年代における日本帝国主義の植民地問題」とし、歴史学研究会の近代史部会では、一九七五年度大会で「帝国主義成立期における植民地支配の経済構造と抵抗主体形成の基礎過程」をテーマとしている。同じ七五年に経営史学会でも「戦前における日本企業のアジア進出をめぐる問題」が共通論題に選ばれた。なお、前述した歴史学研究会の近代史部会は、一九七七年度大会のテーマにも「帝国主義支配と東アジア」をかかげ、活発な議論を展開した。

一九七〇年代に興隆した満州支配史研究は対満政策史・満鉄史・金融史・居留民史研究を中心に大きく進展したが、それは、日本帝国主義の植民地支配史という方法的枠組みに沿って展開したところに一つの特徴があった。すなわち、本国―植民地間の支配・被支配関係史のなかで各領域ごとの実証分析が行われたため、他の植民地支配との比較や本国の政治経済構造との関連で満州支配史研究が行われてきたのである。換言すれば、満州が中国の東北地域であり、中国関内との経済的・社会的関連の中で把握すべきだという中国史研究者と日本帝国主義史研究者との方法論上の突き合せが不十分なまま、戦前・戦時の邦文資料に依拠した研究が展開するという限界をも刻印することになった。だが、各領域の実証研究が明らかにしつつあったのは、中国東北地域の固有の社会経済構造とそれに起因する日本の対満支配の限界性という論点であった。こうした一九七〇年代満州史研究の特質と限界は、タイムラグをもちつつ、一九八〇年代末以降、中国東北地域史研究の活性化という形で顕現していくことになる。

三　支配史研究の精緻化と新潮流――一九八〇年代――

一九七〇年代末から八〇年代中葉にかけて満州支配史研究は、資本輸出、財政・金融、居留民、満鉄、経済「開発」、民族運動などの諸領域で実証分析が進み、ファシズム史、移民史、国際関係史、外交史、都市計画史、思想史のような隣接分野との学際的交流も次第にさかんになった。ただし、一九八〇年代末には、日本と東アジアの経済「発展」と社会変容が、歴史研究者をとりまく知的環境を激変させ、満州史研究・植民地研究においても新しい潮流が台頭することとなった。その意味で、一九八〇年代から一九九〇年代初頭は、帝国主義史的研究視角にたつ実証研究が研究書として多数刊行されるとともに、その末期には、植民地開発論・帝国論・文化史など新しい研究潮流も学界で次第に影響力をつよめていく、新旧の潮流の交錯する時期とみることができよう。

まず、一九七〇年代後半以降、刊行された満州支配史研究の代表的研究書として、小林英夫『「大東亜共栄圏」の形成と崩壊』（一九七五年）、藤原彰・野沢豊編『日本ファシズムと東アジア』（一九七七年）、小島麗逸編『日本帝国主義と東アジア』（一九七九年）、藤井光男ほか『日本多国籍企業の史的展開』上・下（一九七九年）、小野一一郎・吉信粛編『両大戦問題のアジアと日本』（一九七九年）、大倉財閥研究会編『大倉財閥の研究』（一九八二年）、小野一一郎編『戦間期の日本帝国主義』（一九八五年）、波形昭一『日本植民地金融政策史の研究』（一九八六年）、国家資本輸出研究会『日本の資本輸出』（一九八六年）、などがあげられる。以上の研究書は、対象地域を満州のみに限定しているわけではないが、いずれも一九一〇～三〇年代の日本帝国主義による満州支配に関する実証密度の高い個別論文が収録されている。一方、一九八〇年代の満州支配史研究を代表するものが、浅田喬二・小林英夫編『日本帝国主義の満州支配』（一九八六年）、西村成雄『中国近代東北地域史研究』（一九八四年）、金子文夫『近代日本における対満州投資の研究』（一九九一年）、鈴木隆史『日本帝国主義と満州』（一九九二年）であろう。『日本帝国主義の満州支配』は、一九三〇～四〇年代の満州支配を、軍事支配、農村行政支配、反満抗日運動、資源収奪、鉱工業支配、鉄道支配、財政・金融構造の諸側面にわたって総合的かつ体系的に分析した共同研究の成果であり、帝国主義史視点にもとづく「満州国」期政治・経済研究の到達水準を示す業績とみなすことができる。『中国近代東北地域史研究』は、二〇世紀初頭から第二次大戦後に至る中国東北地域史の中に軍閥権力支配や植民地支配を位置づけ、これへの対抗がいかなる形でなされたかを中国近代史の文脈から究明しようとした労作である。また『近代日本における対満州投資の研究』は、日露戦後から満州事変期に至る日本の対満州投資の段階的変容を、鉄道と金融を二大基軸として総合的に分析し、対満州経済進出の歴史的特質および中国側の民族的対抗を究明しようした研究で一九七〇～八〇年代に蓄積された満州事変前の満州支配史研究の到達点となった。一方、『日本帝国主義と満州』は、五〇年に及ぶ日本の満州支配の構造とその変遷を、政治、経済、軍事の側面から通史的に叙述したものである。

個別論文レベルでも満州支配史研究は、一九八〇年代前半に着実な進展をみせた。たとえば、満鉄改組問題では、高橋泰隆「南満州鉄道株式会社の改組計画について」（一八八二年）、児嶋俊郎「日本帝国主義下の『満州』鉄道問題」（一九八四年）、山田豪一「満州統制経済と三位一体制度の発足」（一九八七年）が刊行された。このうち児嶋論文は委託鉄道にかかわる納付金をめぐる関東軍と満鉄との対抗とその決着過程を考察し、関東軍の支配力が満鉄内部に及ぶに至ったと指摘した。これに対して高橋泰隆論文は、関東軍案における経営合理的・革新的性格を浮彫りにし、山田論文も、満鉄と関東軍の対立構図を重視してきた原朗以来の通説を再検討して、両者の利害の一致点を指摘している。このほか満州の鉄道問題については、芳井研一「第一次大戦後の『満蒙』鉄道問題」（一九八六年）、同「『満蒙』鉄道問題の展開と田中内閣」（一九八七年）、橋谷弘「朝鮮鉄道の満鉄への委託経営をめぐって」（一九八二年）などの研究成果が生まれた。

満州・中国の関税問題についても一九八〇年に実証研究を進展した。副島昭一「中国の不平等条約撤廃と『満州事変』」（一九八四年）は、輸出入付加税徴収問題から日中関税協定締結に至る歴史過程を考察し、松野周治「一九二〇年代における日本の対『満州』関税政策」（一九八八年）では、関東州特恵関税を中心とした関税政策の立案過程を詳細に分析した。また、副島昭一「中国東北侵略と十五年戦争の開始」（一九八八年）は、関税問題・治外法権問題・海関接収問題を中心に日中間の経済政治的矛盾がどのように拡大していくかを論じた。

このほか、在満日本人商工業者と金融問題について、前述の波形昭一『日本植民地金融政策史の研究』のほか、高嶋雅明「正隆銀行の分析」（一九八四年）および同「第一次大戦前における海外在留日本人商工業者について」（一九八六年）などが出された。

以上のように、一九八〇年代には満州支配史研究が研究書・研究論文の両面で大きな成果をあげたが、その実証水準が高まるに従って、日本帝国主義史の方法論そのものもあらためて再検討が必要とされるようになった。[11] 日本経済史研究者による理論と実証の統一のこころみとしてまず、武田晴人「独占段階の経済と社会」（一九八五年）、大石嘉一郎編『日本帝国主義史　1第一次大戦期』（一九八五年）、同編『日本帝国主義史　2世界大恐慌期』（一九八七年）などをあげることができる。しかし、これらの研究は、日本帝国主義の国内編成の特質究明に力点が置かれているので、ここでは、村上勝彦の研究史整理を紹介しておきたい。

村上勝彦「日本資本主義と植民地」（一九八四年）は、一九七〇年～八〇年代に豊富化した個別研究をもとに、①日本資本主義の各段階において植民地問題が有機的に位置づけられ、また全期間を通して体系化させること、②被支配地域における植民地的再編の内実と矛盾が、全期間を通じて明らかにされること、③上述の①②が、本国と植民地との相互作用関係の中で把握されることを重視した。村上は、日本植民地研究の弱点として、他の帝国主義における植民地支配の研究や従属経済研究との交流不足をあげ、植民地的再編による伝統的社会経済の質的転換と、被支配社会における階級矛盾の顕現を重視すべきだと指摘している。

満州支配史研究をはじめとした日本植民地研究の多面的展開は、研究交流の場としての専門学会の設立機運を醸成した。一九八六年に日本植民地研究会（初代代表　浅田喬二）が発足し、八八年に年刊機関誌『日本植民地研究』を創刊した。そこでは、個別論文とともに、一九八〇年代に増加した植民地研究の専門書の書評が多数掲載されている。

しかし、一九八〇年代末になると、これまでの研究が前提と帝国主義史的視角を相対化する新たな研究潮流が出現し、国際的研究動向とも共振しながら従来の満州支配史研究の枠組みを大きく揺るがしていくことになる。すなわち、「平成バブル好況」、東アジアＮＩＥＳの経済「発展」、東欧・ソ連の「社会主義国」崩壊は、それぞれ別個の文脈にたちながらも、「帝国主義と植民地」という方法的枠組みの見直しないし相対化をもたらしたのである。(12) 満州史研究では、松本俊郎『侵略と開発』（一九八八年）が「開発」の視点を導入し、植民地期を、アジア諸地域の「近代化」の文脈でとらえなおすべきだと主張した。松本は、「近代化」を他国への侵略の回避、国民の政治的権利の平等化、貧困の払拭の三点でおさえたうえで、植民地期において「近代化」の促進要因を認めることは、植民地支配や軍事侵略の肯定とは異なる次元の問題であると主張したのである。

一九八〇年代には、松本以外にも、帝国主義史的アプローチを採らない研究が出現した。一九七八年に『植民地満州の都市計画』を執筆した越沢明は『哈爾浜の都市計画』（一九八九年）を著した。また、中兼和津次『旧満州農村社会経済構造の分析』（一九八一年）は、数量経済史の手法を用いて斬新な満州農業分析を行い、山本有造『日本植民地経済史研究』は、植民地相互の関連に留意しつつ、数量経済史の手法を用いて日本植民地の同心円的構造とその変化を論じた。

一九八〇年代末から外国人研究者による満州史研究が日本語版で刊行されるようになったことにも注意すべきであろう。兪辛焞『満州事変期の中日外交史研究』（一九八六年）にひきつづき、易顕石『日本の大陸政策と中国東北』（一九八七年）、李盛煥『近代東アジアの政治力学』（一九九一年）、金静美『中国東北部における抗日朝鮮・中国民衆史序説』（一九九二年）、王魁喜他・志賀勝訳『満州近現代史』（一九八八年）はその代表作であり、中国東北地区に関する歴史研究が国際的広がりのなかで展開されるようになったといえよう。

四　満州支配史研究から東北地域史研究へ——一九九〇年代——

一九八〇年代後半の植民地研究の「地殻変動」と新旧潮流の交錯は、九〇年代に入ると、ポスト・コロニアル論、「帝国」論、社会史の研究動向とも共振しながら、いっそう多様な方法的模索をもたらしたが[13]、一方では、日本帝国主義史の視角にもとづく手がたい満州史研究も着実な成果を生みだした。

従来の経済史・政治史研究に加えて、これまで手薄であった教育史、文化史、社会事業史、衛生史、医療史、メディア史、移民史などの領域に新しい研究成果が生み出された。たとえば、沈潔『「満州国」社会事業史』（一九九六年）は、満州社会事業の展開過程とその歴史的特質を、日本社会事業史と中国東北の社会事業の双方の視点から解明しようとした労作である。「身体の植民地化」という観点から満州の衛生事業を考察した飯島渉「近代中国における『衛生』の展開」（一九九七年）も新視点にもとづく満州衛生史研究といえよう[14]。満州移民史研究も新たな展開を示した。蘭信三『「満州移民」の歴史社会学』（一九九四年）、相庭和彦ほか『満州「大陸の花嫁」はどうつくられたか』（一九九六年）は、いずれもインタビューを効果的に用いてミクロレベルの満州移民のライフヒストリーを多面的に描き、農業移民史研究に新境地を開拓した。こうした新しい移民史研究の潮流をも受けとめつつ、在満日本人商工業者の生治・営業・移動を帝国主義支配の中に位置付けた柳沢遊『日本人の植民地経験』（一九九九年）および、アジアの日本人商工業者の存在形態と経済組織を考察した波形昭一編『近代アジアの日本人経済団体』（一九九七年）は、新旧の研究潮流の統合をはかったこころみといえよう。このほか、ルイーズ・ヤング『総動員帝国』（二〇〇一年）は、満州国を〈総合帝国〉化という視点からとらえかえし、国家機構や社会の諸制度、それを構成する集団や社会意識の多側面から包括的にとらえようとした。一九九二年から刊行された岩波講座『近代日本と植民地』（全八巻）のうち、第七巻「文化のなかの植民地」は、マスコミ、文学、演劇、大衆芸能、映画、写真、レコードなどの「文化的媒体」が、被植民地において「近代化」の幻想と「皇国日本」の虚像を広汎に宣伝、善級させるために大きな力をもったことを指摘し、植民地文化に関する一二本の論文を収録している。

しかし、一方で、伝統的な政治史・経済史の方法にたつ満州史研究も一九九〇年代に大きな成果をあげたことが注目されなければならない。たとえば、風間秀人『満州民族資本の研究』(一九九三年)は、満州事変後の日本帝国主義の農産物流通政策と、満州土着の流通資本=糧桟との関係史を追跡し、「従属と対抗」の二面性をもつ糧桟の動向を描き出した。また、山本有造編『「満州国」の研究』(一九九三年)は、満州国「建国」構想、統治システム、対外経済関係、国内貸金循環、鉄鋼業、関税制度、地方統治、建築、文学などの諸領域に焦点をあてて実証密度の濃い歴史分析を行った。朝鮮と満州の統治方式の比較分析を行った浜口裕子『日本統治と東アジア社会』(一九九六年)は、「満州国」の農村政策の不安定性の根拠を、地域の自立性をささえる在地支配層の強固な存在と、かれらによる農民掌握のつよさに求めている。一九八〇年代以来の鉄道史研究をまとめた高橋泰隆『日本植民地鉄道史論』(一九九四年)は、満鉄を含む植民地鉄道の経営組織運営の特質鉄道の経済的効果を、「収奪と成長」という視角から分析した。このほか、一九九〇年代の満州史研究の代表作を列挙すると、前述した鈴木隆史『日本帝国主義と満州』、金子文夫『近代日本における対満州投資の研究』のほか、山本有造『日本植民地経済史研究』(一九九二年)、平井廣一『日本植民地財政史研究』(一九九七年)、安富歩『「満洲国」の金融』(一九九七年)、松本俊郎『「満洲国」から新中国へ』(二〇〇〇年)、井村哲郎編『「満鉄調査部」』(一九九六年)、田中恒次郎『「満州」における反満抗日運動の研究』(一九九七年)、高橋泰隆『昭和戦前期の農村と満州移民』(一九九七年)、塚瀬進『中国近代東北経済史研究』(一九九三年)、柴田善雅『占領地通貨金融政策の展開』(一九九九年)、宇野重昭編『深まる侵略　屈折する抵抗』(二〇〇一年)などが挙げられよう。これらの満州史研究書の大半は、一九八〇年代に積み重ねられた各研究者の個別研究の集大成という性格が強く、帝国史やポストコロニアリズムなど、一九九〇代の新しい植民地研究の潮流の影響は必ずしも大きいとはいえない。むしろそこに共通しているのは、政治史、経済史ともに、第一次資料を用いた実証分析の緻密さといってよい。ただし、一九七〇年代の研究に濃厚であった日本植民地の一環としての満州史研究という問題設定よりも、中国東北地域史の中に日本支配を位置づける志向がつよまりつつあることを指摘することができる。歴史学における地域史研究の方法的活性化の影響をうけて満州史研究においても、本国側からの「支配史」視点にかわって、中国東北地域史視点が浮上したといえよう(15)。日本帝国主義史の視点から右の研究書の内容的特徴をみると、村上勝彦のいう「被支配地域における植民地的再編の内実と矛盾」を強く意識した実証分析が相次いで提出されたところに、一九九〇年代の顕著な特徴が見出される。すなわち、金子文夫、風間秀人、田中恒次郎、柴田善雅、宇野重昭の研究書は、帝国主義支配史のなかで右の論点の究明を志向し、帝国主義史の視角を相対化したその他の研究者も、満州在地社会の変容とそのメカニズム、その限界を強く意識した研究を展開しているといえよう。日本帝国主義の満州支配史研究は、こうして、支配の側の論理と被支配の側の論理（在地社会の規定性）との複雑なからみあいをミクロレベルから解明する段階に入ったことが明確になったのである。

おわりに

以上みてきたように、戦後日本の満州史研究は、一九七〇年代初頭から、鉄道・金融・労働・移民などの領域を中心にさかんになり、外交史・軍事史研究ともあいまって帝国主義史的アプローチによる実証研究が展開されてきた。こうした諸研究のなかから、「植民地的再編による伝統的社会経済の質的転換と、被支配社会における階級矛盾を重視すべきだ」とする村上勝彦提言も提出されることになったのである。一九九〇年代に入り、従来の帝国主義史アプローチから中国東北地域史研究への視座の転換が進みつつあることは、前述した通りであるが、ここでは、帝国主義支配の実態をめぐる研究も不十分な領域をなお多く残していることを指摘しておきたい。たとえば、(1)満鉄の附属地経営が地域民衆に与えた諸影響、(2)満鉄・満州重工業とその傘下企業の労資関係の動態、[16] (3)在満日本人経済界と中国人経済界との関係の変遷、[17] (4)満州都市社会における日本人と中国人との「社会的分業」構造とその論理、(5)満鉄や「満州国」の支配を末端でささえた社会団体・経済団体・政治組織の動向、などは満州支配史研究が今後本格的な解明を求められている研究課題である。こうした諸研究と、衛生・医療・教育・宗教、メディアを媒介とした「支配の内面化」メカニズムにかかわる新研究を結合させていくことにより、日本帝国主義による満州支配史研究は、単なる東北地域史研究の地平とは異なる新たな歴史像を構築しうる研究史的可能性を有しているように思われる。二〇世紀前半の東アジアに生きた人々にとって帝国主義支配とは何であったか。この重い問いかけから、われわれはまだ自由になりえていないのである。

(1) 日本の脱植民地化の歴史的位相を考察した研究として、田中宏「日本の戦後責任とアジア」、君島和彦「戦後歴史教育と植民地支配」、原朗「戦争賠償問題とアジア」（いずれも、『岩波講座　近代日本と植民地　8アジアの冷戦と脱植民地化』一九九三年、所収）、内海愛子「アジアの日本観・日本のアジア観」（『岩波講座　日本通史　19』一九九五年）、中村政則ほか『戦後日本　占領と戦後改革　5過去の清算』岩波書店、一九九五年などを参照のこと。

(2) 日本の脱植民地化の独自性と「植民地的無意識」の創出との関連性を追求した、小森陽一『ポストコロニアル』岩波書店、二〇〇一年、第Ⅲ章を参照。また、大連在住日本人の戦後生活意識と、その他の日本本国在住者の意識のズレについては、柳沢遊『日本人の植民地経験——大連日本人商工業者の歴史——』青木書店、一九九九年、「はじめに」、第五章を参照されたい。

(3) 拙著、一七～一八頁、三三六～三三七頁。小森陽一前掲書、一二二～一三四頁。

(4) こうした現実社会における排外主義的ナショナリズムの台頭は、日本における実証的な「帝国意識」史研究の活性化を要請していると思われるが、多くの歴史研究者にそれが十分に自覚化されているとはいえない。今日の「帝国意識」史研究の問題点については、柳沢遊「帝国主義と在外居留民――『帝国意識』とその社会的基盤――」（『現代思想』二九巻八号、二〇〇一年七月）を参照されたい。また「つくる会」の「新しい歴史教科書」自体がはらむ問題性を、そのイデオロギーの受容基盤も含めて考察した仕事として、『別冊　歴史教科書大論争』（新人物往来社、二〇〇一年）の石井寛治・安田常雄・松本武視・倉沢愛子・小野沢あかね・大門正克各氏の論稿がある。

（5）戦後の満州支配史については数多くの研究動向論文が執筆されており、本稿の叙述は、これらの先行研究に多くを負っている。本稿では、四期に分けて、研究史を概観するが、支配史研究が隆盛をみせた一九七〇年代から八〇年代初頭の社会経済史研究にとくに力点を置いた。本稿がとくに重視したものとして、鈴木隆史「『満州』研究の現状と課題」（『アジア経済』一二巻四号、一九七一年四月）、金子文夫「一九七〇年代における『満州』研究の状況(Ⅰ)(Ⅱ)」（『アジア経済』二〇巻三号、一一号、一九七九年三月、十一月）、柳沢遊「『満州事変』をめぐる社会経済史研究の諸動向」（『歴史評論』三七七号、一九八一年）、山根幸夫ほか編『近代日中関係史研究入門』研文出版、一九九二年、高橋泰隆「南満州鉄道株式会社研究の現状と課題」（『鉄道史学』二号、一九八五年八月）、松本俊郎「『満州』研究の現状についての覚え書き――『満州国』期を中心に――」（『岡山大学経済学会雑誌』二五巻三号、一九九四年一月）、金子文夫「戦後日本植民地研究史」（『岩波講座　近代日本と植民地　4』一九九三年）をあげることができる。なお本稿の叙述は、柳沢遊・岡部牧夫「解説・帝国主義と植民地」（『展望日本歴史　20帝国主義と植民地』（東京堂出版、二〇〇一年）における「満州」研究動向叙述箇所を基礎として、それを大幅に加筆・修正していることをお断りしておく。

（6）村上勝彦「矢内原忠雄における植民論と植民政策」（『岩波講座　近代日本と植民地　4統合と支配の論理』一九九三年、二一〇～二一五頁。なお、戦前期日本植民地研究の学説史的検討のこころみとして、浅田喬二『日本植民地研究史論』（未来社、一九九〇年）があげられる。

（7）竹内好は、日本の旧植民地が、戦後解放された瞬間から学的関心の対象ではなくなり、「満州国」研究もふるわなくなった状況を指摘している。（竹内好「満州国研究の意義」『竹内好全集』四巻、一九八〇年）。

（8）本研究でとくに注目されるのは、植民地への侵略が本国経済（社会）に与える反作用の重要性を指摘していることであろう。

（9）柳沢遊「一九二〇年代『満州』における日本人中小商人の動向」（『土地制度史学』九二号、一九八一年九月）。

（10）久保亨の研究は、のちに『戦間期中国〈自立への模索〉』（東京大学出版会、一九九九年）に集大成された。久保は、本書のなかで中国の自立的経済発展に対応しえた米英帝国主義と、経済摩擦化させざるをえなかった日本帝国主義との差異を強調しているが、この点は、日本の中国侵略の要因を考察するうえで示唆的な指摘といえよう。久保氏の提起した論点を日本帝国主義の侵略衝動全体の中で位置づけた試論として、柳沢遊「侵略の社会経済的基盤」（原朗・石井寛治・武田晴人編『日本経済史　3』東京大学出版会、近刊、所収）がある。

（11）帝国主義の実証研究の進展をふまえた帝国主義論の革新の試みとして、さしあたり、高橋進「帝国主義の政治理論」（『近代日本と植民地』1〈植民地帝国日本〉』岩波書店、一九九二年）、渡辺治・後藤道夫編『講座現代日本1　現代日本の帝国主義化　形成と構造』大月書店、一九九六年）を参照のこと。なお一九二〇年代後半期以降の日本帝国主義の侵略メカニズムについては、前掲「侵略の社会経済的基盤」で大雑把な見取図を提示しておいた。

（12）前掲「解説・帝国主義と植民地」七〜八頁。

（13）一九九〇年代の植民地研究の全体的動向については、今泉裕美子「多様化する日本植民地研究」（『日本史研究最前線／別冊歴史読本』新人物往来社、二〇〇〇年）を参照。また、当該期の在満日系企業史研究の動向については、本書所収の山本裕論文をあわせて参照されたい。

（14）その後飯島の研究は『ペストと近代中国』（研文出版、二〇〇〇年）として刊行された。本書は、二〇世紀の中国社会が直面した「近代性の構造」を医療・衛生事業を切り口に究明しようとしたものであり、私見では、帝国主義が強制した衛生の制度化を介した「身体の規律化」の一断面を開示する研究といえよう。

（15）一九九一年一二月に発会した「近現代東北アジア地域史研究会」の“NEWS LETTER”は、東北地域史研究の担い手の多様性とその学問内容の学際性を表現している。くわしくは、山本有造「回顧十年」（同“NEWS LETTER”一一号、一九九九年一二月）を参照のこと。

（16）一九三〇〜四〇年代の満鉄および満鉄傘下企業の労資関係を、満州国の労働政策との関連で分析した最近の研究として、松村高夫・解学詩・江田憲治編著『満鉄労働史の研究』（日本経済評論社、二〇〇二年）をあげることができる。

（17）松重充治「植民地大連における華人社会の展開——一九二〇年代初頭大連華商団体の活動を中心に——」（曽田三郎編著

『近代中国と日本――提携と敵対の半世紀――』御茶の水書房、二〇〇一年）は、こうした試みの代表例とみることができる。

「満州」日系企業研究史

山本　裕

はじめに

本稿は満州（以下、「　」省略。「満州国」も同様）において活動を行った日系企業の研究について、これまでの動向と今後の課題について考察を行なうこととする。[1]

本稿においては、満鉄（南満州鉄道株式会社）・満鉄系企業を中心とした企業史研究を主に取り扱うこととし、財閥系企業等についても可能な限り言及していく。ただし、満州における日本の経済的進出を第一の問題関心に置く関係上、中国民族資本については日系企業の研究動向を検討していく過程でいくらか触れていくにとどめざるを得ないことを予めお断りしておく。

本稿の企業史に関する考察範囲について述べる前提として、一九七〇年代末以降に発表されてきた満州・満鉄史研究のサーヴェイ論文において、それぞれどのような論点が提示されてきたか、本稿の課題にひきつけて整理し、論点を再摘出しておこう。

一九七〇年代末以降の満州・満鉄史研究のサーヴェイ論文として、まず、金子文夫「一九七〇年代における『満州』研究の現状」（Ⅰ）（Ⅱ）（『アジア経済』二〇巻三・一一号、一九七九年三・一一月）を取り上げる。同論文の、（Ⅰ）・（Ⅱ）は、それぞれ、満州事変以前／以後と時代区分した上で、研究動向を整理し課題を提出している。金子（Ⅰ）論文では、国家資本という満鉄の複合的な性格を国家（大陸政策）と資本（資本蓄積）の両面から解明すること、日本の対満金融政策下における金融機関分析、植民地側の在来ないしは発展過程にある流通機構・金融構造の把握、そして、「満蒙特殊権益」の一部を構成する植民地企業の実態究明、以上四点が重視されている。同（Ⅱ）論文では、一九三〇年代における満州経済開発方式が「大東亜共栄圏」へ如何に継承・拡大されていったか、日本の植民地・占領地全体の中での満州の特殊な位置は何であったか、満州国の崩壊過程を戦後史につなげる形で究明することの重要性、という三点が指摘されている。

次に、高橋泰隆「南満州鉄道株式会社（満鉄）史研究の現状と課題」（『鉄道史学』二号、一九八五年八月）を取り上げよう。同論文では、満鉄史研究の動向と論点整理がなされているが、本稿の問題意識に則して提起された未解明の課題を再摘出すれば、満鉄事業投資の推移と各事業部門の活動史、ならびに、十五年戦争下の満鉄史として、満州産業開発五ヵ年計画（以下、五ヵ年計画と略記）と満鉄（特に石炭）、満鉄の戦略と経営組織等計七つの領域についての検討である。

最後に、松本俊郎「『満洲』研究の現状についての覚え書き――『満洲国』期を中心に――」（『岡山大学経済学会雑誌』二五巻三号、一九九四年二月）を取り上げる。同論文では、「近代化の伝播」および比較植民地研究の観点から、満州国が国際情勢と伝統的慣習の強さにより、日本の他の植民地領域とは異なる統治形態が選択されていったことを指摘し、また、統治主体の比較研究の視点も重視している。戦後史への展望、という観点も「植民地経験」が植民地領域に与えた功罪を検討する上での新たな課題であるといえよう。

これらの成果を考慮して満州日系企業の研究史を考える上で、以下の点が重要となろう。第一には、植民地における企業行動を規定する経済環境において、植民地の「本国化」、ないしは植民地―本国間の「相互浸透」が企業行動においてどのように作用したか。本問題を考える手がかりとしては、具体的には日本・満州国の経済政策と企業との関係の考察が挙げられよう。第二には、「国策」と営利の関連性をめぐる問題である。これは具体的には、企業進出・資本輸出の論理の追求が解明の糸口となるであろう。第三には、植民地企業の相互関係である。満鉄と満鉄系・在満企業との関係が満州という植民地世界の生涯においてどのような推移を辿ったのか、を検討することが求められよう。第四には、それら企業の「経験」が、「戦後」の本国ないしは旧植民地に如何なる影響を及ぼしたかである。

また、本稿においては、満鉄・満鉄系企業の検討を中心としたい。先のサーヴェイ論文整理でも確認したように、満鉄事業投資と事業部門行動は、車輪の両輪として検討課題とされ、提出されている。そして、事業部門――それらの一部は、子会社化されている――行動は、事業投資の側面からこれまでの先行研究の多くにおいて解かれてきた[2]。

一九一〇年代から三〇年代の満州における投資形態については、国家に代位する植民地経営機関[3]である満鉄が、この間ほぼ、日本の対満直接投資において主導的な役割を演じ続け、加えて、満州経済を牽引する役割を満鉄のみならず満鉄系傘下企業をも含めて担い続けたという点が、先行研究において既に解明されている[4]。しかし、満州経済を取り扱った研究においては、三〇年代初頭以前と以後では、分析対象が大きく変化する。その理由は言うまでもなく、満州事変・満州国「建国」（以下、「 」省略）という満州における「地殻変動」により、経済の主導的担い手も満鉄から、関東軍が設立を促進した満業（満州重工業開発株式会社）に代表される、満州国特殊・準特殊法人へと移行していく史実が歴史研究にも反映されているからである[5]。だが、それら特殊・準特殊法人について見れば、満鉄は比重こそ低くなっていくものの、一般的にはそれぞれに相応の資本出資を行なっていた[6]。これら史実を考慮し、本稿では、三〇年代以降の満州国産業史研究を、満鉄系企業を取り扱う節で検討していく。

次に、本稿では、財閥・「国策」的企業を取り扱っていく。既に述べたように、満州経済の主導的な役割は、一九三〇年代初頭以前においては満鉄、以後においては満業に代表される満州国特殊・準特殊法人が担っており、満鉄、特殊・準特殊法人以外の企業は、それぞれ次元は異なるものの、副次的な役割を担っていた。勿論、これら企業群内においても、そして満鉄・特殊法人群内との間にも、「競合と対立」・「協業と分業」といった様相が示されていた。では、満州経済において、財閥・「国策」的企業が担っていた副次的な役割とは、一体何であるのか。本稿では、やや乱暴ではあるものの、これら副次的な役割におけるそれぞれの展開を、これまで提出されてきた研究に則して検討を行なっていく。

本稿は、これまで提出された研究を、満鉄・満鉄系企業、財閥系企業、「国策」的企業に則して、企業史の観点から再構成することも目指していく。加えて、企業史的アプローチによる研究がこれまでどのようにして行なわれてきたのか、また、満州日系企業史研究の問題意識はどのような変化を遂げていったのか。これらの問題についてこれまでの研究動向を振り返りながら考察を行ない、併せて今後の課題を提示することで、今後の植民地研究の展望についてその一端を示すことを目指していく。

一　満鉄・満鉄系企業史研究の動向

1　概　観

本節においては、満鉄・満鉄系企業史の研究動向について概観を提示し、併せて、一九七〇年代までの研究動向を振り返っていくこととする。

満鉄・満鉄系企業史研究は、大きく二つの研究潮流に基づいて、それぞれ研究が行なわれてきたといえよう。ひとつには、満鉄・満鉄傘下企業史研究であり、そしてもうひとつは、満州国産業史・金融史研究であるといえる。最初に、満鉄・満鉄傘下企業史研究について見ていくこととする。

満鉄を詳細に分析した最初の成果として、本稿では、同時代的に編纂された第一次から第三次にわたる、満鉄の『十年史』を取り上げることとする。これら、第一次から第三次にわたる『十年史』は、それぞれ、『南満州鉄道株式会社第一次十年史』（南満州鉄道株式会社、一九一九年。原書房復刻版、一九七六年）、『南満州鉄道株式会社第二次十年史』（南満州鉄道株式会社、一九二八年。原書房復刻版、一九七六年）、『南満州鉄道株式会社第三次十年史』（南満州鉄道株式会社、一九三八年。龍溪書舎復刻版、一九七六年）、として、刊行された。勿論これら『十年史』は、植民地経営機関としての満鉄や日本の植民地支配を肯定する視角の下に叙述されているが、多分野に及ぶ満鉄の事業内容とその成果を自らが分析している。特に、満鉄の収益構造における二本柱として、大豆輸送と石炭販売を提示し、これら二本柱の実態を自らが分析している点に第一の特色がある。第二の特色は、満鉄が行なった様々な新技術の開発、ならびに、新技術に基づく事業の発足と企業化の展開について、その実態を分析している。(7)

戦後日本において満鉄研究の先鞭を付けたのは、安藤彦太郎編『満鉄――日本帝国主義と中国』（御茶の水書房、一九六五年）である。初めて満鉄を総合的に捉えた同書においては、満鉄設立期から満州事変期までを年代的には研究対象とし、日本帝国主義の満州支配において主軸的な役割を果たした満鉄を、満鉄各『十年史』に多くを拠りつつ、総合的な観点から検討している。特に、一九二〇年代における満鉄系企業の台頭という事例も含めて、満州における満鉄の総合的活動を満鉄のコンツェルン化として捉え、企業体としての満鉄の収益活動を、鉄道輸送および石炭販売を含む鉱業という、二つを柱として考察している点に、その特徴が求められる。ここで確認された、戦間期においてとりわけ顕著に現れた満鉄の収益構造が、その後、満鉄研究のひとつの論点として継承されていくこととなった。この、コンツェルン化という現象を、同書では、日本資本主義の発展段階と歩調を合わせるものとして把握されている。そして、満州における各種産業に対する満鉄の助成機関が整備されてきたのと照応して、その具体的な助成措置も多面的になっていることが指摘されている。その内容は、資本出資（直営事業の分離独立、もしくは、満鉄の資金参加で、企業に対する出資割合は、ほぼ、五〇～一〇〇％を示している）、役員派遣（一般職員を含む）、関係会社への社債発行についての保証等であり、支配関係は、資金・人事をはじめ技術の供与にいたる総合的なものである。しかし、同書におけるコンツェルン化仮説の限界は、その促進要因における利潤獲得という問題が後景に退き、満鉄による経済面における影響力の伸張という結果が重視されその内実があまり問われていない点に求められる。(8)

安藤編『満鉄』で確認され、提起されたいくつかの論点が、一九七〇年代における満鉄研究においても継承され、実証研究として深化していった。それらの満鉄・満鉄系企業史研究については、岡部牧夫「日本帝国主義と満鉄」(『日本史研究』一九五号、一九七八年一一月)、桜井徹「南満州鉄道の経営と財閥」(藤井光男他編『日本多国籍企業の史的展開』上巻、大月書店、一九七九年)等の研究が存在する。

岡部は、満州国「建国」(以下、「 」省略)後の満鉄の企業活動を、一九三七年の満業設立後、満鉄がそれまでの影響力を失っていったという「通説」に対して、満州国建国後の三二年から三六年までの『満鉄重役会議決議』という一次史料を用いて分析を行ない、当該期における様々な新規事業への参入決定過程から、十五年戦争下の満鉄について、「資本の受け皿」として捉えるのではなく、リスク負担をしても新規事業参入出来る安定的地位にあったが故に、当該期、むしろ積極的な活動を展開したと述べている。同研究における指摘は、満鉄が戦間期において確立したというべき、鉄道輸送と石炭販売を含む鉱業を軸とした収益構造が、満州事変前夜において収益悪化を招いたものの、満州国建国以後も依然として強固にその収益構造を保持し、それが故に十五年戦争下においても、一定以上の影響力を満州国において保持し続けたことを示唆している。同研究は、『資本』対満鉄」という図式を設定し、この構図についての、十五年戦争以前と以後とでの変化の解明に第一の問題関心が寄せられているが、同研究によって導かれた結論は、満鉄の資本投資という企業行動に着目した分析視角から導かれ、その後の満州企業史研究に少なからず影響を与える論点を提示したといえよう。

桜井は、戦前日本資本主義における資本輸出の特徴の一つの典型として満鉄を把握する問題意識に立ち[9]、満鉄の活動と国内の財閥資本との結合状況を資金調達の観点から分析している。同論文においては、満鉄の収益構造の一つの柱である鉱業部門が、財閥と協同して財閥による石炭業界制覇の一端を担い、また、満鉄と財閥との深い結合が「財閥系銀行は満鉄を自らの資本蓄積構造にくみ入れる[10]」ような形で存在したことを示したといえる。同論文の考察は、戦間期の日本資本主義におけるそれぞれ有力な構成者である財閥と満鉄が深く結合して存在していたことを示しており、その後、この指摘に対して更なる検討がなされることとなった。

このように、満鉄史研究において資本投資と資金調達に注目した二つの研究をここでは挙げたが、岡部論文は十五年戦争下の満鉄の活動について新たな研究領域を開拓し、桜井論文は、満鉄と財閥資本の関係性という新たな論点を提出して追及していったとまとめることが出来よう。

2 満鉄・満鉄系企業史研究

一九八〇年代の満鉄・満鉄系企業史研究については、満鉄のみならず、満鉄系企業を中心に据えた研究が多く提出されるようになったことを第一に挙げておこう。満鉄系企業史研究と整理出来得る研究群については、満州国産業史・金融史研究という括りで後に触れることとし、七〇年代までの先行研究における問題意識と強い継承性を示す研究群を、ここでは紹介していくこととする。

当該期の満鉄・満鉄傘下企業研究についていえば、原田勝正『満鉄』(岩波新書、一九八一年)、高橋泰隆「南満州鉄道株式会社における組織改組問題と邦人商工業者」(『関東学園大学紀要』六集、一九八一年三月)、高橋泰隆「南満州鉄道株式会社の改組計画について――軍部案と満鉄首脳部の対応を中心に――」(早稲田大学『社会科学討究』七八号、一九八二年五月)、兒嶋俊郎「日本帝国主義下の『満州』鉄道問題――『納付金』をめぐる関東軍と『満鉄』――」(『三田学会雑誌』七七巻第一号、一九八四年四月)等が挙げられるが、ここでは高橋八二年論文について考察することとする。[11]

高橋「南満州鉄道株式会社の改組計画について」は、満鉄改組問題・改組計画を、当該期に満鉄副総裁を務めていた八田嘉明が所有していた満鉄内部史料に即して分析したものである。同研究において、軍部及び資本による改組計画を検討するにとどまらず、満鉄首脳部における改組運動があったことを明らかにし、改組問題に対する満鉄内部の情勢を検討した。これらの検討を通じて、満鉄首脳部がそれまでの総合的経営の弊害を廃し、満州国建国という満州の情勢の変化により経済範域が拡大することにより、事業の専門化が必要になると主張したということを明らかにした。満鉄改組問題に対する軍部と満鉄首脳部の対立軸は改組そのものをめぐってというよりも、その方法をめぐって生じたことを示したのが高橋の研究であった。

満鉄改組問題の研究は、槙田健介「一九三〇年代における満鉄改組問題」（『歴史評論』二八九号、一九七四年五月）によって先鞭が付けられた。槙田の研究は、満鉄改組問題それ自体を、陸軍・関東軍による満州経営指導権の獲得過程という観点から分析し、満州経済開発における満鉄の比重が低下した理由を、日本の大陸政策の矛盾が発展していったこと、日本帝国主義内部における軍部と独占資本の矛盾があったことに求め、満鉄改組という満鉄における問題にも関わらず、満鉄を客体として扱うという難点が存在していた[12]。しかし、高橋論文においては満鉄首脳部という満鉄内部の人員が改組問題に取組み、満鉄首脳部・軍部ともに満鉄改組に必要性を認め、「内からの改組」が実施されたという評価を示した。このことは、満鉄という企業組織における意志決定過程を一次史料に即して分析したという点で画期的であった。だが、同研究において見解が示された「内からの改組」が、満鉄首脳部によって主導された改組計画であった点に注意を要する。何故ならば、改組計画に関与し主導した理事達は皆、就任期間中のみ満鉄の幹部であったという史実に鑑みれば、ここで取り上げられた満鉄経営者層が、どこまで、満鉄における内部論理を代表していたかは更なる検討を要すると思われるからである。後に、同論文が所収された高橋泰隆『日本植民地鉄道史論――台湾、朝鮮、満州、華北、華中鉄道の経営史的研究』（日本経済評論社、一九九五年）においては、満鉄改組問題について、「関東軍と満鉄を対立的に捉える見方が非常に強い……満鉄とは何を指しているのか再考の余地がある」[13]と指摘しているが、これを一歩進め、高橋の言葉を借りる形で表現するならば、「満鉄首脳部とは何を指しているのか再考の余地がある」のではないだろうか。

一九九〇年代以降の研究動向の特徴は、第一には、満州国期を対象とした研究が数多く提出されていったことである。この、満州国期を対象とした研究群の多くが、満鉄傘下企業、もしくは、満鉄が資本出資をしていた企業を取り扱う一方で、企業が担った満州国の産業分野の解明に焦点を当てようとする産業史研究が登場してきたことも特徴である。本稿ではこれら研究群を、満州国産業史・金融史研究という括りで検討することが妥当と思われ、次項において検討することとする。第二の特徴は、中国における実証研究が、日本においても翻訳等を通じてより広範にその成果を享受出来るようになった点である。[14] このような整理に従い研究動向を振り返れば、金子文夫『近代日本における対満州投資の研究』（近藤出版社、一九九一年）、解学詩「盧溝橋事件と華北石炭・鉄鋼産業」（『三田学会雑誌』九一巻二号、一九九八年七月）、蘇崇民（山下睦男・和田正広・王勇訳）『満鉄史』（葦書房、一九九九年［原著：中華書局、一九九〇年］）、木村隆俊「一九二〇年代日本の対満州貿易分析」（日本大学『経済集志』六九巻三号、一九九九年一〇月）、張乃麗「昭和製鋼所の設備・機械に関する一考察」（日本大学『経済集志』六九巻四号、二〇〇〇年一月）、同「昭和製鋼所の内外製造設備・機械の分析――一九三〇年代後半期を中心として――」（日本大学大学院『経世論集』二七号、二〇〇一年三月）等の研究が存在する。ここでは、金子文夫と蘇崇民の研究を取り上げることとする。[15]

金子『近代日本における対満州投資の研究』は、著者が一九七〇年代半ばより進めてきた研究を中心にまとめられたもので、一九〇五年から三〇年における投資を中心とした対外経済進出史と対満州経済支配史という二つの側面について分析がなされている。特に本稿の問題関心に従えば、同書において取り扱われた、対満投資の一端を担った満鉄による満鉄系企業への投資とそれら企業の活動についての分析、そして、満鉄における「国家」的側面（国策追求）と「資本」的役割（営利追求）の両側面に関する時期別（日露戦後期、第一次大戦期、一九二〇年代）の分析が考察対象となる。後者の論点について、同書においては、日露戦後期に満鉄の経営が、大豆輸送を主軸とする鉄道事業で予想以上の収益をあげ、国策会社として鉄道附属地を経営し、非採算部門の事業を推進することが可能となり、満州の植民地化という国策を満鉄の高収益に依存して遂行する機構が形成された。第一次大戦期の好況を経て、二〇年代には、対満州投資は発展傾向と停滞傾向の両極に分解し、発展傾向を代表したのは満鉄およびその関係子会社で、満鉄は対満投資全体における地位を再び高め、同時に社内事業部門の一部を分離・独立させていったが、このような満鉄の発展条件の一端を大豆輸出における持続的拡大が担っていたとする。そして、満鉄創立直後から築き上げられた収益基盤が、二〇年代後半の中国側による「満蒙特殊権益」回収政策の中で、国家資本＝満鉄の高収益を前提とした対満支配の「危機」として把握されていくメカニズムを明らかにした。

また、同書においては、いわゆる「満鉄系企業」の設立過程および活動分析がひとつの特色となり、そして、それらの評価についても先行研究に対する批判がなされている。満鉄と国内財閥資本との関係を、満鉄・財閥資本の出資により設立された撫順炭販売会社を例にとって先行研究批判を見ていこう。[16] この問題について、安藤編『満鉄』は、「内地石炭市場への植民地資本の割り込みに対する内地大資本の政策のあらわれである」[17] という評価を下している。また、桜井「南満州鉄道の経営と財閥」は、一九二〇年代半ば以降の撫順炭内地輸出の激増が中小石炭企業に打撃を与え、輸出を担った撫順炭販売会社に三井物産・三菱商事の出資があった点等から、満鉄の撫順炭日本輸出は財閥商社の介在を通じて財閥による石炭業界の制覇に貢献したと指摘している。[18] これら両研究においては、満鉄と国内財閥資本との関係性を、両者の結合という側面から把握している。これに対して金子は、満鉄の川崎（鶴見）埠頭建設過程等から撫順炭内地販売においては、満鉄と財閥資本の間には深い結合よりはむしろ激しい競争状況があったということを実証し、[19] 戦間期における満鉄と財閥資本との関係についての再考を促している。満鉄の企業活動に対して桜井は、「国内の経済構造とかかわりなく、自立して展開したかのように把握される傾向にあ[21]」ると、七〇年代末における満鉄研究の状況を批判したが、特に二〇年代においては、満鉄の収益基盤が戦後恐慌以後の日本国内の経済的低迷期を尻目に依然安定していたという実態から満州地域において相対的に自立していたと判断され、また、収益のもうひとつの基軸である石炭（撫順炭）販売においても、究極的には提携であってもそこに到るまでの過程を考慮すれば、深い結合の側面よりも激しい競争を重視した金子説がより実態に迫っていると評価出来よう。そして、同書において、これら満鉄系企業への投資について、満鉄のもつ「国家」的側面である「国策」の実現を、「営利」の実現を通じて追及した点に特徴があると結論付け、「国策」と「営利」という満鉄企業活動の持つ二面性を一九三〇年まで詳細に分析したことは、同書の最大の成果であると評価することが出来よう。

蘇崇民の研究は、満鉄を日本の中国東北侵略政策実行のために設立された機関として位置付け、その活動の全生涯を、「満鉄に関する謂わば紀伝体的に叙述したところの詳細な歴史概説書」(21)として著されたものである。同書はまた、中国に残存された多数の満鉄をも含む一次史料を用いて著された点に特徴があり、記述の端々に、満鉄史研究史上において初めて明らかになった史実が多数盛り込まれている。同書の特色として挙げられるのが、満鉄の歴史を満州事変・満州国建国を画期として前後期に分け、後期の一四年こそが満鉄にとっての発展期であると位置付けた点にある。これまでの日本における数十年間に及ぶ満鉄史研究において、満州国期の満鉄を鉄道事業特化・満州における影響力減退として把握することが研究の主流をなしてきた点から考えれば、膨大な一次史料に基づいて提出された同書の結論は、新たな問題提起として受けとめられなければならないといえよう。

3　満州国産業史・金融史研究

次に、先に掲げた満鉄・満鉄系企業史研究のもうひとつの潮流である、満州国産業史・金融史研究について、見ていくこととする。

既に述べたように、満州国産業史・金融史研究は、一九八〇年代以降、多く提出されていった。その理由は、まずは史料状況の整備という問題を指摘することが出来ようが、それに加えて、統制経済下の満州国において、最初に掲げられた国是である「一業一社方式」が後に撤回されながらも一定期間有効であったため、企業を分析することがそのまま、産業の分析につながるという満州独自の状況が研究にも反映されていることが理由のひとつとして挙げられよう。八〇年代の研究としては、堀和生「『満州国』における電力業と統制政策」(『歴史学研究』五六四号、一九八七年二月)、松本俊郎『侵略と開発――日本資本主義と中国植民地化――』(御茶の水書房、一九八八年)[22]、疋田康行「日本の対中国電気通信事業投資について――満州事変期を中心に――」(立教大学『経済学研究』四一巻四号、一九八八年三月)が存在するが、ここでは、堀と松本の研究を取り上げることとする[23]。

堀は、満州国建国後再編成された満州電力業が、五ヵ年計画下において重工業政策の中核となっていく過程について考察を行ない、満州電業の設立過程と五ヵ年計画下の活動過程、ならびに敗戦時までの活動について分析を行なった。同研究によって、電力業の観点から、朝鮮と満州における総力戦体制の構築のされ方が相当に異なったものであること、五ヵ年計画末期において計画の破綻が露呈した後、満州電業が電力業の運営について主導権を握るに至ったこと等が解明された。

松本は、日本による植民地期をアジアの「近代化」の文脈で再把握し、日本の植民地支配が「近代化」[24]にどう作用したかについて、侵略と開発という二つの側面をそれぞれ独立させて検討すべきという問題提起を行なった。植民地における経済開発という観点は、満鉄に則してその概観を提示した石田興平「植民地開発主体としての満鉄」(京都産業大学『経済経営論叢』一四巻一号、一九七九年六月)等の研究が存在していたが、同書の研究史上における画期的地位は、「(経済)開発」と「侵略」という二つの観点について、それぞれ独立して検証しなければならないことを主張した点に求められる。同書の第三章においては、満州資源開発の失敗により割高な華北産原料に依存してもたらされた昭和製鋼所における生産コストの上昇という事態は鉄鋼統制価格制度に支えられながら続行されたが、円資金の満州・華北流出を招いたことが明らかにされた。また、大規模な鉄鋼増産計画下において、計画の達成比率は満たされなかったものの、一定以上の増産は達成されたということも指摘されている。ただし、この問題については、村上勝彦の書評において「侵略と開発が相互連関的で、かつ対立的な側面をも一面でもつものとして二つの言葉を使うならば、開発を生産増大一般に等置したのでは不十分であろう。なぜなら侵略は根こそぎの略奪でもない限り生産増大を要請するだろうからである」(25)という指摘もなされた。

一九九〇年代以降の満州国産業・金融史研究については、以下の点が特色として挙げられよう。第一には、満州国経済運営におけるヘゲモニーの移行という問題が、各種産業にどのように反映されたかという問題について。第二には、戦時体制下の「国策」企業と国家との機能分担の実態が検討されたという点について。第三には、日本支配下で達成された増産に代表される経験が、当該地域にもたらした影響について。これらの問題意識が研究に反映されたことが確認されよう。九〇年代以降の研究については、前掲高橋泰隆『日本植民地鉄道史論』、小林英夫『満鉄――「知の集団」の誕生と死』(吉川弘文館、一九九六年)、安富歩『満洲国の金融』(創文社、一九九七年)、老川慶喜「『満州』の自動車市場と同和自動車工業の設立」(『立教経済学研究』五一巻二号、一九九七年一〇月)、柴田善雅『占領地通貨金融政策の展開』(日本経済評論社、一九九九年)、松本俊郎『「満洲国」から新中国へ――鞍山鉄鋼業からみた中国東北の再編過程一九四〇～一九五四――』(名古屋大学出版会、二〇〇〇年)、老川慶喜「『満洲国』の自動車産業――同和自動車工業の経営:一九三五年七月～三七年一二月――」(『立教経済学研究』五五巻三号、二〇〇二年一月)等が存在する。このうち、高橋・小林・松本の研究は、戦後の当該地域への継承という問題を強く意識した上で植民地期の経済活動を考察するという点では、共通する問題関心に立っている。これらの研究が提出された背景には、九〇年代前半期から半ばにかけて日本経済史研究を中心として問題提起された「戦時経済源流論」・「戦時経

済の戦後経済への連続・非連続説」・「戦時動員論」ともいくらかの関連性を有している点に注意を払う必要があろう。(26)

高橋『日本植民地鉄道史論』は、副題にも示されている通り、東アジアにおける日本の植民地鉄道について、経営史的アプローチによって分析を行なっている。同書の第三章は、満鉄の従業員・組織分析が行なわれている点に特色が求められる。従業員については、日本人職員の離職率が高かったこと、また、満鉄の附属地経営を担った地方部については、東京帝大卒が枢要な地位を占めたこと、組織面については能率課が設置されたことや、鉄道工場におけるテーラーシステムに代表される「科学的管理法」が導入された点等について、明らかにした。(27)また、第五章では、一五年戦争下における満鉄鉄道事業の実態が研究史上初めて明らかにされ、戦時下の新線が「非経済線」と呼ばれた一方でこれにより北満発貨物の流通ルートが変更され、北満における一部の都市の商圏が奪われたこと、戦争末期においては労働力不足等により輸送上の障害が発生した等の史実が指摘された。同書においては、満鉄の基幹収益部門である鉄道事業の全体像が研究史上初めて解明され、そして、植民地鉄道が「近代文明」の産物であり、「産業鉄道」としての性格をもつが、結局は「帝国の利益」に沿うものであったと結論付けた。(28)

松本『「満洲国」から新中国へ』は、先に挙げた松本『侵略と開発』の研究の延長線上に位置付けられるもので、一九四〇年代から五〇年代前半までの時期における鞍山の製鉄企業の分析を通じて、これまでの植民地研究において結語的意味合いで述べられることが少なくなかった「植民地支配解放のその後」を、中心課題のひとつに掲げ、植民地支配期からの断絶・連続面をほぼ網羅的に実証分析した点で、研究史上画期的な地位を持つ。様々な一次史料の利用にとどまらず、回想録ならびに日本人関係者のみにとどまらないヒヤリング等も用いて、公表されている史料がカバーしていない部分についても立体的な考察を加えている点に特徴が求められよう。同書が研究史上に果たした役割は、第一に、三七・三八年から四四年、ないしは四五年までの満州国の鉄鋼生産、産地別石炭生産、昭和製鋼所・本渓湖煤鉄公司の原料炭・鉄鉱石入手先、産地別鉄鉱石生産等がほぼ確定されたことである。後節において取り上げる、大倉財閥研究会編『大倉財閥の研究』に所収された村上勝彦論文と併せて、満州国期における鉄鋼業のかなりの部分が明らかになった。第二に、鞍山製鉄所が受けた被害について考察し、わけてもソ連軍により施設の撤去が多大な被害を与えたことを明らかにした。第三に、復興過程においては、共産党軍が四八年一一月以降、鞍山製鉄所の実権を掌握し、中国人労働者が初めて本格的に各種の訓練組織で高度な製鉄技術と専門技術を培うことを認められ、昇進と昇格の機会を手に入れた過程を明らかにした。また、早期の回復発展を実現し、五二年下半期から共和国第一次五ヵ年計画が開始されるようになると、留用日本人による技術移転は後景に退いていったことも明らかにされた。ただし、史料的制約によるものであろうが、同書で描かれた新中国（共和国）建国後の復興過程において、朝鮮戦争の影響について全く触れられていない点に意外性を感じた。何らかの形で鉄鋼業の復興過程と朝鮮戦争における戦線の推移とが、正負を問わない関係性を有し、共和国五ヵ年計画立案過程に影響を及ぼしているように筆者には思われる。[29] 同書は、これまで述べたように植民地支配と植民地支配のその後を、鉄鋼業というひとつの産業に注目して、四〇年からの一五年間を生産力というメルクマークから客観的に分析し、そこに至るまでの過程を総合的観点から分析した点にその画期性が求められる。満鉄・満鉄系企業史研究におけるひとつの到達点として、本研究は位置付けられよう。

安富・老川・柴田の研究は、一九九〇年代以降の広い意味での「史料開放」がもたらした実証成果として、やや乱暴ではあるが括ることが出来よう。ここでは、安富、そして老川の一連の研究を取り上げることとする。[30]

安富『満洲国の金融』は、満州国を巡る「貨幣の流れ」に注目することで全体像の構成を目指す立場から、主要機関の財務データ（貸借対照表と損益計算書）を基礎とした経済全体の動向の再構成を試みた。[31] 安富自身はこの手法の有効性について、「経済のなかに圧倒的な資金力を持つ少数の主要な企業が存在しなければならず、この条件は常に満たされるわけではない。しかしマクロ的数量を重要視する数量経済史に対し、メゾ・スコピックとでもいうべき中間的な水準からのアプローチの有効性を示すことは出来た」[32] と述べている。使用している史料についても、各企業の作成した営業報告書・リポート、一九八〇年代末より利用が可能となった『張公権文書』、日本銀行金融関係資料、『東北経済小叢書』、そして早稲田大学社会科学研究所所蔵の山崎元幹文書等が用いられている。満州国の金融については七〇年代よりの研究蓄積も多く、企業金融、ならびに銀行分析についても、大竹慎一「鉄鋼増産計画と企業金融――産業開発五ヵ年計画期の昭和製鋼所――」(『経営史学』一二巻三号、一九七八年六月)、高嶋雅明「正隆銀行の分析――満州における日清合弁銀行の設立をめぐって――」(和歌山大学『経済理論』一九八号、一九八四年三月)、前掲柴田『占領地通貨金融政策の展開』等の研究が存在するが、同研究においては前史も含め、満州国における金融的側面については、ほぼ網羅されて、金融面から満州国経済全体への資金の流れの見取り図が描かれている点に特色が求められる。同書の第二章は、満州中央銀行の資金調達と運用過程が分析され、満州国戦時経済においては、一本調子でインフレーションを激化させる通貨増発政策を行なわなかったが、結果として、通貨価値が一本調子で下落していった史実を明らかにした。第三章は、満業の資金調達と資金投入過程が分析され、当初の日本からの資金調達が、後に満州中央銀行・満州興業銀行の両行に資金的に依存せざるを得なくなる過程を明らかにした。第四章は、満州国下の満鉄における資金調達過程について分析を行ない、四〇年における増資の満州国政府株式引受け、四三年における社債の満州中央銀行引受け等の過程から、満鉄の資金面における「満州国化」が指摘されているが、この点については、金子文夫の書評において、疑問が提出されている。(33)

これまで史料的制約と分析ツールの限界から未解明であった満州国の金融について、資金の流れについてはほぼ解明がなされたと同時に、満州中央銀行、満州興業銀行、満鉄、満業というこれら有力な四社の企業間における相互関係という問題についての検討もなされた同研究は、金融面での新しい地平を切り開くものであったということが出来よう。

老川の一連の研究は、一九三四年に設立された同和自動車工業の設立過程、ならびに三七年末までの経営活動について分析したものである。満州自動車産業の研究は、八〇年代より四宮正親による一連の研究が既に存在していたが、史料的制約により同和自動車工業の実態はほとんど解明されていない[34]と評価し、同和自動車工業の設立過程と経営活動について具体的な検討を加え、日本占領下における自動車工業の展開を明らかにするという課題を設定している。これら研究の特色は、満鉄檔案を駆使し、また、中国各地における史料を収集して、分析を行なっている点に求められる。これまで植民地企業史研究者が求めても閲覧がかなわなかった史料を駆使して、実証分析を行なったことは高く評価されよう。これら一連の研究によって、満州自動車工業の確立に向けての政策的確執、そして、設立された同和自動車工業の営業不振とその関税改正の遅れ等に求められるその理由等が明らかにされた。そして、設立後の三七年までの経営活動分析を通して、五ヵ年計画の進展と交通運輸機関の発展により経営は次第に好転したが、営業期を経るごとに民間への販売台数比率は低下し、販売成績の好転は軍官公需要の増大であることを明らかにした。しかし、需要の増大に同社が国産車を完全に充当出来なかったことから、これら現状を改善するため、同社の改組・拡充が俎上にのぼったと結論付け、三七年三月に作成された「自動車工業方策に関する議案」が登場してくる背景を検討している。老川の研究によって、今後の満州日系企業史研究が、ようやく、日本の企業史研究の資料水準と同レベルにおいて着手される可能性が示されたことも成果のひとつであるといえよう。

二 財閥・「国策」的企業史研究の動向

前節でも触れたように、全般的に満州企業史研究は一九七〇年代以降において様々な成果が提出されるようになっていった。本節では、財閥・「国策」的企業[35]の研究動向について検討を行なうこととする。

一九七〇年代の研究動向として第一に挙げるのは、三七年に満州に進出した満業の設立過程、ならびに活動を経済統制政策の観点から分析した原朗「『満州』における経済統制政策の展開——満鉄改組と満業設立をめぐって——」（安藤良雄編『日本経済政策史論』下巻、東京大学出版会、一九七六年）である。(36)

原の研究は、日産（日本産業株式会社）の代表であった鮎川義介の関係文書の内、『満業関係重要書類』という一次史料を用いて行なわれた詳細な研究である。同研究により、日産の満州移駐は関東軍と満州国政府が満州重工業開発のために日産を引き出した側面と、金融機関を持たない日産財閥が日本国内においては経営困難な局面に立ったことから、局面打開のため財閥ごと満州に進出したという、両方の側面が存在したことを指摘した。そして、このような経緯で進出し、五ヵ年計画下の満州国重工業開発を担う役割を期待されていた満業が、旧満鉄系企業である日満商事・満州炭鉱との間で激しい対立を引き起こし、加えて満業による外資導入交渉が全て失敗したこと。これら諸点が合わさった結果、満業は一九四一年三月、同年八月の改組の結果、設立当初の重工業開発に関する総合的統制企業としての機能を喪失していったことが明らかになった。ここで指摘された、戦時統制経済下における満州国の諸企業の対立・競合は、満州企業史研究を考える上で重要な論点としてこれ以降の研究において継承されることとなった。

第二には、坂本雅子「三井物産と『満州』・中国市場」（藤原彰・野沢豊編『日本ファシズムと東アジア——現代史シンポジウム——』青木書店、一九七七年）、同「戦争と財閥」（中村政則編『体系　日本現代史四　戦争と国家独占資本主義』日本評論社、一九七九年）、山村睦夫「第一次大戦後における三井物産の海外進出」（前掲『日本多国籍企業の史的展開』上巻、大月書店、一九七九年）に代表される、三井物産の満州進出過程・活動を分析した研究である。ここでは坂本「三井物産と『満州』・中国市場」と山村の研究を取り上げることとする。

坂本の研究の背景には、日本の侵略、そしてその植民地支配の展開過程において三井物産に代表される財閥系企業がどのような役割を果たしたかという問題意識が存在している。同論文では、一九二〇年代から三〇年代初頭における満州での三井物産の活動に、二〇年代には三菱商事・鈴木商店といった内地商社との競合、ならびに東北軍閥による大豆買占め、三〇年代初頭における大豆直接輸出等により激しい競合が存在していたことを指摘した。特に後者について、満州における三井物産の活動面の苦境から武力侵略が望まれたという側面を指摘している。また、山村の研究は、第一次大戦後の満州における「官商」の大豆買占めに対して、物産が「官商」との提携により打撃を回避するに至った企業行動を指摘している。これら両研究から、満州における特産品である大豆の販売をめぐる、戦間期における財閥商社と東北軍閥との関係性の推移というものが明らかになったといえる。このことは、戦間期満州における日本の財閥商社と民族資本との「競合」と、「戦略的宥和」という揺れ動く経済関係をも示しているということが出来よう。

一九八〇年代の研究は、財閥系企業の研究が進展し、多くの成果が得られた。これら成果としては、第一に、大倉財閥研究会編『大倉財閥の研究——大倉と大陸——』(近藤出版社、一九八二年)を挙げなくてはならないであろう。同書が満州企業史研究の観点からも重要であるのは、大倉財閥の性格が、「対満対支投資財閥」と称された[37]ほどに、対外活動に力点を置いていたことから、日本の対中経済進出過程を見る上でも、その全体像の一端が詳細に解明され得るからである。

同書において、本稿の課題設定から考察の対象となるのは、大倉財閥の対満投資を分析した金子文夫論文、本渓湖煤鉄公司の成立から崩壊までの全過程を分析した村上勝彦論文、日本鉄鋼業の観点から本渓湖煤鉄公司の製鉄事業、ならびに満州製鉄業補助金の分析を行なった奈倉文二論文である。金子論文は、満州事変以前に大倉財閥の対満投資活動において一定以上の地位を占め、また、合弁企業を構成した林業関係の投資が、満州事変以降後景に退き、鉱工業関連投資へ絞られていった過程が示されている。[38]村上論文は、約四〇年に及び活動を行った日中合弁企業である本渓湖煤鉄公司を対象として、本渓湖煤鉄公司における、民族的対立を内包していた満州事変以前と関東軍・満州国政府がパートナーに変わる事変以後の変化を分析し、一旦は経営の実権を確保したものの、五ヵ年計画発足以後、次第に出資比率は減少し、また、利益率も急減少し、太平洋戦争末期の一九四四年物動計画の破綻により、満州製鉄設立という事態を迎えたが、事態の打開は出来ず敗戦を迎えた過程が示されている。特に、五ヵ年計画下における満州「開発」という論点は、前節で取り上げた松本俊郎『侵略と開発』、同『「満洲国」から新中国へ』において、より詳細に検討されていくこととなる。奈倉論文は、満州製鉄補助金の分析を通して、満州（鞍山）銑鉄の内地市場における位置と、その後の内地製鉄合同へと進展していく過程の一端が示されている。この問題は植民地本国と植民地との経済補完的関係の推移を示すものとして理解されよう。

同書全体におけるほぼ共通する論点として提示されたのが、「国策」の要請と資本の対外活動における不採算性という問題を、どう統一して理解するかという点であった。同書の書評を行なった武田晴人は、「対外活動の不採算性を日本帝国主義の脆弱性の表現とみることはできるが、それを『国策』との対立という点から強調すると、民間資本としての大倉の対外活動にある種の『免罪符』を与えているようにも受けとられかねない[39]」と指摘した。この問題を、特に戦時経済下に時期を限定して考えた場合に、より、その問題の重要性と同時に解明に向けての困難さが浮上する。しかし、ここで武田が指摘した問題が、その後の植民地企業史研究において、重要な論点として意識されていった。例えば、時期・地域においては満州事変前夜の満州に限定されてはいるが、先に取り上げた金子『近代日本における対満州投資の研究』において、満鉄のもつ「国家」的側面である「国策」の実現を、「営利」の実現を通じて追及した点に特徴があると結論付ける成果が提出された。

次に、武田晴人「古河商事と『大連事件』」（東京大学『社会科学研究』三二巻二号、一九八〇年八月）を取り上げることとする。同論文は、第一次大戦期の古河家が事業経営の多角化に乗り出し、その一環で一九一七年一一月に設立された古河商事が一八年下季の大戦休戦に伴い「社銅売止方針」が決定され、そのため新分野の開拓による営業拡大方針が決定され大連出張所を中心とした豆粕取引に活路を見出そうとしたこと、しかし、大連における豆粕取引は取引所経由であり、次第に投機的取引額を増大させ、ついには多額の損失を出した史実を指摘している。この「大連事件」について日系の商社が一丸となって事態を収拾しようとしたが、二〇年三月に端を発した戦後恐慌によって特産物相場の暴落と金融の逼迫を招いて、より「傷口」を広げ、三井物産ならびに大連商業会議所会頭である相生由太郎の助力を仰ぎつつ事態が収拾されたものの、結果として古河商事が二一年一一月に古河鉱業に吸収されていった帰結が描かれている。同論文の特色は、資料上殆ど跡付けられない破綻過程を詳細に分析した点に求められる。また、同論文の問題関心は、戦後ブーム期における貿易商社活動の変化、ならびに日本の貿易商社の競争と協調を介して現れる諸条件の変化の考察にあるが、当該期の日本貿易商社が満州における投機的性格を含有する市場に対してどのような企業行動を示したのか、という点に本格的にメスを入れた研究であるといえよう。

財閥系企業研究については、他にも多数存在するが、ここでは鈴木邦夫「『満州国』における三井財閥（Ⅰ）」（『電気通信大学紀要』一巻二号、一九八八年）を挙げることとする。(40) 同論文は、満州国期における三井財閥の活動について三井物産を中心として分析し、わけても鉱産物販売活動においては、一九三六年の日満商事設立、三九年の同社特殊法人改組という過程の検討を通して、日満商事の満州国鉱産物配給機関化により三井物産の活動は日満商事の存在無くしては成り立ち得なくなっていったことを指摘した。(41)

一九七〇・八〇年代の在満州財閥史研究を通して提示された論点は、第一には、原朗の研究によって指摘された統制政策下満州国内の諸企業の対立・競合という問題であった。同問題は原の研究では満業と満鉄系企業との対立を事例にして分析がなされたが、鈴木邦夫の研究によって、三井物産と特殊法人に改組された満鉄系企業間の対立という新たな事例が分析され、より論点が深化していったことが確認されよう。第二には、大倉財閥研究会によって提出され、武田晴人が指摘した、「国策」に応じた財閥の行動と、対外活動における不採算性という史的事実を考慮した上で、財閥と政府・軍との間における「親和と反発」(42) という相反する側面を有する両者を如何に統一して理解するかという問題であった。同論点については、時期・地域が一部限定され、また、満鉄を事例とした研究ではあるものの、金子文夫の研究によって、「国策」の実現を、「営利」の実現を通じて追及した点に満鉄の特徴があると結論付ける成果が提出された。

一九九〇年代以降の研究を振り返れば、多数の多岐に及ぶ成果が提出されたということが確認されよう。これらについては、春日豊「三井財閥と中国・満州投資」（中村政則編『日本の近代と資本主義――国際化と地域――』東京大学出版会、一九九二年）、黒瀬郁二「東洋拓殖会社の対『満州』投資」（前掲『日本の近代と資本主義――国際化と地域――』東京大学出版会、一九九二年）、沢井実「鉄道車輌工業と『満州』市場――一九三〇年代を中心に――」（大石嘉一郎編『戦間期日本の対外経済関係』日本経済評論社、一九九二年）、平智之「一九二〇年代の銀貨圏における横浜正金銀行」（前掲『戦間期日本の対外経済関係』日本経済評論社、一九九二年）、田中則雄「キッコーマンの満州進出と満州における醬油事情について」（『野田市史研究』七号、一九九六年三月）、柳沢遊「榊谷仙次郎――『満州』土木請負業者の世代交代」（竹内常善・阿部武司・沢井実編『近代日本における企業家の諸系譜』大阪大学出版会、一九九六年）、宇田川勝「満業コンツェルンをめぐる国際関係」（法政大学産業情報センター『グノーシス』六号、一九九七年三月）、柳沢遊『日本人の植民地経験――大連日本人商工業者の歴史――』（青木書店、一九九九年）、張乃麗「本渓湖煤鉄公司設備・機械の内外製造別分析」（日本大学『経済集志』七〇巻三号、二〇〇〇年一〇月）、伊田敏充「旧満州における銀行合同」（石井寛治・杉山和雄編『金融危機と地方銀行――戦間期の分析――』東京大学出版会、二〇〇一年）、金子文夫「日本企業による経済侵略」（宇野重昭編『深まる侵略屈折する抵抗――一九三〇－四〇年代の日中のはざま』研文出版、二〇〇一年）等の研究が存在するが、ここでは、黒瀬郁二、沢井実、柳沢遊九六年論文を取り上げることとする。(43)

黒瀬の研究は東拓（東洋拓殖株式会社）の対満州投資を「植民都市」の経営と合弁事業投資という二つの観点から

検討し、また、東拓の企業行動が帝国主義的な「政策」の論理と長期金融機関としての「経営」の論理の両者に規定されるとして、それぞれを分析することを課題として掲げている。第一次大戦期から一九二〇年代にかけて、東拓の最大の投資部門が「市街経営」と自らが称した、日本資本の進出と日本人移住のための植民都市投資であったこと、しかし反動恐慌の影響と、利権回収運動の下、東拓が担った植民都市建設は総じて敗退していったことが同研究から明らかにされた。そして、第一次大戦期に立案された満州の金融的従属化＝植民地圏包摂「政策」が二〇年代に行き詰まり、東拓の「経営」危機の露呈と満州における活動の縮小、他方中国ナショナリズムの前に挫折を強いられた金融的従属化「政策」はその「解決」を軍事的占領の中に見出していく、と結論付けた。同研究から、「国策」的性格を濃厚に示す満鉄以外のもうひとつの企業である東拓が、大戦ブーム期に国策の後押しにより満州で活動領域を広げていくが、東拓が担った多様な企業活動の行き詰まりが、再び国策に影響を与え「解決」が模索されていくという、満州における「国策」の論理の一端が、植民地―本国間の「相互浸透」という問題も含めて解明されたと整理出来よう。

沢井は、明治末年に確立された鉄道省向け販売に基礎を置く日本鉄道車輌工業が昭和恐慌以後の内需減退、ならびに回復遅延という「危機」において、一九三二年八月の満鉄の満州国線委託経営決定に伴う大規模発注により「危機」を脱出していった過程が描かれている。そして、満州市場への日本鉄道車輌工業の進出においても、基本的には国内向け寡占的供給体制が再生産されていき、それを構成する有力企業によって三八年五月に満州車輌株式会社が設立され、大陸との関係を更に深化させていったと結論付けている。同論文から、日本の鉄道車輌工業における「危機」の打開に主体的に取り組んだ結果、満州市場抜きの企業経営の展開が困難になるほどに依存が強まり、満州における重化学工業構築を目指した五ヵ年計画実施以後、より大陸との関係を深化させていったことが明らかになった。このことは、日本の「国策」の要請に伴う需要を享受し、「国策」に伴う需要が企業経営に組み込まれ、戦時統制経済という経済環境の変化の中、「国策」に伴う需要に依存せざるを得なくなっていく、軍官需関連諸産業における一つの事例が展望されていったといえよう(44)。

柳沢は、満州における土木請負業者である榊谷仙次郎のライフヒストリーを分析し、彼の企業家としての成長過程と、彼が関与した「業界活動」についての検討がなされている。同論文からは、満州における企業家の成長過程に置ける満鉄の関与、ひいては、満鉄の起業的性格が浮かび上がり、満鉄の有する、総合的観点からの在満産業育成機能の一端が、土木建築請負業者の事例を通じて明らかになったということが出来よう。

おわりに

満州日系企業の研究史について検討を行なってきたが、冒頭に示した論点について、簡潔にまとめておこう。まず、植民地の「本国化」・植民地—本国間の「相互浸透」という問題について。この問題は原朗の一連の研究によって先鞭が付けられ、『大倉財閥の研究』に所収された奈倉文二論文によって日満製鉄業の経済補完的関係について検討がなされ、沢井実の研究によって日本の鉄道車輌工業を事例とした分析が提出された。また、一九八〇年代半ば以降に数多く提出されていった満州国産業史研究で、本問題も視野に入れて研究が展開されていったといえよう。

次に、植民地企業の相互関係という問題について。この問題は、原朗の研究によって満業と満鉄系企業間の相互関係が検討され、次いで、坂本雅子、山村睦夫の研究により、財閥商社間、ならびに財閥商社と民族資本との相互関係が、高橋泰隆「南満州鉄道株式会社における組織改組問題と邦人商工業者」によって満鉄と日系中小企業について、そして柳沢遊の研究によって土木請負業種間の相互関係が独立（起業）と発展という観点から検討され、安富歩の研究により満州中央銀行・満州興業銀行・満鉄・満業という満州国における有力な四社の企業間における相互関係についても検討される等、幅広い裾野をもつ研究領域に深化していったことが確認されよう。なお、植民地企業の「経験」とその後の影響という問題については、未だ研究の端緒段階であると判断されるが、数少ない成果においては経済「成長」に比較的ウェイトが置かれている現状にあることを指摘しておこう。

これら個別に掲げた問題に共通する点をあげると、第一には、程度の濃淡こそあれ、満州における「経済環境」の持つ意味が、様々な研究成果によって明らかになったということである。企業の活動の一端を規定する「経済環境」が、それぞれの企業に影響の程度こそあれ及び、且つ、「政策」の実施により環境の改善をも模索していった史実を考慮した上で、今日の日中関係にひきつけてこれらの問題を考えた場合には、「ビジネス・コンフィデンス」という概念が惹起されるのではないだろうか(45)。

第二には、「国策」の持つ意味の再検討が必要であろうという点である。先に掲げた問題である、「国策」と営利との関連性については、満鉄・大倉財閥・東拓等の事例研究を通じてより論点が深まったことが確認される。そして、黒瀬や柳沢の研究によって、「国策」性の一要素である、経済インフラ・都市整備といった問題、あるいは、「産業育成機能」といった問題についても、それらの研究で確認がなされた。営利との関連性にのみとどまらない、「国策」という言葉のもつ多様性については、より掘り下げた検討が今後とも必要になるであろう(46)。

（1）　本稿において「経営史」という用語を用いずに「企業史」という用語を用いる理由は、植民地という、いうならば「内地とは異なった様々な経済環境」を、前提として活動を行なう植民地企業を分析するにあたっては、経営の諸側面に政治的・軍事的影響が一定以上に反映されている事例が多数に上る状況に鑑み、これら諸側面における軌跡を規定するものを含めて、企業総体を分析しなければならないという筆者の問題意識によるものである。

（2）　これら先行研究については、本稿第一節を参照のこと。

（3）　このような、企業行動における政治的・軍事的影響が濃厚に示された企業を、「国策企業（会社）」と称することがある。

久保文克は、『植民地企業経営史論――「準国策会社」の実証的研究――』（日本経済評論社、一九九八年）において、台湾製糖を「準国策会社」と位置付け、東洋拓殖株式会社・満鉄を国策会社と位置付けている。同書においては、前者と後者の企業的性格について、一線を引いており、「国策会社」という用語を強く意識した上で用いている事例であるということが出来よう。ただし、同書における国策会社の整理・定義については、高橋泰隆・平井廣一から疑問が提出されている。詳しくは高橋泰隆「書評」（『社会経済史学』六三巻六号、一九九八年三月）、平井廣一「書評」（『経営史学』三三巻二号、一九九八年九月）を参照のこと。

(4) 具体的には、後掲金子文夫『近代日本における対満州投資の研究』六二、二〇五、三五四頁。同「植民地投資と工業化」（『岩波講座近代日本と植民地 3 植民地化と産業化』岩波書店、一九九三年、三〇～三二頁）を参照のこと。

(5) なお、満州における「地殻変動」の下、展開されたヘゲモニー争いとその帰結について、軍部が主導した経済統制政策の観点から分析を行なった先駆的な研究として、原朗「一九三〇年代の満州経済統制政策」（満州史研究会編『日本帝国主義下の満州』御茶の水書房、一九七二年）が存在する。

(6) なお、満鉄が傍系事業に投資する理由について自ら説明した文書が存在する。一九四〇年に作成された同史料によってそれをなぞれば、満鉄が傍系事業に投資するのは、（一）社業の延長又は代行機関としての投資、（二）社業補助機関としての投資、（三）社業を分離独立したもの、（四）満鉄における試験研究の結果を企業化したもの、（五）満蒙における産業助成の意味の投資、（六）公共的施設に参加する意味で投資したもの、（七）国策的見地より経営を必要としたもの、（八）満州国の重要産業統制に参加する意味において投資したもの、と、以上八通りの理由を挙げている（満鉄総裁室監理課『満鉄関係会社調書』満鉄、一九四〇年三月、二―三頁[吉林省社会科学院満鉄資料館所蔵目録番号〇〇〇八七]）。なおかつ、満鉄の傍系事業への投資とは、「満鉄創業以来常に同様の歩調を以て為されたるには非ざること勿論にして（同前、三頁）」と述べているように、満鉄における社業の論理と、事業への投資の論理とは異なっていると自ら説明している。少なくとも、事業投資がすべからく利潤追求行動であったわけではないことは、満鉄が最初に行なった社外投資である営口水道電気会社への出資理由が、同社の経営救済のためであった（同前、四頁）という点に、端的に示されていよう。

(7) 特に『第三次十年史』は、本文二七八六頁に及ぶ大著であり、また、満鉄社内の規定を超えた「軍秘」として刊行された。これら同時代的に刊行された『十年史』によって、創立から一九三六年度までが取り扱われたが、その後の十年間については、満鉄会が一九八六年に編纂した『第四次十年史』が存在する（満鉄会編『南満州鉄道株式会社第四次十年史』龍溪書舎、一九八六年）。

（8）一九六〇年代から七〇年代初頭にかけての満鉄研究は、同書以外に、鈴木隆史「南満州鉄道株式会社（満鉄）の創立過程」（『徳島大学教養学部紀要・人文社会科学』四号、一九六九年三月）、宇田正「日本資本主義の満州経営――南満州鉄道株式会社の役割を中心に――」（『社会経済史学』三九巻二号、一九七三年六月）が存在する。

（9）前掲「南満州鉄道の経営と財閥」、一三三頁。

（10）同右、四六頁。

（11）原田の研究は、満鉄の四〇年にわたる活動について、それぞれの時代における活動ならびに役割の差異について、その概観が示されている。高橋「南満州鉄道株式会社における組織改組問題と邦人商工業者」は、満州事変前夜における奉天商工会議所を中心とした建議の内容を検討し、日本人中小商工業者と満鉄との関係性を検討し、中小商工業者の苦境からの打開策を満鉄改組に求めていったと結論付けている。兒嶋の研究は、一九三〇年代前半期において満鉄理事を務めた村上義一が所有していた満鉄内部史料を分析し、満州事変勃発・満州国建国という一九三〇年代前半期における満鉄と関東軍との関係について、鉄道納付金の観点から分析されている。

（12）なお、満鉄改組問題については、後掲原朗「『満州』における経済統制政策の展開」においても触れられている。原は、陸軍による満鉄改組方針は、ほぼ一九三二年八月の関東軍司令部人事交替の頃に確定され、三三年一〇月の沼田関東軍参謀による「リーク事件」で一端「立消え」の形となったが、その後、陸軍によって拓務省・関東庁の官制改正を目的とする在満機構改革が推進・実行され、三六年一〇月一日の満鉄職制改正によって、満鉄改組問題は一応の決着を示した、としている。

（13）前掲『日本植民地鉄道史論』、一七一頁。

（14）なお、小林英夫編『近代日本と満鉄』（吉川弘文館、二〇〇〇年）は、満鉄に焦点を当てつつも、政治史的・外交史的アプローチによって対象たる満鉄に迫っているという同書の性格上、本稿においては紹介を省くものとする。

（15）解学詩は、日本軍占領期の華北支配について石炭・鉄鋼産業を中心に分析を行なったが、それら華北経済支配における満鉄の立案過程等についても考察を行なっており、本稿においても紹介することとした。なお、満鉄の華北における資源収奪を主軸とした進出について、満鉄が出資し、その役割を担った興中公司の活動を取り扱った先駆的な研究として、中村隆英『戦時日本の華北経済支配』（山川出版社、一九八三年）が存在する。木村は、満州事変より始まる軍事侵略という暴挙を緩和するために国民の同意を調達しようとした政府・軍部の正当性の主張を検討する観点から、一九二〇年代日本の対満貿易を分析し、対日輸出の一端を担った満鉄生産品の輸出動向ならびに市場競争力も分析している。張乃麗の一連の研究は、日満貿易構造の実態と日本産業構造との関連を分析する観点に立ち、満州での重化学工業の担い手であるメーカーとして、昭和製鋼所の設備・機械の、入手ルート・製造元を分析したものである。

(16) 撫順炭販売会社は、一九二三年四月に日本内地及び台湾・樺太における満鉄の採掘・生産する鉱産物（主に石炭）の販売及びそれに附帯する業務を目的として設立された資本金三〇〇万円（払込資本金一五〇万円）の企業である。出資の内訳は、設立当初は満鉄一〇%、南昌洋行四五%、三井物産三三・三%、三菱商事一一・七%であったが、二七年六月に南昌洋行が経営撤退し、南昌洋行の出資分については満鉄が肩代わりすることになった（撫順炭販売会社『営業報告書』各期）。

(17) 前掲『満鉄』、九六頁。

(18) 前掲「南満州鉄道の経営と財閥」、四〇頁。

(19) 前掲『近代日本における対満州投資の研究』、三九二頁、四〇一頁。

(20) 前掲「南満州鉄道の経営と財閥」、一三三頁。

(21) 前掲『満鉄史』、六一七頁。

(22) なお、松本が同書で取り扱った時代の昭和製鋼所は、満業傘下時代の昭和製鋼所であり、本稿第二節で取り扱うことが妥当であるかとも考えたが、昭和製鋼所の設立過程を考慮に入れた上で、便宜上、本節で取り扱うことにした。なお、後に本節で取り扱う松本俊郎『「満洲国」から新中国へ』も、同様の理由である。

(23) 疋田は、満州事変期の対中国電気通信事業への日本の投資を分析し、当該期日本の資本輸出の特質の一端を明らかにすることを目的とし、具体的には、満州国電気通信事業政策の形成過程とそれに基づく満州電信電話株式会社の設立過程、同社の事業活動を中心に分析している。

(24) なお、同書における「近代化」概念とは、「他国に対する侵略の回避、国民の政治的諸権利の平等化、貧困の払拭（前掲『侵略と開発』、一頁）」という三つの内容をもつものとされている。

(25)　村上勝彦「書評」(『社会経済史学』五七巻五号、一九九二年一月、一二四頁)。

(26)　特に、「戦時経済源流論」・「戦時経済の戦後経済への連続・非連続説」・「戦時動員論」を明確に意識して著されたのが、小林『満鉄』であるといえる。同書は、満鉄の概説史ではあるが、一九三〇年代以降の満鉄に一定以上の力点を置き、満鉄における様々な「経験」が、戦後日本においてどのように継承されたかについても述べている点に特色のひとつが求められる。

(27)　ただし、同書において指摘された従業員分析、また、能率課の設置等の問題は、平山勉「満鉄社員会の設立と活動——会社経営への参画問題を中心に——」(『三田学会雑誌』九三巻二号、二〇〇〇年七月)において、一九〇六年一二月から三八年九月までにおける課長級以上の満鉄社員のデータベース分析、また、満鉄社員会の機関誌『協和』の分析を通じた、能率課の設置に代表される「合理化」・「能率化」運動の、発生・展開過程について詳細な分析がなされていることを挙げておく。

(28)　なお、同書の書評を行なった柳沢遊は、同書の第四章について、「重要な点は、こうした「非能率」経営論が意図的に流布されていた状況下で、「産業合理化」や「専門経営」論が浮上していた事実であろう……関東軍と満鉄との対立構図を基本に改組をとらえる原朗説が再評価されてよいように思われる」(柳沢遊「書評」『社会経済史学』六五第四号、一九九九年一一月、九四頁)と指摘している。

(29)　同書における共和国期の鞍山鉄鋼業の記述について、満州国期・国共内戦期と比較して資料的には不充分であることが、塚瀬進「書評」(『土地制度史学』一七四号、二〇〇二年一月)においても指摘されている。

(30)　柴田の研究は、著者の二〇年間以上に及ぶ研究成果が再構成されて刊行されたものであり、大蔵省所蔵史料他国内各機関、ならびに中国・香港・米国・マレーシアで渉猟した史料が用いられている。同書の第一部においては満州国における通貨金融政策が分析され、その一環として満州国期の金融機関が分析されている。本稿の問題関心からは第三章・第四章が検討対象となる。第三章「『満州国』の金融機関の市中取引」においては満州国金融機関の対民間取引を詳細に検討することで創出された金融制度の有効性と限界について検討することを課題として掲げ、満州中央銀行・満州興業銀行の五ヵ年計画以降の活動分析がなされている。第四章「『満州国』の農業金融」においては、農業金融的政策の形成と制度的展開を分析課題とし、「合作社」・興農金庫・大興公司の事業活動を分析している。

(31)　なお、伊藤正直の書評においては、「なかでも原朗の一連の戦時統制経済研究は、著者の方法に直接接続するというべきであろう」という指摘がなされている（伊藤正直「書評」一橋大学『経済研究』五一巻三号、二〇〇〇年七月、二七七頁）。
(32) 前掲『満州国の金融』、viii頁。
(33) 金子文夫「書評」七六～七七頁（『日本植民地研究』一一号、一九九九年六月）。
(34) 前掲「『満州』の自動車市場と同和自動車工業の設立」、二頁。
(35) 本節で検討する「国策」的企業とは、第一節で検討を行なった満鉄、また、満州国建国以降に設立された特殊法人群を除く、満州事変以前に満州に進出し、活動を行った「国策」的性格を濃厚に帯びた企業とする。具体的には東洋拓殖、横浜正金銀行、朝鮮銀行等が該当するであろう。
(36) 一九七〇年代には原朗の研究以外にも、日産財閥の満州進出過程に至る財閥内部の論理について経営面から分析を行なった、宇田川勝「日産財閥の満州進出」（『経営史学』一一巻一号、一九七六年七月）が存在するが、本節においては紹介を省いた。
(37) 藤村道生「書評　大倉財閥の研究」（『アジア経済』二三巻一二号、一九八二年一二月、一〇六頁）。
(38) 金子論文で扱われた林業投資、ならびに、合弁企業構成という論点については、問題意識は異なるものの、合弁企業設立をめぐる日中の協議過程を分析し、その後の活動を考察した、塚瀬進「日中合弁鴨緑江採木公司の分析――中国東北地域における日本資本による林業支配の特質――」（『アジア経済』三一巻一〇号、一九九〇年一〇月）の研究が存在する。また、一九二〇年代における日本側企業の製紙業進出過程、ならびに林業投資過程について分析した、原沢芳太郎「王子製紙の満州（中国東北部）進出――『余裕』あっての戦略の失敗――」（土屋守章・森川英正編『企業者活動の史的研究』日本経済新聞社、一九八一年）の研究が存在する。
(39) 武田晴人「最近の財閥研究をめぐって――『大倉財閥の研究』を中心に」（『経済評論』三一巻一〇号、一九八二年九月、一二三頁）。
(40) 満州における三井財閥の活動が取り扱われた研究に、春日豊「一九三〇年代における三井物産会社の展開過程（上）――商品取引と社外投資を中心に――」（『三井文庫論叢』一六号、一九八二年一二月）が存在する。同稿においては、三井財閥の石炭取引を検討する過程で、内地販売統制のアウトサイダー的存在であった撫順炭の取り扱いにおける三菱商事との角逐について検討している。

(41)　なお、同論文の続編にあたる、鈴木邦夫「『満州国』における三井財閥（Ⅱ）――三井物産の活動を中心として――」（『電気通信大学紀要』二巻一号、一九八九年六月）においては、同社の満州における大豆三品取引の実態を検討している。

(42)　前掲「最近の財閥研究をめぐって」一二三頁。

(43)　春日の研究は、三井物産の対中国・満州投資の長期推移を検討し、満州における満州国借款、ならびに満州国期における国策会社投資を考察している。平の研究は、一九二三年以降の二〇年代における横浜正金銀行の銀貨圏における業務展開の特質を、正金本店頭取席、上海・大連支店、中国人投資業者の三者の対応関係の検討を通じて分析を行なっている。田中の研究は、領事館報告・ヤマサ資料等を用いて、日露戦争以降の日本人醸造家の満州各都市進出とその活動過程、ならびに中国産醤油との対抗関係を描き、満州国建国後の満州野田醤油株式会社の設立過程についても触れられている。宇田川の研究は、日産の満州移転および満業コンツェルンの活動を、それをとりまく国際関係と関連付けて考察することを目的に掲げ、具体的には満業が行なった一連の外資導入交渉の試みとその失敗について検討し、満業の活動は「経済の論理」を追求して「政治の論理」との調和を図ることを企図したが、三〇・四〇年代の国家主義の確立、あるいはそれが強力に主張される国際・国内環境の下では、両者の調和は難しく、挫折していったと結論付けている。柳沢『日本人の植民地経験』は著者による八〇年代初頭からの一連の研究が、「日本軍の侵略と植民地支配をささえた植民地側の社会経済的基盤」の分析という課題に則して再構成されたもので、大連に進出した多数の日系中小企業家の展開過程について検討がなされている。張乃麗の研究は、日満貿易構造の実態と日本産業構造との関連を分析する観点から、満州での重化学工業の有力な担い手である本渓湖煤鉄公司の設備・機械の入手ルート・製造元を分析している。伊牟田の研究は、一九二三年四月に日系四銀行の合同により設立された満州銀行について、合同するに至った背景と、合同参加の一行である満州商業銀行の経営構造の分析を通じて、両大戦間の満州における日系銀行が遭遇した動揺とその対策としての銀行合同の様相を解明した。金子の研究は、三〇年代後半の日本の中国に対する経済侵略の様相を企業進出の動向に則し東北・華北地方を対象地域に設定して検討することを課題として掲げ、具体的には工業部門を事例として、日系企業と中国系企業の存在状況を検討している。

(44)　なお、この問題は、著者の新たな研究によって詳細な分析がなされたことを付言しておく。詳しくは、沢井実『日本鉄道車輛工業史』（日本経済評論社、一九九八年）所収、第五章・第六章を参照のこと。

(45)　なお、経済政策の有効性という観点からビジネス・コンフィデンス概念をも用いて、一九二〇～三〇年代の世界経済を検討した成果として、H. W. Arndt, *The economic lessons of the nineteen-thirties*, Frank Cass & Co. Ltd., London, 1972（小沢健二他訳『世界大不況の教訓』東洋経済新報社、一九七八年）が存在する。また、同書についての武田晴人「書評」（『経済学批判』五号、一九七九年一月）、特に二〇五～六頁を参照のこと。

(46) 「国策」の多様性という問題については、植民地における「国策」的性格を濃厚に帯びた企業の利潤追求行動が、本国における企業活動と衝突するという事例も存在した。満鉄における事例については、丁振聲「昭和恐慌期の石炭独占組織の動揺――中小炭業者による撫順炭輸入阻止運動とその帰結――」（近代日本研究会編『年報・近代日本研究一三　経済政策と産業』山川出版社、一九九一年）を参照のこと。

日本における満鉄調査部論

平山　勉

はじめに

満鉄調査部の研究[1]は数多くの復刻資料に支えられており、また、調査部とは直接的に関係のない戦後の研究者（以下、「戦後研究者」と表記）だけでなく、元調査部員による研究や回想録などもあるために、極めて膨大であると同時に複雑な構成となっている。一九七九年四月から一九八四年三月にかけて、『アジア経済』誌上で「満鉄調査部の歴史とアジア研究[2]」を四六回にわたって連載した原覚天は、そうした調査部の研究状況を次のように分類している。

（1）満鉄ならびに調査部に関する歴史的な諸記録、ないしそれに類するもの
（2）調査部の業績資料目録等に関する調査
（3）最近年の歴史家による研究
（4）調査部関係者による回顧的記述
（5）一般的な満鉄ならびに調査部に関する概説書[3]

（1）は、『南満州鉄道株式会社十年史』、満鉄産業部『満鉄調査機関要覧』、満鉄弘報課『満鉄と調査』、『満鉄調査部報』などの満鉄刊行物の他に、満州帝国政府『満州建国十年史』、関東憲兵隊司令部『在満日系共産主義運動』も「満鉄調査部の調査活動とその思想動向を知る上に欠かしえないもの」として含まれており、（2）には、John Young がまとめた *The Research Activities of South Manchurian Railway Company 1907-1945* と、アジア経済研究所『旧植民地関係機関刊行物総合目録　南満州鉄道株式会社編』が挙げられている。（3）では、満史会『満州開発四十年

史』、満州国史編纂刊行会『満州国史』を先に挙げた上で、安藤彦太郎『満鉄』、満州史研究会『日本帝国主義下の満州』、安藤彦太郎・山田豪一「近代中国研究と満鉄調査部」、安藤彦太郎『日本人の中国観』に言及し、「これらのなかには調査部のことに直接的にふれているものと、間接的にしかふれていないものとがあるが、いずれにしても調査部研究には見落としてはならないもの」とまとめた。（4）は、伊藤武雄『満鉄に生きて』、同『黄龍と東風』、枝吉勇『調査屋流転』、石堂清倫「満鉄調査部と『満鉄マルクス主義』」、具島兼三郎『どん底のたたかい』のほかに、野間清による「中国農村慣行調査の企画と実績」「満鉄経済調査会設立前後」などの一連の研究も含まれている。（5）には、児玉大三「秘録　満鉄調査部」、山田豪一『満鉄調査部』、草柳大蔵『実録　満鉄調査部』の他に、山本秀夫『橘樸』、田中武夫『橘樸と佐藤大四郎』が挙げられており、これらには「調査機能の政治性を問題としているものが多い」という評価が与えられている。

原の問題関心は「日本のアジア研究の歴史的分析」にあり、調査組織の変遷から機能的側面を考察し、またその過程における課題選択の移り変わりとその成果の内容を分析・評価するものであったから、調査部の業績を端的に表現するものが、まず最初に（1）（2）として列挙されていた。そして、（3）で間接的に関係する研究に留保しつつも、調査部を直接的に対象とした研究については、（4）で関係者による回想・研究を「回顧的記述」として一括しており、また（5）において、調査部とは直接的に関係のない者による研究を「概説書」と位置づけていた。原による整理は一九八四年時点でのことであるが、彼が指摘しなかった回想録やその後の研究を補ったものが、巻末に付した文献リストである。これから言えることは、原の整理以後の研究は、主として、戦後研究者の小林英夫と井村哲郎の二人によって担われており、また、文献リスト全般を見渡してみても、戦後の研究者による研究が、あまり多くないことに気づかされる。そうした意味では、原が関係者による「回顧的記述」と、関係のない者による「概説書」とに二分したのは、合理的であったと言えよう。

しかしながら、「日中関係史再考」という観点から調査部をめぐる研究状況をまとめるとすれば、原の二分法では両者の関係性が見えてこない。日本の植民地統治機構の一部として中国内に設置された満鉄調査部が、どのようなものであり、また、どういった評価を与えうるのか。そのような問題意識を共有した、元調査部員・調査関係者とそうではない人々による「調査部論」を俯瞰する視点を失っていると言えよう。確かに、史料にもとづかず、応答を拒絶した一方的な回想が多いため、調査部論が歴史研究としての水準に達しているかどうかについては議論の余地がある。しかし、戦後研究者または元調査部員の間で、「記憶の相対化」が図られた調査部論のみを取り上げることで、一定の水準を維持しえるように筆者は考える。果して、そうした調査部論は日中関係史の中での自己検証を豊富化するがゆえに、満鉄調査部の評価を、過ぎ去った後向きの検証とはせずに、今日の日中間の信頼醸成に資するものとすることが少なくないであろう。中国侵略をめぐる加担と抵抗への評価が古くて新しい所以である。

一　初期の調査部論と伊藤武雄

元調査部員による回想は、一九六〇年以前から、北条秀一『道は六百八十里』（一九四八年）、野中時雄「私の満鉄での調査の跡」（一九五八年）や、天海謙三郎をめぐる座談会形式の東洋文化研究所「中国旧慣調査について」（一九五八年）があり、これらは調査・研究活動の一端をうかがい知る貴重なものではあるが、組織や機構に関する記憶には誤りも見られ、調査部を正確に概観するものとは言い難い。調査部全般を対象としたものとなると、一九六〇年に、児玉大三のペンネームで小林庄一が、元調査部員への聞き取りと彼らから提供された資料をもとに構成した「秘録満鉄調査部」(4)が初発のものである。

岸信介をはじめとする旧「満州」人脈が社会地位を回復していく状況や、戦後一五年という時代的制約のためであろうか、関係者の匿名性を保持している点、書誌情報を載せていない点が形式的な特徴として挙げられるが、調査課・東亜経済調査局・経済調査会・調査部への変遷過程を人物を中心にまとめるとともに、拡充調査部に関しては聞き取りと資料が多く取れたためであろう、設立背景だけでなく組織・人事・予算にも言及している。また、調査活動を「軍事目的への奉仕」と性格づけ、軍への協力の賛否を基準に「主流派と反主流派の対立」という形で内実を表現していた。そして、調査部弾圧事件に関しては、調査部設立当初から併存する「自由主義と植民地主義」という二つの性格に「その後の悲劇的運命が隠されていた」と見ていたが、同時に次のようにも述べている。[5]

もちろん、主流派の間にも、軍と軍国主義に対する抵抗の精神は十分にあった。一つには満鉄対関東軍という対立意識もあった。しかし、彼らとしては、軍と協力しなければ調査活動ができなくなると考えたのだった。また事実、農村の実態調査などは軍の協力と援助なくしては不可能であった。だから、軍の要求する調査をやりながら、そのなかに合理主義と科学的方法をもちこみ、科学的結論を出すことによって、レジスタンスの精神を貫こうと考えたのであった。もちろん、そのような主観的意図は決して好ましい結果を生みだしはしなかった。歴史的に見れば、逆に、東亜課が興中公司を育てた行き方と全く同じ結果を招いたわけであって、結局は軍国主義へのサービスに終ったばかりでなく、さらにみずからをほうむる道を拓いていたようなものであった。[6]

児玉は、「日満支インフレ調査」「支那抗戦力調査」の中に持ち込まれた科学的方法・科学的結論が、調査部弾圧事件を招いたとしているが、綜合調査の中で科学的な態度を貫くことで軍への抵抗を示そうとすることは、野間清や三輪武が調査部の主体性を支えたひとつの精神として評価していたものであるし、「主流派と反主流派」というグループ分けも、石堂清倫・野々村一雄の調査部弾圧事件への認識・見解にもとづいたものであった。満鉄調査部論は、元調査部員の回想をもとにしていたために、初発の段階から彼らの価値判断を多分に含んでいたのである。

翌々年（一九六二年）になると、戦後研究者による研究、安藤彦太郎・山田豪一「近代中国研究と満鉄調査部」が発表された。安藤・山田は、事実関係において児玉大三「秘録　満鉄調査部」に依存する一方で、児玉の指摘した「自由主義と植民地主義」という調査部の性格を、近代日本の中国研究に限定して考察した。

安藤・山田は、近代日本における中国研究の特徴として、①革命中国へのヴィジョンによって発展したこと、②帝国主義国日本の植民地研究として成立したこと、の二点を挙げ、それぞれの担い手を「革命派」「帝国主義派」と区別し、②こそが「本命」であるとした。さらに、この両者は必ずしも相克関係にあったのではなく、歴史的には、革命派が帝国主義派の「独善的・固定的研究傾向を啓発する役わり」を担っており、両者の相互補完関係の中で、中国侵略のポリシーメイキングに寄与し、そのことで中国研究が発展したとしている。その結果、提示された調査部の中国研究の発展を測る基準は、「侵略のポリシー・メイキングにどれだけ有効であったか」という点におかれた。そして、そのような過去を持つ日本の中国研究の課題を次のようにまとめている。

戦後、あたらしい中国研究が、あたらしい日中関係を母体にして生まれてきた。これはもちろん、過去の中国研究への反省をふくんでいるはずである。しかし、戦後の中国研究の再出発を、私たちは、もうすこし検討してみる必要はないか、と考える。「はしがき」にものべたように、日本の中国研究は、いわば「革命派」の系譜を有していた。だが革命的中国研究も、じつは帝国主義的遺産、中国研究の外被に包みこまれた形でのみ存在してきた、という歴史的事実がある。この外被は日本の敗退とともに脱けおちた。しかし残った部分も、帝国主義的研究の一ヴァリエーションであって、過去の中国研究の性格を自己のなかに持っていたはずである。だから、たんなる反省、あるいは非難攻撃によって、性急にそれと訣別しえない。「中国研究革命派」による内面的な敵対・克服の作業が必要である。だがその作業はまだなされていない。そのために過去の帝国主義的研究の尨大な遺産は、その最良の継承者をうしなうことになった。いかにそれらを継承するか、これは今なお私たちの前にのこされた問題である。(7)

このような戦前・戦時日本の中国研究に対する評価とその継承における問題の指摘からは、帝国主義派と革命派の共犯関係を同じ時代に同じ空間で体験していなかったために可能となった価値中立的な立場を、彼らが保持しているかのように見える。しかしながら、安藤・山田もまた、元調査部員の影響を免れてはいなかった。伊藤武雄の影響である。

確かに、「調査部の仕事の本筋はあくまで、その着実な調査活動にもとづく、中国侵略のプラン作成にある」という指摘も見られる。しかし、安藤・山田の表現を借りれば、調査課による「たんなる実態調査だけでなく、近代・現代を対象とした中国研究と云いうる業績」の担保は、伊藤武雄・波多野鼎・石浜知行らの調査課への配属にあった。そして、伊藤の『現代支那社会研究』は、調査部だけでなく日本の中国研究においても、「『支那事情』研究を抜けだした新しい中国研究の出発点といいうる」ものであり、「中国の民族運動の意義をそれなりに把握する道をひらき、中国社会の社会科学的研究をおこなう先鞭をつけた」のであった。また、「入社以来一貫して調査畑をあるいてきた」伊藤は、後藤新平の「植民地経営の基礎を科学的調査のうえにおく」という「夢」を現実化した経済調査会設立に際して、その委員長に就くことなく調査課長を辞めたのであった。あくまでも伊藤は、「中国侵略のプラン作成」をした満鉄調査部の中にあっても、民族運動に着目して中国研究を前進させた人であり、また、侵略に直接的に加担する調査に協力しない最後の良心でもあった。その一方で、安藤・山田の場合、「青年将校グループ」という表現こそ用いているものの、調査部弾圧事件に関する考察が極めて薄く、児玉大三「秘録　満鉄調査部」のような価値判断は持ち込まずにいた。その意味では、調査部弾圧事件に対する「客観性」を保持しえたといえよう。しかし、この空白がひとつの「神話」を生むことになった。

伊藤武雄『満鉄に生きて』の最大の特徴は、一九六四年に出版されるや、一九八二年の新装版、一九八八年の英訳版(8)という出版経歴が示すように、個人の回想として自己完結的に存在したのではなく、一般的な調査部認識のみならず、その後の調査部論・調査部研究に強い影響を残したことであろう。果して、その影響とは何か。それは、一言で言えば、読後の清涼感に伴われた、自由な雰囲気につつまれた満鉄調査部、というイメージではないだろうか。

東大新人会の人脈（佐野学の紹介）で満鉄に入社、東亜経済調査局を皮切りに、調査部門を渡り歩いた伊藤自身をはじめとして、『満蒙全書』の作成を通じて調査活動に総合性を持たせようとした「新渡戸稲造門下の十哲の一人」である石川鉄雄、調査部初期のソ連研究に尽くした「学究肌」の島野三郎など、大正期の調査課で活躍したキャラクターの描写は、そのようなイメージに貢献したであろう。また、「日本社会主義運動黎明期の名士河上清」に始まって、太平洋戦争期には、尾崎秀実・細川嘉六・伊藤律・伊藤好道・西正雄・堀江邑一などの日本左翼人が満鉄嘱託となったという指摘も同様である。それだけなく、伊藤の北京在勤時代については、中江兆民の子・丑吉との交流が描かれ、中江が提示した嘱託としての条件は、「もらう金は研究費であること。いわゆる嘱託としてサービスの反対給付を要求するなら断わる。ただし研究成果ができたときには一本送る」というものであったし、北京研究室の利用を自由にすることで、陶孟和（戦後、中国科学院副院長）と「合作・協力」した結果、陶の手で「中国最初の『労働年鑑』」ができたとするなど、満鉄調査部の持つ自由な雰囲気が、様々なエピソードを通じて生き生きと描かれていた。

同時に、そうしたイメージには、満鉄の持つ反軍的な性格も巧妙にすり込まれていた。社員会幹事長時代に起こった満鉄改組問題では、関東軍と対立する姿勢を打ち出したことが描かれているし、大調査部の成立と左翼知識人の関係については、尾崎秀実の口利きがルートとなっていたことなど、その後の調査部弾圧事件の原因を周到に配置していた。確かに、伊藤は、第一次検挙の理由を「はっきりとはわかりません」としているが、自身の検挙については、次のように述べている。

これは私の想像ですが、調査部内に敗戦を予想しての左翼の思想運動が謀議されていて、その首魁が私か、田中九一らしいと憲兵隊ではあたりをつけて、事件を構成しようとしていたらしい。つかまったなかでは私と田中九一が調査部内での地位が一番高く、さらに二人は新人会出身ということでもあります。ほかに私は『北京満鉄月報』が李大釗逮捕の際、ソビエト大使館でみつかったときの責任者でもあったし、満鉄改組問題で関東軍憲兵隊からにらまれていたこともあとを引いている。あのとき私は社員会の幹事長をやって関東軍に盾ついたことは、前にものべました。当時私の身辺には憲兵の尾行がつき、なにか挙げる手はないかとずいぶん調査していた形跡がありました。結局このときも無事だったのですが、資料はそのまま残っている筈です。いつか機あればこの仇はとってやろうと考えていたのかもしれません。新人会以来の前歴が私についてはいろいろそろっている。左翼系の調査マンに取り巻かれている。謀議をやっているなら伊藤武雄はその主宰者といったところだろう、というので私はつかまえられたとおもいます。それ以外では、なにもない。むしろ私は軍に大いに協力したほうですから。(9)

最後の「軍に大いに協力した」という表現が気になるが、ここで指摘したいのは、安藤彦太郎・山田豪一「近代中国研究と満鉄調査部」では、日本の中国研究のパイオニアでありつつ、かつ植民地機関の中で「最後の良心」として踏みとどまっていた伊藤が、自身の回想録の中では、左翼的・反軍的活動のために弾圧された「英雄」になっていることである。英雄は、「満鉄調査部＝左翼人による自由主義」という「神話」を作り上げ、その中心に自らを置いた。そして、安藤・山田による解説では、次のような評価を得るに至っている。

もちろん問題は複雑で、調査部にはマルキストが多く、この人たちはマルキシズムの方法を身につけることによって、植民地特有の偏狭からは脱していた。そして、ひろい視野から、インターナショナルな立場に開眼し、反帝国主義運動にひかれていった人たちもいた。このような調査マンについて、伊藤さんは多く語っている。尾崎事件、合作社事件、そして満鉄事件は、かれらがうけた痛ましい迫害のあとである。(10)

二　「調査部神話」への反論

伊藤武雄の影響は大きく、調査部のイメージは固定化されていった。小島麗逸による『満鉄支那月誌』『北京満鉄月報』『上海満鉄季刊』についての「解説」は、「伊藤＝中国研究のパイオニア」という評価を残された資料・業績の面から補おうとするものであった。(11)初版刊行から一〇年間、『満鉄に生きて』は、揺るぎない「調査部神話」を提供しつづけたのである。

こうした神話的な調査部像に対して、反論が提示されたのは一九七〇年代半ばのことであった。最も初期に痛烈な批判を行ったのが、松本健一「満鉄調査部論」（一九七五年）である。松本の問題関心は、「相対立的な中江丑吉と大川周明とを、ふたつながら抱えこんだ、満鉄調査部とはいったい何であったか」ということにあったが、一見自由に見える大川の学位論文『特許植民地会社制度研究』が満鉄の要請で書かれていたことや、自由で独創的な研究が「運営方針」の下で励行されたものであったことを指摘しつつ、「集められた人間は、その研究調査の能力以外は、つまり選良インテリであるという条件以外は、一切問われなかった」とした。その上で、左翼系の「選良インテリ」が続々と入ってきた調査部を、次のように評価した。

この選良インテリのたまり場である満鉄調査課（大連）は、戦争および本土における社会運動弾圧の状況下に、運動基盤である大衆から遊離した、あるいは隔離されたインテリたちの格好の吹き溜りとなった。そこは、あるものにとっては傷をいやす鹿の湯であり、あるものにとっては隠れ家であり、あるものにとっては格子なき牢獄であった。伊藤好道、藤原定、具島兼三郎、石堂清倫、細川嘉六、伊藤律らをふくんだ調査課は、まさに大調査部と化した。かれらを入社させる仲介をしたのが、高級嘱託としての尾崎秀実だった。〈……略……〉満鉄調査部赤化事件の第一次検挙〈……略……〉第二次検挙〈……略……〉はいずれも、ゾルゲ事件の歴史的位置が不確定であるように、そのもつ意義が不明確である。しかし、満鉄が日本帝国主義のもっとも先端における活動部隊だったかぎりにおいて、満鉄調査部はそれによって働かされた選良インテリの集団であった。かれら兵隊の売るべき商品は、知識と調査研究能力であった。この吹き溜りには、選良インテリの腐臭がふんぷんとする。(12)

事実関係こそ伊藤武雄『満鉄に生きて』に依拠していたが、調査部に与えられた評価は全く正反対であった。「思想としての右翼」が満鉄において実践的であったのに比べて、左翼は、思想的実践を展開するどころか、「大衆から遊離し」て「知識と調査研究能力」という芸を売り歩く存在にすぎなかったと、厳しく批判したのである。

松本に次いで出された反論は、山田豪一『満鉄調査部』(一九七七年)である。安藤彦太郎と共同で『満鉄に生きて』の編集に関わった山田は、刊行後に受けた「いい調子にすぎる」という批判を熟成させていた。そして、「旧満州での満鉄社員の社会的地位」と、調査業績の「作成者の政治的性格」を考慮しながら、それまでの聞き取りや回想録、復刻資料、研究などを「取捨選択」して構成したのである。山田は、伊藤『満鉄に生きて』や野間清「満鉄経済調査会設置前後」(一九六四年)の中で定式化された「ごく一部の人々による関東軍への協力」という見解が、「戦後になって、「満鉄調査部」をあたかも反軍国主義の機関であったかのような、デタラメな神話をつくりだす端緒になった」として、自身の関与した仕事が原因のひとつとなった「調査部神話」を明確に否定した。そして、「旧満州での満鉄社員の社会的地位」を考慮に入れ「膨大すぎる業績の物神崇拝」を排除することで、原朗「一九三〇年代の満州経済統制政策」（一九七二）の中でも描写されていた経済調査会の網羅的な調査・立案活動について、「基礎数字さえしっかりしていれば、あとは強権の発動だけで完遂できるという錯覚」であり「社会科学以前の問題」と批判した。また、調査業績の「作成者の政治的性格」を考慮に入れることで、中西功の全面否定を展開するとともに、「支那抗戦力調査」に対して次のような評価をしている。

調査報告書のつくりが、スポンサーの好みの結論になるという仕組みは、今も昔も変らない。中西が総括報告をまとめた「昭和十四年度総括資料」は「支那抗戦力調査報告」と題され、最近、復刻出版されたが、それを読めば中西が軍の期待にどう応えたかがよくわかる。

その問題意識は膠着状態におちいった中国戦線の打開をどこに求めるかにおかれている。中西は支那派遣総軍の関心に応じ、重慶側の抗戦力の基礎として戦略物資の供給力を詳細に分析した。新疆を経てソビエトからはいってくる物資の量をルートの長さ、トラックの台数、そのガソリン消費量から推計し、さらに南方の英米側からのルートをさぐり、重慶側の経済建設の進展状況を分析。なお抗戦の余力ありと断ずる。重慶側の抗戦を断念させるには外からの物資供給を断つ以外に道はなく、仏印進駐による南方ルートの切断がカナメと結論し、北進か南進かをめぐってやがてはじまる政府部内の論争のなかで、南進論を強硬に主張した支那派遣総軍に恰好の材料を提供したのだった。(13)

非難もここに極まった感があるが、(14)更に、「支那抗戦力調査」のもつリアリティは全ての調査員と軍参謀とが同じくした「共通感覚」によるものであり、これこそが戦争協力の証であると同時に調査部弾圧事件の原因であったと、協力と弾圧の裏腹な関係を端的に指摘しつつ、調査部弾圧事件を「権力の論理」として読み解いてみせた。

「調査部神話」に対する批判はこれだけにとどまらず、松本健一・山田豪一が批判の対象とした元調査部員からも出された。石堂清倫「満鉄調査部と『マルクス主義』」（一九七八年）である。石堂のモチベーションは山田の『満鉄調査部』にあった。山田に対して異論・反論を唱える調査部関係者には「『マルクス主義』とみなされる人びと」が多く、「戦時中日本人の大陸での行動に、ある程度の『積極的』側面を認めてほしいという気持ちは、案外につよい」という認識をしめしつつ、山田の「一刀両断的な論評には、われわれ戦前派の自覚しない問題があり、それにたいする不満や注文のまえにわれわれが再考しなければならないことが沢山ある」として「満鉄マルクス主義」をそのひとつに挙げた。

石堂は、「満鉄マルクス主義」の発生を、「学生時代から実際運動の経験がなく、権力と対決したことがない」大上末広グループを通じた周辺勢力によるものと見ており、これに対する石堂など中途採用された「転向者」の態度を、「内地では職を奪われ、生活の道がふさがれ、生きるため止むなく外地落ちをしたにすぎない」もので、「恥を忍んでの振舞」と評した。そして、配属された箇所を基準に、前者を「経調派」、後者を「資料課派」と分けた上で、両者をあわせて「満鉄マルクス主義」と定義した。ここには、後の調査部弾圧事件を招来した勢力＝経調派への批判というよりは、彼らと「実際運動」の経験者たちとが相容れない存在であったことが指摘されている点に注意が必要であろう。その意味では、転向を余儀なくされた左翼活動家による「満鉄マルクス主義」への懐疑であり、松本健一「満鉄調査部論」の中で批判の対象となった、満鉄調査部における実践的ではない左翼の内実を的確に指摘していた。

確かに、石堂の中で、「満鉄マルクス主義」を担った全調査員が否定されていたわけではない。「中国人大衆から完全に遊離していた」調査部員が左翼系の事件に何ら影響を与えられなかった中で、「唯一の例外」として「西里龍夫と中西功をリーダーとする上海の集団が中国共産党の情報機関に属して活動した事件」を挙げ、山田豪一『満鉄調査部』の中西功への評価を退けている。しかし、調査部弾圧事件に対する評価は次のような厳しいものであった。

私は調査に加わらなかったから誰をも「摘発」しなくてすんだが、自分自身をこのうえなく辱める文章を書いた。この事件は一貫して汚辱そのものであった。してはならぬことをしたかわりに、しなければならないことはしなかった。帝国主義機構のなかでのマルクス主義者の最小限度の任務は何かを、一度だって設問したことすらない。そのような「マルクス主義」は結局ナショナリズムの枠内での自己運動にすぎなかった。掘り起して歴史に記録できるような「積極的」なものがあったとは私は信じない。(15)

三　相対化された回想・記憶

一九八〇年代に入ると、具島兼三郎『どん底のたたかい』(一九八〇年)、同『奔流』(一九八一年)、枝吉勇『調査屋流転』(一九八一年)、岡崎次郎『マルクスに凭れて六十年』(一九八三年)、原覚天『ある老学徒の遍歴』(一九八四年)、野々村一雄『回想　満鉄調査部』(一九八六年)など、元調査部員による回想録の公刊が相次いだ。しかし、この時期の調査部論の特徴を挙げるとすれば、それは従来の一方的な回想とは異なって、元調査部員の回想を相対化する作業がなされたことであろう。一九八五年四月からは、『アジア経済』誌上で「満鉄調査部関係者に聞く」と題されたインタビューが三五回にわたって連載され、(16)伊藤武雄・野間清・平野蕃・石田精一・江夏美千穂・山本純愚・溝口房雄・尾崎庄太郎・新居芳郎・三輪武・真鍋藤治・山崎進・中島邦蔵・熊谷康・森川清・松田亀三・佐藤健雄・磯村幸雄・石堂清倫・宮西義雄の二〇名の元調査部員と、尾崎久市(鉄道総局)・福島正夫(東亜研究所)の調査関係者へのインタビューが、アジア経済研究所スタッフ・元調査部員・調査関係者・戦後研究者を質問者に交えて行われた。このインタビューの人選に関しては三輪武・宮西義雄が協力しており、質問者としての参加回数も突出して多く、彼らの意向が反映されたシリーズとも言えよう。また、同時期には、元調査部員だけによる座談会が、石堂清倫・野間清・野々村一雄・小林庄一『十五年戦争と満鉄調査部』（一九八六年）として刊行され調査部論の総括が試みられている。ここでは、調査部弾圧事件で検挙された元調査部員による「対話」に注目して、そこに至るまでの彼らの足跡をたどりながら、一九八〇年代の調査部論をまとめてみよう。

野間清は、石堂清倫の言葉を借りれば「経調派」や「青年将校」に該当する調査部員であったが、戦後の調査部研究を担っていた一人でもある。ここに列挙すると、「満鉄経済調査会設置前後」（前掲）を皮切りに、「中国慣行調査、その主題的意図と客観的現実」（一九七七年）、「満鉄調査部改組・拡充の意義とその統一調査企画」（一九八〇年）、「満鉄経済調査会の組織的変遷」（一九九〇年）などがあるが、他にも『南満州鉄道株式会社課級以上組織機構変遷並に人事異動一覧表』（一九九二年）の編集・復刻にも従事しており、調査組織・機構の変遷に問題関心を持っている点がひとつの特徴と言えよう。元調査部員としての野間の主張は、調査組織・機構の変遷と調査課題の選択における調査部員の主体性をめぐるものであった。原覚天『現代アジア研究成立史論』（一九八四年）が特に史料的な根拠なく、「創設当初から調査課時代はとにかくとして、それ以後における組織上の変化、および調査課題の選択は概して調査部が自主的にその方向を選択し、実施しているケースは少ないと見てよいであろう」としたのに対し、改組・拡充過程の大調査部に在籍していた経験から、「特定の政府機関や軍部の要請または指示によってなされたのではなくて、満鉄内部の発意、具体的には総裁松岡洋右の多年の要望とこれに便乗した調査部組織内の一部の中堅層の積極的な主張が結びついて実現した」[17]と反論した。また、『満鉄調査部報』一巻一号所収の調査部綜合課「統一業務計画について」をもとに、調査課題が主体的に選択されていたとし、その意図するところは、「かつて経済調査会の時期に『科学的調査・研究』こそ経済調査会の活動の基本でなければならないとすることによって関東軍のありかたに『抵抗』した個々人の姿勢を、調査部全体の基本姿勢に発展させようとしたもの[18]」と、「抵抗」の精神について経済調査会と大調査部の連続を主張した。そうした野間が、調査部と関東軍との関係を糾弾する人々に対して、次のように反論を展開するのは必然であった。

このグループの一人が、関東軍参謀部との業務連絡のため関東軍内に嘱託として派遣されていた経済調査会幹事の業務を補助するため、関東軍参謀部勤務を命ぜられていたことがあるのを除いて、大上をはじめこのグループの誰も、経済調査会の時期に、関東軍やその将校と直接連絡をもったものはいない。大上が中心になって「会社の首脳ぬきに、直接に関東軍の将校と結」んでいたなどというのは、全くの虚構であり、悪意の創作である。[19]

関東軍と経済調査会の関係については、三輪武が「経済調査会から調査部まで」（一九九六年[20]）の中で、立案件数八二九件は関東軍のもとでの活動であるが、資料・調査報告書一〇五三件は「満州経済をより正しくより詳しく把握するために経調が自主的に企画して行った成果」であるとの認識を示している。この認識の背景には、「第一回関東軍幕僚、経調懇談会記録」を史料的な根拠として、関東軍は経済調査会に依頼した事項が確実に実行されれば自主的な調査に対して干渉する意図はないという方針が一九四一年まで続いたことがあるが、その自主性の行き着く先は、「満鉄という合法的な機関内での調査研究によって現実の諸矛盾を明らかにして、間接的に戦争政策を批判するとともに、その成果が社会の進歩発展の手掛かりとして貢献できること」を願うというものであった。野間も三輪もともに、自主的な調査活動と反軍的な抵抗の精神について「正当性」を疑わなかったのである。

しかし、石堂清倫は三輪への質疑応答の中で、個人的な経験から、調査部の華北侵略への積極的な関与を指摘している。それは、調査部弾圧事件第一次検挙直後の池田純久と調査部員の座談会で、華北進出が誤りではという質問に対して、池田が「調査員の顔をひとわたり睨みつけて、一体われわれを軟弱だと当時非難したのはどこの誰かと言った」というものであった。[21]また、資料課に配属された元調査部員・野々村一雄は、『回想　満鉄調査部』（前掲）の中で、経済調査会の調査員が直接関東軍と連絡をとっていないにせよ、「当時の経済調査会が直接には関東軍の依頼事項である経済計画、経済政策を立案していた限りにおいて、彼らが関東軍と事実上結びついていたといっても差し支えない」として、野間の主張を「殆ど説得力を持たない」ものとして退けた。その一方で、経調派も資料課派もともに、「抵抗の精神」「抵抗の態度」を共有していたことを認めており、これらが満鉄調査部弾圧事件の発生した「根拠」であるとした。換言すれば、経済調査会以来、調査部員は関東軍と広い意味では関係を有しながらも、「抵抗の精神」「抵抗の態度」は放棄せずにいたとの認識に立っていた。その結果、綜合調査に対する評価は次のようなものとなる。

彼等は調査部内部においては、時局重大な折柄、政府や軍に密着して、それのお役に立つような綜合調査をしなければ、彼らから、また満鉄首脳部から調査部存立の意義を問われることになると言いたて、組織の主力をあげてこの綜合調査を遂行し、日満両国政府や軍の要求とはまったく対立する成果をもちこんで、報告会をおこなっていた。[22]

こうした野々村一雄の評価は、「軍への協力に安住して、事実上軍の期待から遠ざかっていることに気が付かないで、満鉄調査部事件などで獄中で死んで行った人たちが本当に気の毒だ」[23]という石堂の歴史意識を継承したものと言えよう。この綜合調査の功罪をめぐって、石堂清倫・野間清・野々村一雄・小林庄一『十五年戦争と満鉄調査部』（前掲）では、元調査部員の決着が試みられている。

この座談会で野間清は、「調査の自主性」を、科学的手法に裏打ちされた調査結果によって軍部の政策が改まるかもしれないという、調査部幹部の多くが持っていた「主観的な願望」であり、「今考えると甘いということになる」と明言している。しかし、あの当時、何もしないことは調査部の存在価値を失わせ、軍への抵抗と社会の変革に寄与しないことを意味していたがために、綜合調査の持つ意義を決して譲ろうとはしなかった。石堂・野々村も、綜合調査そのものを否定することはなかったが、「やり方」に大きな問題があったこと指摘している。それは、野間も認めた調査部幹部の「主観的な願望」の甘さに対する責任追及でもあった。

総じて言えば、「生え抜き」の調査部員であった野間清は組織人であり、国内で検挙歴のある石堂清倫とその理解者である野々村一雄は運動家であった。そして、満鉄調査部の位置づけが大きく異なっていた。野間の場合、一〇〇〇人の部員をかかえる調査部は、「調査」という家業を代々受け継いできた家であり、一〇〇〇人の調査員が調査によって生計を立てていたということは、「御家の断絶」は、調査員としての信条の面からも社員という経済的な面からも、破綻・破滅を意味していた。それゆえに、調査部の存続が危ぶまれた状況の中で、抵抗が全面化したように思われる。一方、石堂・野々村の場合、調査部は、遠い外地に残っていた内地には見出すことのできない抵抗拠点だった。松本健一が言うような「傷をいやす鹿の湯」ではあっても、抵抗することを忘れたわけではなかった。国内での経験に裏打ちされた認識は、長期的な抵抗拠点の確保にあったのであろう。にもかかわらず、綜合課グループの無用心で性急な抵抗が原因で調査部弾圧事件が起こり、その犠牲者は正統な抵抗運動での名誉ある死、すなわち革命に殉ずることを許されなかったという点で、石堂・野々村は「青年将校」の「やり方」を認めることができなかったように思われる。

四　戦後研究者による実証研究

一九八〇年代の調査部論は、元調査部員の回想を検証しつつ展開されたため、文書記録では残らない「事実」を浮き彫りにして彼ら自身の責任を追及する局面も見せたが、誤解を恐れずに言えば、「過去との決着」にとどまっていた。一九九〇年代の調査部研究の動向は、そうした過去の倫理的な問題を現在にまで引き継いで克服しようとする中国史研究と、一次史料にもとづいた調査部の組織や活動の実証研究とに大別されよう。ここでは、一九八〇年代までの調査部論から継承された論点をふまえつつ、主に戦後研究者によって担われた調査部研究についてまとめてみよう。

『中国農村慣行調査』は、一九五二〜五八年にかけて復刻されて以来、中国史研究において様々な形で利用されてきた。一九八〇年までの経緯をまとめた内山雅生「『中国農村慣行調査』と中国史研究」（一九八〇年）は、実際の調査に参加した平野義太郎と仁井田陞の自賛的見解について次のように指摘している。

「慣行調査」〔『中国農村慣行調査』——引用者〕が刊行されたこの時点では、一九四九年の新中国成立という政治的事実をその中国認識の前提として設定し、一九四九年に中国社会、特に自らが研究対象とした農村社会において何が〝解放〟されたのか、その変革の内実を充分に問うことなく、新中国を展望できる調査研究であったとしたり、当時の農村社会の半分＝旧中国的部分を描くことができたと結論したのである。

また、刊行後の批判と擁護について、「調査技術をめぐる問題」と「調査の背景＝研究姿勢をめぐる問題」とに分けて整理した。後者の「研究姿勢」の問題では、古島敏雄による「占領者の一員の調査であるという点についての反省を少くしている」という批判に対し、それを受け入れつつも、実際に調査に参加した旗田巍が、「当時の中国農民に対する態度と純学問的調査をしている意識との〝接点〟」に可能性を見出しており、更に旗田の〝接点〟を、野間清「中国慣行調査、その主題的意図と客観的現実」（前掲）が鋭く批判したとしてまとめている。そして、自身の問題関心に即して、野間を次のように評価した。

> 「慣行調査」は華北農村のどのような情況を明らかにし、またしえなかったのか、それは当時の中国全域に照らしてみると、いかなる特殊性を描きえたのか、さらにどのようにして一般性に止揚できるのか、それは戦後の中国の社会状況にどのように連続して考えることができるのか、できないのかといった研究課題は、氏の「主観的願望」とは別に後方においやられてしまったのではないかと危惧する。換言すれば、氏の問題提起は自己批判という生の告白の中で語られたが故に、むしろ侵略戦争への大きなうねりの中で翻弄されながら、ひたすら自己の研究に従事していったがために、結果として戦争に〝参加〟した研究者個人の内実における戦争責任を追及する厳しさとなり、侵略戦争を阻止しうる正しい研究姿勢を確立していくために、研究者はどんな研究をすべきなのかという研究者全体の課題を追求する方向に議論を展開しえなかったのではないだろうか。[24]

内山が指摘するように野間の元調査員としての告白と反省は、「日本の侵略」を前面に押し出すことで、『中国農村慣行調査』の無意識的な利用を抑止するものであった。そうした情況の中、戦後研究者である中生勝美は、実際に調査が行われた農村を再調査――フィールドワーク――するという、シンプルでもっとも明確な研究方法を採用した。生存している『中国農村慣行調査』の被調査者へのインタビューを実施したのである。中生勝美「『中国農村慣行調査』の限界と有効性」（一九八七年）では、妾の葬式や埋葬方法に関する聞き取りは、革命後に一夫一婦制に反する習俗が禁止され、再調査時に老人の記憶をたどっても復元困難であるために「非常に貴重」であるとされる一方で、旗田巍の指摘する「接点」の内実について、「満鉄の調査員と農民との間に、信頼関係が築かれていなかった」ために、「政治的な問題でなくても、不正確な記録と正確な記録が渾然一体となっている」と指摘されている。しかし本来は、「資料的価値および信憑性について明確にしていくこと」を目的として、『中国農村慣行調査』の有効性を論じようとするものであり、批判の対象は主に野間清にあった。中でも、村の有力者に限られた調査であったために恩情的な地主小作関係しか聞き出せず革命への展望が開けていない、という野間の指摘に対し、被調査者の権力構造の分析を通じて「不適当」であるとの結論を得るとともに、地主小作関係について再調査時に「聞き糾した」結果、「『慣行調査』に記録されてある小作慣行とまったく同じ回答であった」として、『中国農村慣行調査』の有効性を主張したのである。[25]

中生勝美による戦後のフィールドワークから導かれた『中国農村慣行調査』の有効性に対して、伊藤一彦「日本の中国研究」（一九九〇年）は、満鉄調査とは別の戦前の社会調査から得られた批判を再評価する。戦前から一九八〇年代までの日本の中国研究をまとめた伊藤は、「戦後の京大中国学を代表する」貝塚茂樹が、「少なくとも「東洋学の主流」は中国侵略にほとんど責任がないと結論づけようとする」とした上で、『中国農村慣行調査』について、中国共産党の地下工作拠点だった村で調査が行われていたことに対する、「そんなところで、本当の調査ができるでしょうか。農民が本当のことを話すと思いますか」という今堀誠二の批判の有効性を改めて支持するとともに、今堀が「『慣行調査』とほぼ同時期に単独で中国各地の社会調査を行って」いた点に「説得力」を認めていた。また、具島兼三郎が満鉄マルクス主義をマルクス主義ではないと異議申し立てをしたことについても、「『農村慣行調査』に対する批判と通ずるものがある」として、「支配者の善意」に依存した調査スタンスを改めて批判の対象としていた。

一九九二年から刊行された『岩波講座　近代日本と植民地』の第四巻は「統合と支配の論理」と題され、内山雅生

『中国農村慣行調査』と中国農民」（一九九三年）が収められているが、「『中国農村慣行調査』と中国史研究」（前掲）での論点を踏まえつつ、『中国農村慣行調査』への評価を明言している点が注目される。内山は、末弘巌太郎の問題提起に対しては、「積極的な反戦思想に基づいた行動を伴ったものではなかった」としながらも、「『慣行調査』は調査者以外にとっては極めて利用しにくい調査報告であり、混沌とした調査農村をなんら解明することなく、混乱した記述に終始した」として、軍などにとっては「植民政策に利用できない『欠陥調査』」であり、従来の満鉄調査とは方法論や内容の利用の点で異なる「特異な調査」と評価した。また、幼方直吉・野間清による旗田巍への批判について、幼方・野間が知識人の戦争責任を一般論的に追求するのに対して、旗田は主観的な枠の中で思案しており、「旗田氏の『反省を少なくしている』のではなく、反省の領域を古島・野間両氏とは異質なものとしている」と表現して調査成果と調査姿勢に対する評価の問題を総括したと言えよう。

中生勝美による『中国農村慣行調査』で対象となった農村を再調査する手法は、「一九四〇年代以来五〇数年間にわたる村の歴史を立体的・多面的に解明する[26]」ための「追跡調査」として、三谷孝によって組織された日中共同研究でも採用され、『農民が語る中国現代史』『中国農村変革と家族・村落・国家』一・二巻の三冊[27]となって結実した。彼らの設定した課題は、「現地調査によって得られる成果を解放前の《調査》〔『中国農村慣行調査』のこと——引用者〕資料と総合的に比較検討し分析することによって、村民の生活の変化を中心にして村の変遷史を描くとともに華北農村社会と農村変革の特質を考察する[28]」というものであったが、日本側研究者は「どこの村においても、『日本が過去に中国を侵略し、あなたがたに災害を及ぼしたこと……』についての認識を表明した[29]」こともあり、被調査者への再調査を通じて、「彼らが日本人の調査員のことをどのように考えていたのか、また調査員に対して語られなかったためにその視野に入らなかった多くに重要な問題が存在することについても知ることができた[30]」としている。こうした態度で行われた共同研究は、戦前・戦中から今日に至る中国史研究において、安藤彦太郎・山田豪一が指摘した満鉄調査部の業績を含む「負の遺産」を克服するものとして評価されよう。

一九九〇年代の戦後研究者による調査部研究は、一次史料にもとづいた実証研究であるという点で、方法論的には元調査部員による調査部論と明らかに一線を画していた。戦後研究者を代表する小林英夫・井村哲郎ともに、日本国外での一次史料の発掘・復刻に貢献がある点からもそのことはうかがえるが、それまでの調査部論と断絶していたわけでもない。

小林英夫の初期の業績は、「華北占領政策の展開過程」（一九七七年）において、支那駐屯軍乙嘱託班総務班『乙嘱託班調査概要』にもとづいて、経済調査会から派遣された乙種嘱託班が展開した資源調査を分析したことにあった。言うまでもなく、日中戦争勃発前の一九三五年の時点で、支那駐屯軍から関東軍を介して要請された調査員の派遣に対し、経済調査会が応じていることが実証されたわけだが、その後の小林の関心は、経済調査会が果した「先進的」な役割に集中された。遼寧省档案館の史料整理に協力することで復刻された『満鉄経済調査会史料』に付した「満鉄経済調査会小史」（一九九五年）では、調査そのものではなく調査活動の基盤について、内部史料を使用（復刻）しながら実証的な分析を行っている。特に、「事務分掌内規」を踏まえた機構とそれに対応した人員配置、予算・決算に関する実証は、個別の調査内容からではなく活動規模の面から、満鉄調査部を把握・評価する上で興味深い。その一方で、経済調査会の位置づけに関して、「彼らの作成した資料は関東軍の偽満州国建設と運営に大きな影響を与えた」と指摘しつつ、「立案された諸案件はさまざまな意味でアジア太平洋戦争下の日本経済に大きな影響を与えた」ことにまで視野を広げている。

そして、小林の問題意識――戦後日本の経済発展を支えた「日本株式会社」の起源はどこにあるのか――は『満鉄』（一九九六年）に結実した。小林は、宮崎正義のパーソナリティーに着目した研究と併行して[31]、経済調査会の果した政治的・経済的先進性を、「この『満州国』での実験と経験は、その後日本国内に移植され、日本の戦時体制ともいうべき『一九四〇年体制』を作るときの下敷きになった」とし、それを案出した満鉄調査部を「知の集団」と表現した。それと同時に、この「知の集団」が政策立案だけにとどまらずに、「この地に独特の文化、スポーツを運び込んだ」として、スポーツ・映画・音楽などにも言及している。そうした点では、石堂清倫をはじめとする元調査部員が共有していた「帝国主義の中の満鉄調査部」という反省的回顧の呪縛からは解き放たれて、調査部研究に文化的支配―従属関係や文化統合の問題を取り入れる端緒を開いた面もあろう。

井村哲郎の業績の第一は様々な満鉄史料を発掘している点にある。その一端は、井村哲郎「満鉄調査研究機関とその刊行物」(一九八〇年)[32]としてまとめられているが、同時に史料の復刻にも貢献があり、それに付した「『満鉄調査部報』解題」(一九九八年)、「『満鉄調査部報』解題」(二〇〇〇年)もまた、調査部研究として評価されるべきであろう。また、元調査部員を直接的な対象とした研究で言えば、『アジア経済』に連載された「満鉄調査部関係者に聞く」(前述)をまとめた『満鉄調査部』(一九九六年)をまず挙げるべきであるが、巻末の「満鉄調査関係者人名録」において満鉄創立以来の調査関係者の経歴と業績が克明にまとめられていることは特筆に価しよう。同時に、この書の巻頭に付された「解題」では調査部全般の機構・人員・予決算が実証されているが、井村の問題関心は、調査部と関東軍、調査部と満鉄社内他部局の間の関係を視野に入れた「調査組織論」に集中していた。井村の場合、一九八〇年の時点で、「満鉄調査研究機関とその刊行物」(前掲)において、調査課・東亜経済調査局・満州及朝鮮歴史地理調査部・臨時経済調査委員会・経済調査会・乙丙嘱託班・産業部・経済調査委員会・調査部・哈爾浜事務所調査課・北満経済調査所・北支経済調査所・上海事務所・東京支社調査室・地質調査所・中央試験所・農事試験所といった調査組織全般についてまとめた業績があったが、野間清への単独インタビューではそうした問題関心と研究成果が発揮されている。つまり、関東軍と関係していた調査部第三調査室と綜合課の関係、鉱床調査担当の第四調査室・鉱業企業調査担当の第一調査室・鉱工業担当の綜合課第三班の関係、第四調査室と地質調査所の関係のほかに、社内の多くの調査組織を統合した大調査部の設置の狙いなど、自身の実務経験をふまえつつ調査組織研究を展開していた野間に対し、調査部が担った軍事的要請への貢献——資源収奪への協力——の核心について畳みかけるように質問を浴びせている。しかし、野間の答えは、綜合課の関東軍への関与を否定するものに終始した(33)。

一九九〇年代の後半から井村は『満鉄調査彙報』『満鉄調査部報』の復刻に従事するが、そこでの新史料を使ってまとめられたのが、「拡充前後の満鉄調査組織」(二〇〇一年)である。井村は、拡充調査部が準備された一九三八年度の調査活動を明らかにすることは、満鉄調査組織の活動と変遷の空白を埋めるだけでなく、「日本の軍事的・経済的侵略と支配に満鉄がどのように関与したのか」を解明するためにも重要であるとした。つまり、満州国への関与が交通部門と撫順炭鉱に限られて、調査活動の縮小を強いられて結果、新たに設置された調査部では企業的経営に資する「社業調査」に力点が置かれ、大連の調査部では沈滞したものとなったが、華北・華中での調査活動は活発の一途をたどり、上海事務所の機能が強化され、日本軍の支配地区を中心に政治経済調査が実施された。そして、日中戦争の泥沼化と緊迫した東南アジア情勢の中で調査部が拡充され、これには東亜経済調査局も再編入された、としたのである。大連にある調査部そのものではなく、華北・華中にあった出先の調査機関に牽引される形——新たな軍事的要請に応える形——で、調査部内に活気が取り戻され拡充に至ったのであった。このような背景の中で拡充調査部で綜合調査が展開されたことは、一九八〇年代の調査部論、とりわけ野間清や三輪武の主張に対して一定の修正を迫るものであったと言えよう。

おわりに

戦後日本の満鉄調査部論の背景には、「帝国日本の失敗」と「革命中国の成功」という同時代的な認識があった。軍事的・政治的・経済的侵略への「貢献」と「抵抗」という正反対の評価の間で、満鉄調査部をどこに位置づけるのかという問題が、不可避なものとして展開されてきたとも言えよう。それゆえに、中華人民共和国成立への共感と調査部の主体的な抵抗精神・活動への評価との間に、強い相関関係を認めることは難しくないが、しかし、満鉄調査部論の今日的意義は、それだけにとどまるものではないように思われる。今日的というのは、改革解放からWTO加盟に至った現在の中国情勢という意味だけではない。調査・研究における倫理的な問題を考える上でも、満鉄調査部論は恰好の素材を提供している。

拡充調査部に代表されるように、調査部は潤沢な資金と専門の人員によって構成されており、調査・研究環境としては恵まれていた。そうした環境で、課題が与えられることもあったにせよ、その成果は『満鉄調査月報』などで自由に発表されていたし、論争に発展することも珍しくはなかった。彼らは、環境的な「恩恵」を享受し、調査・研究成果を人びとに問う「自由」を謳歌していた。しかし、そうした「恩恵」や「自由」を保証した満鉄そのもののことになると、彼らは驚くべきほどに無邪気で稚拙な認識しかしていない。戦後、語ることのなかった元調査部員・調査関係者の中には充分に認識していた人もあったかもしれないが、本稿で取り上げた人々について言えば、軍事的・政治的・経済的侵略への敏感さに比べ、満鉄の「経営」に対しては、当時も戦後もほとんど意識することがなかったようである。調査は侵略する軍のためなのか抵抗する中国民衆のためなのかという問題に固執し、調査部の主体性を軍事的・政治的な緊張関係の中で考察することはあっても、満鉄経営の中で調査部の自由がどこまで保証されていたのかということに関しては、議論がほとんどなされていない。この認識の欠落は、今日的な研究環境に身を置く我々にも深い影を投げかけているように思われる。調査・研究環境の経済的支援と調査・研究活動の間に、暗黙裡に信頼関係ができているとする彼らの無意識的な態度は、あまりに楽観的にすぎるかもしれないが、同時に誰もが陥りやすい

「学問的な純粋さ」ではないだろうか。

調査・研究成果の継承・利用という点から考えてみよう。すでに見てきたように、農村分析を中心とする中国史の分野では、『中国農村慣行調査』の研究利用をめぐって、実に多様な議論が展開されてきた。いずれの議論も「軍事的侵略下の調査」ということを明確に認識しており、その上で『中国農村慣行調査』の限界もしくは可能性を指摘して実証研究の水準を高めようとするものであった。ここでは、満鉄調査部の残した刻印が、様々な努力を通じて克服されていると言える。しかし、膨大な調査部の調査成果において、このような批判的継承・利用がなされることはむしろ例外的である。誤解を恐れずに言えば、戦後の日本において、中国東北地方を中心とした歴史研究は、多かれ少なかれ調査部の「遺産」に依存せざるを得ない。

確かに、『兵要地誌』的な調査のように、植民地支配を完遂させるためという点では、恐ろしいほどに緻密で正確な成果を残していることは事実であろう。また、満州事変以後の軍事的侵略によって収奪された資料は、平時の地道な調査をいともたやすく乗り越える可能性を持っていたかもしれない。そうした意味では、調査部の軍事的侵略への関与を認めつつ、その成果を研究利用することは、史的事実を再構成する上で最も適切な手法であった。しかしながら、中国の檔案館が開放され一次史料へのアクセスが可能になった昨今の状況を考えると、こうした「調査部史観」を改めて考え直す段階に来ているように思われる。井村哲郎が指摘するように、元調査部員・調査関係者へのインタビュー——彼らの経験にもとづく調査部論——は、「中国研究に、満鉄調査組織の行った調査研究がどのように寄与しるのかを確定する必要」と、支配の実態を明らかにする史料的可能性を援護するための「調査の目的、方法などを……明確にしておく必要」を満たすものとして位置づけられるのである。(34) 実際、戦後研究者によって復刻された資料の中には、調査能力——とりわけ統計調査——をめぐり会議録なども収録されており、そうした観点からも「調査部史観」は再考の対象となりえよう。満鉄調査部論は、新史料批判だけでなく、新史料を踏まえた既存の史料批判の手掛かりとしてもまた意義を持つのである。

（1）本稿では、特に断わりのない限り、満鉄内の調査組織の総称として「調査部」という表現を採用する。
（2）後に、原覚天『現代アジア研究成立史論――満鉄調査部・東亜研究所・IPRの研究』（勁草書房、一九八四年）としてまとめられた。以下、本稿では引用情報をこれに統一する。
（3）原覚天、同前書、三三九頁。
（4）石堂清倫・野間清・野々村一雄・小林庄一『十五年戦争と満鉄調査部』（原書房、一九八六年）二〇九頁。
（5）野々村一雄は聞き取りに応じたことを認めており（同前書、二〇九頁）、内容からして石堂清倫と伊藤武雄も応じたと思われる。
（6）児玉大三「秘録　満鉄調査部」（『中央公論』七五巻一二号、一九六〇年一二月、一九九頁）。
（7）安藤彦太郎・山田豪一「近代中国研究と満鉄調査部」（『歴史学研究』二七〇号、一九六二年一一月、四三頁）。
（8）Joshua A. Fogel, *Life along the South Manchurian Railway: the memoirs of Ito Takeo*, New York: M. E. Sharpe, 1988.
（9）伊藤武雄『満鉄に生きて』勁草書房、一九六四年、二四五～二四六頁。
（10）安藤彦太郎・山田豪一「解説」、同前書、二九二～二九三頁
（11）小島麗逸「解題」（『北京満鉄月報』一、復刻版、龍溪書舎、一九七八年）の「編集方針と時期区分」（五～一一頁）参照されたい。
（12）松本健一「満鉄調査部論」（同著『思想としての右翼』第三文明社、一九七六年、一五〇～一五一頁）。
（13）山田豪一『満鉄調査部――栄光と挫折の四十年』（日本経済新聞社、一九七七年）一四六～一四七頁。
（14）「中国統一化論争」において中西が果した役割については、野沢豊『「中国統一化」論争の研究』（アジア経済研究所、一九七一年）、浅田喬二『日本知識人の植民地認識』（校倉書房、一九八五年）を参照のこと。
（15）石堂清倫「満鉄調査部と『マルクス主義』」（『運動史研究』二、三一書房、一九七八年、一八頁）。
（16）後に、井村哲郎編『満鉄調査部――関係者の証言』（アジア経済研究所、一九九六年）としてまとめられた。以下、本稿では引用情報をこれに統一する。

(17) 野間清「解説」(『満鉄調査部　綜合調査報告集』亜紀書房、一九八二年、六～七頁)。
(18) 野間清「満鉄調査部改組・拡充の意義とその統一調査企画」(『国際問題研究所紀要』(愛知大学)六六号、一九八〇年一月、一四頁)。
(19) 野間清「満鉄経済調査会の設立とその役割——満鉄調査回想」(『国際問題研究所紀要』(愛知大学)五六号、一九七五年一月、三〇頁)。
(20) 三輪武「経済調査会から調査部まで」、井村哲郎編、前掲書、四五〇頁(インタビューは、一九八四年一月二七日)。
(21) この石堂の指摘に対し、伊藤武雄は「池田純久が対象にしたのは、和知鷹二であり関東軍のことでしょう。和知は関東軍のほうを背負っていましたから、池田はそれを満鉄というように言い換えただけだと思いますね。和知と池田の対立ですよ」と簡単に退けつつ、調査部員を擁護している点に注意されたい(三輪前掲論文、四八三頁)。
(22) 野々村一雄『回想　満鉄調査部』(勁草書房、一九八六年)二三六頁。
(23) 三輪武、前掲論文、四七〇頁。
(24) 内山雅生「『中国農村慣行調査』と中国史研究」(『歴史学研究』四八四号、一九八〇年九月、五六、五八頁)。
(25) 女性史の分野では、末次玲子「『中国農村慣行調査』に女性史をさぐる」(『中国近代史研究会通信』一五・一六号、一九八二年)が、「日本占領下に『模範的』な村に対しておこなった調査という限界を前提としてではあるが、四つの現代化をめざし、これまでの変革のみなおしがなされつつある今日、女性の政治的・経済的活動へのブレーキ、方弁結婚、嫁の虐待、溺女等々の状況がつたえられており、旧中国の農村女性史が今後の中国をも規定している重みを思うと、『中国農村慣行調査』の意義はきわめて大きいと考える」(一八頁)との評価を与えている。
(26) 李恩民「一九九〇年代後半における華北四か村の発展と変化——調査村再訪記録」(三谷孝編『中国農村変革と家族・村落・国家——華北農村調査の記録』第二巻、汲古書院、二〇〇〇年、七二二頁)。
(27) 他に関連する業績として、三谷孝他著『村から中国を読む——華北農村五〇年史』(青木書店、二〇〇〇年)がある。
(28) 三谷孝「研究計画及びその経緯」(同編『農民が語る中国現代史——華北農村調査の記録』内山書店、一九九三年、九頁)。
(29) 魏宏運「序文」(三谷孝編『中国農村変革と家族・村落・国家——華北農村調査の記録』汲古書院、一九九九年、三頁)。
(30) 三谷孝「研究計画及びその経緯」、前掲『農民が語る中国現代史』一〇頁。

(31)　小林英夫『超官僚――日本株式会社をグランドデザインした男たち　宮崎正義・石原莞爾・岸信介』(徳間書店、一九九五年)。また、小林の問題関心はこれだけにとどまらず、「満鉄調査部と旧ソ連調査」(『国際社会の変容と行為体』大畑篤四郎教授古稀記念、成文堂、一九九九年)では北方調査にも目が向けられている。

(32)　その他にも、井村哲郎「『満州国』関係資料解題」(山本有造編『「満州国」の研究』京都大学人文科学研究所、一九九三年)、井村哲郎「一九四〇年代の中国東北関係資料」(同編『一九四〇年代の東アジア　文献解題』アジア経済研究所、一九九七年)などの貢献がある。

(33)　野間清「調査部綜合課」、井村哲郎編、前掲書、五四八頁。

(34)　井村哲郎「解題」、同前書、五頁。

※巻末の文献リストを作成するにあたり、原朗「満鉄調査部に関する基礎資料」(一九九九年度日中共同研究報告会、中国吉林省社会科学院、二〇〇〇年三月二一日)を参考にさせていただきました。

中国人強制連行・強制労働

伊藤一彦

はじめに

日中戦争、さらにはアジア太平洋戦争の激化により労働力の不足をきたした日本帝国主義は、戦争遂行のため朝鮮や中国、また東南アジア各地の占領地民衆を強制連行し強制労働を課した。一九四二年一一月二七日の東条英機内閣閣議決定「華人労務者内地移入ニ関スル件」以後、日本への中国人強制連行が本格化したことはよく知られているが、それに先立ち、「満州国」（以下、「　」は省略。また「中国東北地方」も「満州」とする）内において広範囲に強制労働がおこなわれており、また反満抗日闘争の参加者で日満軍（関東軍および満州国軍警）の捕虜となり、あるいは投降した者（日満側は「帰順匪」とよんだ）、さらに華北や華中の戦場で捕虜となった中国共産党八路軍や国民党政府軍の将兵、人狩りによって拉致された一般民衆が満州・内蒙古そして日本へと強制連行された。

本章は中国（満州を含む。ただし文中では、中国と満州を別に扱うこともある）から満州・日本に強制連行された中国人に関するそれを主たる対象にする。華北から満州以外の中国各地への強制連行については若干の資料が紹介されているが、まだ研究としてはほとんど緒に就いていないのが現状である。

一　資　料

中国人強制連行は日本帝国主義による国際犯罪であることは明らかであるから、日本国内では、重要な文書資料の多くは連合国による追及を恐れる軍・政府当局者によって、敗戦時のドサクサのさなか意図的に破棄・隠匿されてしまった。ただし占領期間中ＧＨＱ／ＳＣＡＰ（連合国最高司令官総司令部）が、花岡事件を含む連合国軍捕虜に対する日本軍の戦争犯罪を追及するため、日本側関係者や中国人捕虜などから事情を聴取するなどの活動を行なっており、その関係資料がGHQ／SCAP資料として米国国立公文書館（National Archives and Records Administration, NARA）に所蔵されている。日本の国立国会図書館は一九七〇年代後半以後この資料をすべて逐次複製し、その後同館の憲政資料室で利用することが可能になっている。

日本政府は戦後、戦争犯罪として摘発される事態に対処するため、強制連行されてきた中国人を使役した国内各事業場の実態を調査した。一九九〇年代はじめに訪米してGHQ／SCAP資料を調査した松沢哲成ら「中国人強制連行を考える会」は、内務省と外務省がこの調査を実施しており、前者はGHQ、後者は中国政府（当時は中華民国政府）対策が中心だったことを明らかにした。[1] 外務省管理局「華人労務者就労事情調査報告書」（一般に「外務省報告書」とよばれる）は一九四六年三月一日付けで刊行された。それは「中国人強制連行に関係した日本人に戦争犯罪追及の手が及ぶのを防ぐためのものであり、虚偽の記述、死亡原因の改ざん、デタラメな数字の羅列などで埋められている」が、一九四三年四月から一九四五年五月までの間に日本に強制連行された人数三万八九三五人、帰国までの死亡者数六八三〇人の数字は隠しきれず明記している。[2]「外務省報告書」は、全国一三五事業場が外務省に提出した「華人労務者就労顛末報告」（同「事業場報告書」）とともに、一九五〇〜六〇年代に民間によって推進された中国人殉難者の遺骨送還運動——一九五九年に結成された中国人殉難者名簿共同作成実行委員会は、六〇年代初めにそれまでの調査・発掘・送還の諸活動をまとめた『中国人強制連行事件に関する報告書』全四篇を刊行した——に役立てられた。[3] その後外務省は同書の作成は認めたものの、すべて破棄したと弁明、国会等からの度々の提出要求を拒否しつづけた。一九九三年になり、外務省の委嘱をうけて実際に調査にたずさわった東亜研究所の元所員や東京華僑総会が同報告書と、その下敷きとなった調査員による「現地調査覚書」を所蔵していることがNHK取材班によって明らかになり、同年五月一四日「NHKスペシャル・幻の外務省報告書発見」として放映されたため、[4] 翌一九九四年六月二二日参議院外務委員会において柿沢弘治外相が、これが外務省管理局の作成したものであることを認めざるをえなくなった。松沢らは、「外務省報告書」および「現地調査覚書」と、同調査に関わる外務省の一件書類（GHQ／SCAP資料）を『中国人強制連行資料――「外務省報告書」全五分冊ほか――』として公刊した。

日本帝国主義が敗戦後、重要資料を廃棄・隠匿した事情は満州や華北でも同様だった。ただし満鉄（南満州鉄道株式会社）や満州中央銀行の文書資料などは比較的多く残され、その他関東憲兵隊や満州国政府関係の資料で廃棄を免れたものも若干あった。これらも、ソ連赤軍による満州占領や、その後の国共内戦によって少なからぬ部分が失われてしまったが、一九五〇年代後半以降、残された資料の重要性に着目した解学詩（元吉林省社会科学院研究員）をはじめとする中国人研究者の献身的な努力によって収集・整理が進められた。吉林省社会科学院編『満鉄史資料』第二巻『路権篇』（一九七九年）と第四巻『煤鉄篇』（一九八七年）はそうした努力の結晶である。後者第二分冊は「特殊工人、服役者及び勤奉隊員の大量奴隷的酷使」「把頭制度」「特殊工人に対するファッショ的支配」等の項を設け、これらに関する、日本では見ることのできない多くの資料を紹介した。一九九〇年代に入ると、『東北経済掠奪』（一九九一年、〈日本帝国主義侵華檔案資料選編〉14）、〈偽満史料叢書〉の『日偽暴行』『偽満社会』『経済掠奪』（いずれも一九九三年）等資料集の刊行が相次ぎ、満州への中国人強制連行と満州における強制労働に関する研究の進展に貢献した。〈日本帝国主義侵華檔案資料選編〉11の『華北歴次大惨案』、同13『日汪的清郷』（ともに一九九五年）、中国抗日戦争史学会・中国人民抗日戦争紀念館編『日本対華北経済的掠奪和統制』〈中国抗日戦争史叢書〉（一九九五年）は華北・華中での、また『日本帝国主義侵略上海罪行史料彙編』（一九九七年）は、日本軍占領下の上海における中国人狩りについての資料を収め、新たな分野の研究に材料を提供した。

ただし、中国で刊行されたこれらの資料の多くは、関東軍など日本の各機関が作成した文書――極秘文書を含む――であり、当然のことながら原文は日本語であるにもかかわらず、いずれも中国語に翻訳されており、一次資料として利用するにはやや難点がある。原資料は北京の中央檔案館等、各地の諸機関が所蔵しており、その公開はあまり進んでいないのが現状である。その点、『世界』一九九八年五～七月号に連載された「侵略の証言」(5)は、元軍人・満州国官吏など日本人戦犯の供述書の日本語原文を収録したもので、その中に満州国総務庁次長古海忠之「満州労工に関する罪行」と、同司法部矯正総局長中井久二の、監獄と矯正輔導院の収容者に対する強制労働についての供述書が含まれている。ただし古海は、特殊工人には一切言及していない。

解学詩らは内外の協力を得て、一九九五年長春市の吉林省社会科学院内に「満鉄資料館」を設立した。その所蔵資料は約一万点、うち三〇〇〇点は日本や米国での所在が確認されていないものとされる。同館は現在満鉄のみならず、日本の満州侵略関係研究の中国を代表する機関となり、日本・韓国その他の研究者との国際交流センターの役割を果たしている。資料目録としては、同館の『満鉄資料館館蔵資料目録』全三巻（一九九五、九七年）や、ほかに遼寧省檔案館編『満鉄密檔　満鉄與侵華日軍』全二一巻（広西師範大学出版社、一九九九年）がある。最も早くに「特殊工人」を使用したとされる満鉄・撫順炭鉱関係の資料は現在、撫順鉱務局檔案館に所蔵されており、一九九七年東京で開かれたシンポジウム「日中にまたがる労務支配――中国人強制連行の背景と実相」において傅波が内容を紹介している。(6)同シンポジウムの報告集に収録されている老田裕美「『特殊工人』と『万人坑』」(7)は、表題に関する適切な資料案内であるとともに、撫順鉱務局檔案館所蔵資料等、重要な資料を日本語原文で収録している。

なお中国各地で〈文史資料〉が刊行されており、その一つである浙江省政協文史資料委員会編『鉄証――侵華日軍在浙江暴行紀実』〈浙江文史資料第56輯〉（一九九五年）は、一九三七年八月に日本軍が嵊泗島を占領した後、島民に加え、島外から二〇〇〇人（その内六〇〇人は上海提籃監獄の囚人）を強制連行して来て軍事施設の建設に使役した結果、島外からの一五〇〇人が死に、万人坑を形成したこと、(8)一九四二年に占領した武義県では蛍石掘削のため、満州・山東省等から二〇〇〇人余りの民衆を強制連行したが、生き延びたのはごく僅かだったことを記している。(9)

二　初期の研究状況

1　日本

日本では中国人強制連行に関しては、花岡事件[10]関係者の遺骨が野ざらしになっていることが判明したことから、一九五〇年代初めに中国人俘虜殉難者遺骨送還運動が始まり、その後劉連仁事件[11]などによってもよく知られるようになった。一九五〇年代なかば、中国に抑留されていた日本人戦犯の大部分が起訴免除となり帰国したが、帰国後「中国帰還者連絡会」（中帰連）を組織し、撫順戦犯管理所において各人が綴った自らの戦争犯罪の記録を『三光』（一九五七年）として出版、日本国内で大きな反響を呼んだ。その中で一九四一年八～九月に山東省で行われた労工狩り作戦に参加した兵士がその実態を明らかにした。日中国交回復直前の一九七一年六～七月に朝日新聞記者本多勝一が中国各地を取材旅行して執筆した「中国の旅」は、南京虐殺の体験者へのインタビューなど、日中戦争の生々しい証言を広く紹介して日本国内で大きな反響を呼んだ。この中で満州に関しては、七三一部隊や平頂山事件とともに、奉天（現、瀋陽）の「矯正輔導院」に収容された囚人の強制労働、撫順炭鉱や鞍山・昭和製鋼所の奴隷的苦役と労働者の反抗、大石橋鉱山の万人坑の実態など、これまでほとんど知られることのなかった事実が明らかにされた。また福岡県大牟田市の三井三池炭鉱に強制連行されたが、日本への運搬船は一割の人間が死ぬドレイ船ともいうべき悲惨さであり、炭鉱でも一五〇〇人連行されて来た中国人の多くが重労働と栄養不足、日本人の暴力で死に、敗戦時には七〇〇人に減っていたという被害者の証言も報告された。

この他、在野の研究者やジャーナリストによって花岡事件や中国人強制連行についての少なからぬ著作が発表された。野添憲治は小学生の時、花岡事件で捕えられた中国人労働者への暴行に参加した体験から、後にこの問題をライフワークとして多くの著作を発表している。平岡正明は『日本人は中国で何をしたか』（一九七二年）で元日本軍兵士等に取材して「三光作戦」を描き、特に「うさぎ狩り」「労工狩り作戦」ともいわれる中国人強制連行を「大東亜共栄圏が醜く実現する」ものと指摘した。平岡編『中国人は日本で何をされたか』（一九七三年）は、「中国人強制連行の記録」を副題とし、花岡鉱山のみならず、その他の地域における強制労働の実態を明らかにした。金巻鎮雄『中国人強制連行事件』（一九七五年）は、北海道東川村の遊水地建設のため三〇四人の中国人が強制連行され、八八人が死亡した事例を紹介している。

これにくらべ職業的研究者による研究は遅れをとった。戦後の日本における初めての本格的な満鉄研究書である安藤彦太郎編『満鉄——日本帝国主義と中国』（一九六五年、御茶の水書房）は「中国人労働者」という一節において、満州の中国人労働者は主として華北からの出稼ぎ人であり、その雇用形式は中国在来の「把頭制度」を利用したものであること、満鉄等は生産率向上のため科学的管理による労務の近代化をはかって把頭制度を排除しようとしたが、結局はそれに立ち返らざるを得なかったことを指摘した。また第二次世界大戦終結直後に満州を旅行した飯塚浩二[12]に依拠し、「立派な社会事業」「日支親和の楔[13]」とまで喧伝された大連埠頭労働者用宿舎「碧山荘」の構造が刑務所類似のものであったこと、また反抗運動を未然に防止するため、華北から入満する労働者に指紋登録を義務付けたことを指摘していた。後者について、依存すべき労働者が反対勢力になることを極度に警戒せざるを得なかったことを日本の植民地経営の矛盾ととらえ、それへの対処方法が近代国家以前の統制方式であったことに日本的な徴憑と見ていた。つまり同書は、中国人強制連行・強制労働の背景をなす満州労働問題の重要な論点の多くをすでに取り上げていたが、いずれも簡単な指摘にとどまった。

松村高夫「日本帝国主義下における植民地労働者—在日朝鮮人・中国人労働者を中心にして—」（一九六七年）は、

日中戦争後、日本独占資本主義が国家独占資本主義へと本格的に移行したことを背景に、日本国内の労働統制の強化とともに植民地労働力の強制連行を実行したとして、朝鮮人および中国人の強制連行を位置付けた。また松村の「満州国成立以降における移民・労働政策の形成と展開」（一九七二年）は、強制労働が政策として導き出される背景として「満州の労働統制政策の形成・実施過程を初めて明らかにした[14]」研究として高い評価を得た。

2 中国

中国でも花岡事件は関心をよび、一九五〇年代には『花岡ものがたり』の中国語訳『花岡惨案』、小説『花岡河的風暴』などが出版されたが、その後一九七〇年代末までは目だった研究成果は発表されなかった。一九八〇年に刊行された姜念東等『偽満州国史』は全六六八頁、満州国の全体像を描き出した中国最初の体系的研究書であり、中国に残された関東憲兵隊・満州国政府・満鉄等の公式文書や日本人戦犯の口述調書等の未発表資料（多数の極秘文書を含む）を利用して多くの史実を発掘し、従来の研究水準を飛躍的に高めた。「第五章　人民に対する搾取と奴隷的酷使」の「三、奴隷的酷使労働」は、満州における強制労働に関する初めての実証的研究であり、その先駆的役割は高く評価される。

一九八四年には『偽満洲国史』の共著者の一人である解学詩が張克良と共編で『鞍鋼史（一九〇九～一九四八年）』を刊行し、満鉄・鞍山製鉄所（後、昭和製鋼所）における強制労働の実態を明らかにするなど、一九八〇年代末までに、中国に存在する満州における強制労働に関する資料を利用した研究成果が発表され始め、また先に述べたように資料集の刊行も行われたが、中国における研究は一九九〇年代に入ってから質量ともに急速に発展することになる。

三　研究の現状

1　中　国

一九九〇年代には中国で、中国人強制連行・強制労働を取り上げた専門書が非常に多く公刊された。蘇崇民『満鉄史』（一九九〇年）は、満鉄の労務管理に多くの頁を割き、把頭制度・特殊工人にも言及している。李聯誼『中国特殊工人史略』（一九九一年。日本語訳、一九九八年）は、「特殊工人」に関する最初にして唯一の単行書である。

第二次世界大戦終戦五〇周年の一九九五年には、とりわけ多数の著書が出版された。前記『偽満洲国史』の共著者である解学詩は、同書の歴史的使命はすでに完成されたとして新たに『偽満洲国史新編』を著した。旧著刊行後に利用可能となった豊富な日本関係資料を利用して満州国史研究をさらに前進させた重要な著作であるが、強制労働についても新たな知見を加えた。傅波『罪行　罪証　罪責』は、元「特殊工人」からの聴き取りと、支配した側の日本人戦犯の供述書を含む貴重な業績である。『苦難与闘争十四年』上中下巻、『労工的血与泪』、『日軍暴行録』遼寧・吉林・黒龍江分巻が〈東北淪陥十四年史叢書〉として刊行されたが、いずれも労作である。歩平・辛培林編『苦難与闘争十四年』下巻は、ハルピンでの大工場建設のため厚遇するという把頭による「募集」に応じたが、実際には関東軍「七三一部隊」において酷使された体験者の証言を紹介している。「七三一部隊」の労工には、騙し募集や、近隣から雇用された者のほか、強制的に徴用された者が五〇〇〇人あまりいたが、そのうち三〇〇〇人は虐待で命を落とした。また同部隊は、秘密の暴露を恐れ一部の労工を「特別監獄」に入れ「実験材料」にしたという。蘇崇民・李作権・姜璧潔『労工的血与泪』は、満州国の労働問題に関する初めての専門書であり、強制労働や労働者の抵抗運動を含む、ほぼすべての問題が取り上げられている。『日軍暴行録』は、東北三省各地域ごとの状況を明らかにしている。同じく一九九五年に出版された〈日軍槍刺下的中国労工（日本軍の銃剣下の中国人労工）資料及研究叢書〉の四巻シリーズ『石家荘集中営』『偽満労工血泪史』『華北労工協会罪悪史』『中国労工在日本』は、華北から満州への「特殊工人」と、日本への中国人強制連行・強制労働を一体のものととらえ、さらにまた日本軍が華北で「捕獲」した中国人を満州や日本へ送致する機能を担った華北労工協会や強制収容所といったシステムを具体的に明らかにした、きわめて重要な著作であり、研究論文・当事者の証言・関係資料が含まれている。

2　日　本

一九八七年八月、「中国東北地区における指紋実態調査団」が現地調査を行なった。これは中国人強制労働に関わる最も早い時期の、日本人による中国現地調査である。翌年訪中報告書『抗日こそ誇り』が刊行され、その中で、一九二四年七月満鉄撫順炭鉱ではじめられた労働者に対する指紋押捺制度が、後の満州における強制労働で重要な役割を果たしたことが明らかにされた——戦後の日本での、外国人に対する指紋押捺強要の原点でもあった。この調査団は、指紋押捺を拒否する在日中国人の裁判闘争を支援する市民団体が組織したものであり、日本におけるその後の中国人強制連行・強制労働研究の進展において、こうした市民団体がきわめて大きな部分を担う先駆けとなった。

一九九〇年代後半花岡事件・劉連仁事件をはじめ、強制連行による被害を受けた中国人が日本政府や関係企業に対して損害賠償を求める裁判（広島・西松裁判[15]、新潟裁判[16]など）を次々と起したが、これらの裁判では、いずれも日本人市民が支援団体を結成しており[17]、支援運動の一環として、日本国内の調査と併行し、中国を訪れて生存者（中国語で「幸存者」）の聴き取り調査や関係各地の実地調査、さらには檔案館や図書館等における資料発掘など、精力的な活動が行われた。その過程で、日中双方の関係者・研究者間の交流が盛んになった。

3 日中共同研究

特筆すべきは、日本において、過去における戦争責任を回避するにとどまらず侵略戦争を美化する勢力が台頭し、日中関係の安定が損なわれる事態が生じている中で、中国人強制連行・強制労働については日中両国の民間による共同研究が順調に進展していることである。一九九五年から九八年までの四年間、毎年日本と中国で国際シンポジウムが開催された。

① 一九九五年八月　「日本軍の中国侵略残虐行為（国際）シンポジウム」中国・石家荘
② 一九九六年一一月　「中国人強制連行国際シンポジウム大阪集会」
③ 一九九七年一一月　「九七年秋国際シンポジウム・東京集会　日中にまたがる労務支配　中国人強制連行の背景と実相」
④ 一九九七年一二月　「中国人強制連行国際シンポジウム広島集会」
⑤ 一九九八年八月　「日本の中国侵略期における労工迫害問題国際シンポジウム」中国・撫順

①～④は、それぞれ報告集が公刊されており、内容を知ることができる。

4 満州での強制労働

日本帝国主義による満州での強制労働の最も早い時期のものとして、吉林省の松花江・豊満ダム建設に「通州事件」（盧溝橋事件直後の一九三七年七月二八日、日本の傀儡・冀東政権の保安隊が河北省都通州で反乱を起し、日本人約二〇〇人を殺害した事件）の捕虜や吉林監獄の軽犯囚人を使役したことが知られている。(18) 戦争捕虜を労働力として使役するという構想について兒嶋俊郎は、満鉄経済調査会の労働問題専門家武居郷一が協和会の山口重次と連名で関東軍参謀長・満州国総務次長に提出した一九三三年四月一日付けの「満州国労働問題政策綱領」の中で「労働者化すべき匪賊裁兵数の調査」を主張し、これが関東軍によって承認されたこと、さらに「中国軍捕虜などの強制労働動員の原型が、満州国の労働政策立案の出発点において既に現れてきていた」ことを指摘した。[19]

日満当局は、抗日部隊に対して「帰順工作」を行い、それに応じて投降してきた者の一部を労働現場に送り込んだが、これについての文書資料はあまり多くないようである。上羽修は元特務機関員にインタビューし、帰順交渉の体験を紹介している。[20] それによると一九三八年三月密山（黒龍江省東部）の国境警察隊長になり、「反満抗日の匪賊の頭目」王蔭武と帰順交渉を行なった結果、王は把頭として部下二〇〇人とともに密山炭鉱城子河採炭所で働くことになった。その時この特務機関員も同採炭所の労務主任になり、半年後鶏西炭鉱に警備隊長として転じると、王蔭武のグループも一緒に移動した。また労働者にはアヘンが支給されたが、アヘンは短期的には労働力を増強するとともに、労働者を現場に縛り付ける役割を果たした。城子河採炭所には土竜山事件の指導者、謝文東も大把頭として在籍し、その後鶴岡炭鉱に移った。解学詩「満州国末期の強制労働」は、一九三九年に、昭和製鋼所・撫順炭鉱・本渓湖煤鉄公司・阜新炭鉱・西安炭鉱・復州炭鉱などが「帰順匪」を大量に使用しており、四一年には北満の軍需工場で一万人以上の中国人捕虜が使役されていたとする。

解学詩・張克良編『鞍鋼史（一九〇九～一九四八年）』（一九八四年）は、一九四一年に昭和製鋼所が、鞍馬町工程隊（元国民党東北軍第五一軍や魯蘇戦区遊撃隊等の俘虜で編成）六四五人や吉林築堤工人（小豊満ダム建設にたずさわり、後昭和製鋼所に移管された）三三九人、囚人一四五六人を使役していたことを明らかにした。また矯正輔導院囚人の強制労働に関し、一九四三年九月一八日「保安矯正法」および「思想矯正法」が公布され、前者は、犯罪の危険があると認められたもの――既に刑の執行を終えたもの、浮浪者を含む――、後者は「政治犯」の嫌疑をもたれたものを矯正院に「予防拘禁」し、強制労働を課すことを規定したが、それより前の同年四月、すでに満州各地に矯正輔導院が設置されていたこと、囚人は銃剣の監視下で一日一二時間以上の重労働を課され、誰であれ脱走者を殺せば一〇円、生きたまま捕まえれば二〇円の賞金が支払われる規定があったことを明らかにした。

それまでは関内（中国本部）から多数の労働者が入満し、治安維持の見地からそれを制限するほどであったのが、一九三七年日中戦争の全面化以降は入満者数が激減するとともに、他方同年度から満州産業開発第一次五ヵ年計画が開始されたことによって労働力需要が増加したため、潤沢だった労働力が一転不足がちになった。満州国政府は中国人労働者の入満制限を撤廃、逆に促進政策に転じたため、入満者数は飛躍的に増大するが、一九三九年度に北辺振興計画が開始され、さらに一九四一年には関東軍特種演習（関特演）が実施されるに及び、必要労働力の増加に追いつかず労働力不足はますます深刻化した。そのため満州国当局は労働力確保を重視し、一九三九年二月「労働統制法」（四〇年八月と四一年一一月に改正）を、一九四一年一一月には「労務新体制要綱」を施行した。

松村前掲「満州国成立以降における移民・労働政策の形成と展開」は、「労働統制法」が平時における「割当募集」の名による「徴用」を可能とし、また「改正労働統制法」（四〇年八月）を根拠として「緊急就労」による労務動員と「国民勤労奉公制」を二本の柱とする「国民皆労」体制が確立されたこと、さらに一九四二年二月九日公布の民生部令「労働者緊急就労規則」は、事業者の申請にもとづき、民生部大臣の認可により省長に労働力の「供出命令」が発せられることを明らかにした。しかしながら当時の資料的制約から「強制労働」という言葉を用いて、その実態に踏み込むまでには至らなかった。松村はまた、満州国内における国家権力による労働力確保・配置政策にもかかわらず、一九三九、四〇年に至ってもなお関内からの入満労働者の三分の一しか政策的には掌握されていないという実情を指摘した。

姜念東等『偽満洲国史』はまず「行政供出」について、労働力の「割当募集」（中国語「攤派」）が、金をもっている者は労働力の替わりに金を支払い、結局は貧困にあえぐ小作人が強制的に働かされるという実態であること、また満州国政府当局は、しばしば「緊急労働力供出」名義で強制的な労働力のかり集めを行なったが、その実例として、一九四三年四月一九日首都警察が二回にわたり全員出動して大捜査を行なって三二六〇人を捕え、その内一二八七人を強制就労させたことを明らかにした。また、日本の『満洲国史』（同編纂刊行会編、一九七一年）を引用して毎年二、三百万人の労働者が強制連行あるいは騙されて就労したとし、現場への移送が鍵のかかった貨車でおこなわれた結果、多数の労働者が凍死や餓死したこと、宿舎の設備や食事が劣悪、長時間労働等を指摘し、具体的な例として一九四三年の興安嶺築城工事で四万人中三〇〇〇人が死亡したこと、労働者が大量に死亡するため、多数の労働者が働く現場には例外なく遺体を埋葬する「万人坑」があったことを指摘した。兒嶋俊郎は、労務新体制以降「国民皆労」の名のもとに「基本的に政府の命令による労働力動員全体が強制労働と化したといっても過言ではない[21]」と総括したが、解学詩「満州国末期の強制労働」も、「労務新体制」と「改正労働統制法」施行以後、満州国の労働政策が、強権を駆使しての国家的労務統制を励行する方向へ踏み出す重大な転機を迎えたとし、労働者の募集が、それまでの「自由募集」から「統制募集」に転換したことを指摘した。解学詩『偽満洲国史新編』は「労務新体制」の要点を、①労働力の対華北依存を減じ、満州国内での解決をはかる―「国内自給体制」の確立、②労働力自給の根本的方途として「国民皆労」、すなわち全民的労務使役体制の実行と「勤労興国」運動の推進、③労働力を使用する業者の自主統制から行政による「国家」統制への転換、とまとめた。そして労働力の強制動員の手段として、①「国民勤労奉公制度」―一九四二年一一月確立。二〇歳から二三歳（一九四五年三月、三〇歳に延長）までの成年男子は、満州国軍に徴兵されたもの、身体障害者等を除き、すべて軍隊に準じて組織された勤労奉公隊への参加を義務付けられ、軍事工事・道路建設・土地開発等の労働を強制された。②青年学生の労工化―学生の無償義務労働は一九三九年に始まるが、一九四二年以来大学生の「勤労奉公」と小中学生の「勤労奉仕」が法制化された。③「協和会勤労奉仕運動」―各業種で展開された。④「攤派」と「労工狩り」（＝「緊急供出」）をあげた。そして、こうした強制手段にもかかわらず労働力自給の実現は困難で、華北への依存度は大きいままであったこと、そのために、満州で労働力を必要とする業者が「華北労働者募集統制協定加入者会」（一九四三年「華北工人募集協議会」に改称）を結成、華北側の「華北労工協会」と協力して労働者を募集するようになったが、「募集」は労工獲得の一手段にすぎず、そうしたことが「特殊工人」を華北から満州に大量に送り込む背景となったことを明らかにした。

5 把頭制

「把頭制」とは中国の鉱山や埠頭で行なわれていた伝統的な封建的労務管理制度であり、把頭は配下の労働者を使役して、出来高払いを原則として発注元から請負った各種の作業を行なった。強制労働を潤滑に行なうために把頭制が利用されたことが、近年重視されるようになり、一九九七年一一月東京で行われた中国人強制連行に関するシンポジウム(22)は把頭制を中心的テーマとしてとりあげた。

松村前掲「満州国成立以降における移民・労働政策の形成と展開」は、満州国が把頭制の排除を理念としていたにもかかわらず結局は活用する政策に転換したことを明らかにするとともに、それをこの時期の日本帝国主義による植民地的労働政策の特徴ととらえ、近年論議の対象となっている「把頭制」理解の先駆的役割を果たした。姜念東等『偽満洲国史』は、大把頭制と小把頭制の区別を明らかにし、満州で一律に採用されたのではなく、華北労働者を多数使役し、生産技術水準が低いため熟練労働者を多く必要としない土建・鉱業と交通事業の一部で広く行なわれたこと、戦時労働統制は事業主に労働者の募集・管理に直接責任を負わせ、それは把頭制の存在とは矛盾していたにもかかわらず、現実には事業主にそうした能力がなかったため、把頭制が消滅しなかったことを明らかにした。

蘇崇民「撫順炭鉱の把頭制度」は、「過去の包工把頭（請負把頭）が労働者に対して一種の封建的な親しみ、友情と郷情の関係、感情に頼って労働者を篭絡し、労働者は把頭の窩棚（掘っ立て小屋の宿舎）を自分の庇護所とすらしていたとすると、新たな包工把頭制度はこのような新しい歴史的条件、すなわち日本傀儡ファシズムの植民統治の下で、把頭の労働者に対するより強い支配関係を内包していた。それはよりいっそう赤裸々な暴力統制、棍棒と飢餓の規律であり、より野蛮で残虐な血腥いものであった」と指摘した(23)。

6　特殊工人

「特殊工人」とは、一九四一年六月一一日付け関東軍司令部「関東軍築城工程就労特殊工人処理規定」では、「北支軍側が獲得した俘虜（帰順兵を含む）で関東軍に引き渡された者」とされたが、三ヵ月後の撫順炭鉱長宛新民会会長書簡では、「(イ)現地部隊、憲兵隊、県公署、警察分局等ニ於テ犯罪ノ容疑乃至嫌疑ノ廉ニ拠リ現在収容中ノ者　(ロ)清郷工作実施ニ拠リ得タル通匪ノ容疑者　(ハ)討伐作戦ノ結果得タル捕虜　(ニ)会(「新民会」のこと――引用者)工作実施上妨害トナル者」とされた(24)。つまりわずかの期間で、戦争捕虜から一般民衆にまで拡大されたのである。俘虜・帰順兵を労働力として利用していることについては、戦中の一九四三年に刊行された前田一『特殊労務者の労務管理』がすでに指摘し、戦後はベストセラーになった五味川純平の小説『人間の条件』（一九五六年）の主要なテーマとして「特殊工人」がとりあげられ、また『満洲国史』（一九七一年）でも触れられていた（各論一一七五頁）。しかし最高度の軍事機密であったためか、その詳細はなかなか明らかにならず、日本で一九六〇年代以降に刊行された一五年戦争期の満州を扱った代表的な研究論文、著書もこれに言及しなかった(25)。「特殊工人」を最も早く取り上げた研究論文の一つは田中恒次郎「「満洲国」における労働問題について」（一九八九年）であるが、これは前田前掲書と、一九八六年に中国・北京で出版された斉武『抗日戦争時期中国工人運動史稿』に全面的に依拠しており、一次資料は用いられていない(26)。

前掲訪中報告書『抗日こそ誇り』は、撫順炭鉱での特殊工人の存在を指摘し、被害者の聞書きも収録しているが、中国では『偽満洲国史』が、一九四二年六月三〇日満州国民生部次長源田松三主宰の会議において「輔導工人管理要領」を審議し、戦争捕虜を「輔導工人」、清郷掃討の過程で捕えた一般民衆を「保護工人」と区別したこと、また満州での強制労働の実態と逃走という形をとった抵抗について簡単に指摘したのが、「特殊工人」に言及した最も早い時期の研究であった。『鞍鋼史』は、関東軍が一九四一年に制定した「築城工程就労特殊工人処理規定」および「特殊労工使用管理規程」により、当初特殊工人は軍関係の工事、とりわけ要塞等の建設工事に使役されたこと、特殊工人が華北の日本軍の特設機関で訓練を受けた後、満州国に移譲されて民生部指定の鉱工業や特種工事に使役され、その労働は強制的であり無報酬であったことを指摘した。上羽修『鎖された大地　満ソ国境の巨大地下要塞』は、華北における中国人戦争捕虜を労働力として満州に強制連行することについて関東軍と北支那方面軍が合意したのに先立ち、日本軍中央、すなわち参謀本部および陸軍省の了解を得ていたことを明らかにした。

李聯誼『中国特殊工人史略』は、撫順炭鉱関係資料を利用して、同炭鉱を中心に「特殊工人」をめぐる諸問題を総合的に明らかにした。それによれば「特殊工人」の大部分が遼寧省内に集中し、それも炭鉱、特に撫順炭鉱は最も人数が多く、使用された時期も最も早かった。また満州に集められたものが習慣上「特殊工人」と称せられ、華北では決まった呼称はなく、「特殊人」「特殊人員」「特種工人」「特種人」の語も使用された。なお一九四二年六月に日満当局が「特殊工人」を「輔導工人」と「保護工人」に分けたことについては、「特殊工人に対する統治を強化し、捕えられた抗日人員を厳しく監視するための措置であり、呼称の変化には強烈な政治的ニュアンスがこめられていた」とする。この点について猪八戒「中国人強制連行が積み残した課題」[27]は、戦争俘虜の逃亡が多数に上ったことを重視しているが、その解明はまだ十分とはいえない。『中国特殊工人史略』はまた、逃亡して捕えられた特殊工人を「保安矯正」処分に付し、前述の「矯正輔導院」に収監して強制労働を課したこと、撫順矯正輔導院の収監者の大部分が特殊工人であったことを明らかにしたが[28]、「輔導工人」と「矯正輔導院」設置の根拠法である「保安矯正法」および

「思想矯正法」との関係についてはなお検討の余地があるだろう。特殊工人の反抗について多くの頁を割いているのが同書の特色であり、共産党の秘密組織の存在や、初期の闘争は失敗が多かったのに対し、後期は大部分勝利したことを明らかにした。

「中国人強制連行が積み残した課題」は俘虜の移送に関し、満州側と華北側との間で金銭的な熾烈なやり取りがあったことを明らかにしている。元来些少だったものが、俘虜収容所設置増設を理由とする華北労工協会の要求により、俘虜一人あたり五〇円を支払わされた満鉄が三五円に押し戻すが、これを俘虜売買制度の確立と喝破した。一橋大学留学生王紅艶は一九九九年、撫順鉱務局檔案館所蔵資料を利用して「『満州国』における特殊工人に関する一考察」を発表し、翌年博士号を得た。

7　日本への強制連行

日本は中国との戦争を一貫して「事変」（最初は「北支事変」、後には「支那事変」）と称して「戦争」とは認めておらず、したがって「戦争捕虜」の存在そのものを認めていなかった。とはいえ捕虜への虐待の禁止など、戦争法規を「尊重」することをたて前としていたので、戦場で捕えた中国人を捕虜収容所で「教習」「訓練」して「良民」に変え、「華人労務者」として日本に強制連行したのである。この捕虜を改造する仕事は軍ではなく、「華北労働力の特性に応じて労働力を一元的に統制しこれを計画的に満州、蒙疆に対して配分供給し更に労働者の福祉増進及び労働資源の培養」(29)を目的として一九四一年七月八日に設立された汪精衛傀儡政権華北政務委員会の財団法人「華北労工協会」が担当することになった。一九三九年三月二八日正式に開設された「石門俘虜収容所」が一九四一年八月一五日「石門労工教習所」に改称されるのはそうした事情によるが、実際には「教習」「訓練」にあたるようなことは何も行なわれず「捕虜収容所」そのものであった。華北労工協会の一九四二年六月二五日付けの「石門俘虜収容所工人供出に対する謝金支出方の件」という文書は「石門俘虜収容所」という「旧称」を用いている。また一九四三年初めに日本官民合同の華北労働事情視察団が同所を訪れたが、その団員は「本収容所は、部外に対する一般名称を石門労工教習所と称しあり」と記している。「俘虜収容所」が「労工教習所」に改称されたというよりは「二位一体」の実態に合わせて「二枚看板」を掲げるようになったのである(30)。

石門捕虜収容所について上羽修『中国人強制連行の軌跡「聖戦の墓標」』が詳細にレポートしているが、何天義編『石家荘集中営』は収容者の証言を含め、さらに総括的な実態解明を行った。何天義は一九九六年大阪シンポジウムでも「石門捕虜収容所と中国人強制連行」の報告を行っているが、それによれば、日本軍は北平（北京）・太原・石門（石家荘）・済南・塘沽の五大収容所、さらに大同・青島・西工（河南省）にも戦争捕虜収容所を設置し、その目的は捕虜を労働力として使用するため一時的に集結させておく場所とすることであったと指摘した。

松沢哲成「日本帝国主義の労務政策」は、中国人の日本への強制連行を日本帝国主義の「大東亜共栄圏」確立過程における労働力再配置構想の一環として位置付け、「大東亜共栄圏」全体が巨大な「タコ部屋」と化し、中国人のみならず日本人を含む多くの勤労大衆が奴隷的苦役を強制されたと指摘した。そして日本国内における労働力不足の状況と、日本政府・企業による暴力的対応をあとづけるとともに、中国人労働者の「内地移入」は、単に日本国内の労働力不足の補充というだけにとどまらず、賃金の高騰を抑制することをも目的としていたこと、また一般に日本への中国人強制連行の端緒となったとされる一九四二年一一月二七日の閣議決定「華人労務者内地移入ノ件」以前に、民間「識者」の強い薦めと業者側の強力執拗な働きかけによってそれが企図されていたことを資料に基づいて明らかにした。

花岡事件以外の事例について、川上奈緒子「北海道・地崎組における中国人強制連行(31)」は、各企業は「契約」にもとづいて中国人労働者を受け入れたと主張するが、その「契約」とは労働者個人ではなく華北労工協会との間で交わされたものであり、受け入れる労働者の人数さえいいかげんであったことを、GHQ／SCAP資料にもとづいて明らかにした。先に述べたように日本各地で中国人強制連行に関する裁判が進行中であり、裁判支援グループによる事実の解明が活発に行われているが、九七年東京シンポジウムでは安井利光「日本発送電㈱の労働現場」、川原洋子「広島・安野発電所の事例」、櫻井秀一「大阪港湾への中国人強制連行」が報告された。(32)古庄正・田中宏・佐藤健生他『日本企業の戦争犯罪——強制連行の企業責任3』（二〇〇〇年）は、各企業における強制労働の実態を明らかにし、その責任を問うた。

関西学院大学の客員研究員を勤めた陳景彦は、日本への強制連行に関する日中両国を通じて最初の総括的な研究書『二戦期間在日中国労工問題研究』（一九九九年）を発表した。同書は、中国人強制連行を必要とするに至った日本国内の状況に始まり、労工の確保から日本への強制連行までのシステム、「試験移入」から「正式移入」への過程、日本における強制労働の実態と病気・死亡等の状況、反抗闘争を論じた後、戦後の帰国をめぐる日本朝野の対応、さらに「未解決の歴史問題」としての現状にまで説き及んでいる。

日本軍国主義による強制連行は、中国人に先立って朝鮮人について行われたが、松村前掲「日本帝国主義下における植民地労働者——在日朝鮮人・中国人労働者を中心にして——」は、両者を関連付けて論じた最も初期の研究論文である。金英達・飛田雄一は一九九〇年から九四年まで毎年『朝鮮人・中国人強制連行・強制労働資料集』を刊行し続けた。西成田豊「中国人強制連行政策の成立過程」（二〇〇〇年）は、一九四二年一一月の閣議決定「華人労務者内地移入ニ関スル件」に至るまでの経緯を丹念にあとづけた研究であるが、本人の朝鮮人強制連行に関する研究(33)を踏まえ、当初日本の石炭業界は、同化政策によって「日本人化」された朝鮮人と異なり「敵国人」である中国人の導入には慎重で、一九四〇年に軍主導で提起された中国人強制連行は中止されたこと、それが一転して実施に踏み切るのは、対米英開戦による状況変化とともに、「移入」朝鮮人の大量逃亡もあり労働力不足がますます重大化したためであることを指摘した。また中国人労働者の待遇に関する規程の分析を通じて、日本当局が敗戦を見越し、あたかも中国人を「優遇」したかのごとき措置を講じていたことを明らかにした。本論文は、中国人強制連行についての単行書の第一章にあたり、その刊行が期待されるが、「中国人強制連行を学術研究の対象として真正面から取り組んだ研究がまったくない」という認識のもと、先行研究がほとんど利用されていないことには疑問が残る。松沢前掲論文や陳前掲書も引用しているように、北海道土木鉱業連合会の外地労働者移入組合がすでに一九三九年に「支那労働者移入」を厚生・内務大臣に請願しており、[34]中国人強制連行政策の成立過程における資本・政府・軍三者間の矛盾の指摘は重要であるが、対象が石炭業界にかたよっている点に、本論文の問題点がある。

おわりに

これまで述べてきたように中国人強制連行・強制労働研究は、被害にあった中国人が日本政府と企業に対し謝罪と補償を求める裁判闘争を支援するという実践的目的によるところが大きく、学術研究はそれに刺激されて深められてきた。また資料の関係から、日中共同研究が大きな役割を果たしていることも特徴的である。近年はさらに松沢前掲論文に見られるように、「大東亜共栄圏」構想の本質をなすものとして、虐殺・略奪・放火、生物・化学兵器、捕虜虐待、従軍慰安婦、通貨偽造、アヘンなど日中戦争・アジア太平洋戦争において日本軍国主義が各地で行った戦時国際法に違反する蛮行の一環として位置付けられつつある。『季刊　戦争責任研究』第三三号（二〇〇一年秋季号）の特集「日独における強制連行・強制労働」のように、ナチス・ドイツによる類似行為との比較研究も行われている。

このように中国人強制連行・強制労働研究は多面的、重層的に進展しているが、なお検討すべき課題が残されている。日本・満州・中国で生じた事態を全体としてとらえた実証的・理論的研究は十分とは言い難い。強制連行された人数についても初歩的な段階にとどまっている。『偽満洲国史』は満州国労務興国会『労働者就労状況調査表』により、一九四一年に満州で徴集使役された労働力は、一般労工一九二万人に対し特殊労工三万三〇〇〇人としている。解学詩「満州国末期の強制労働」は満州に強制連行された特殊工人の人数について、満州国治安部警務司〔「特殊労務者調査表（一九四二年三月末）」〕、同民生部労務司・労務興国会、関東憲兵隊、満鉄調査部等の統計資料に基づき、一九四一年五、六月から四三年六月末までの二年間に六万人近くが重要企業で使役され、軍関係の約四万人を加えて一〇万人、それ以後二年間は統計がないが、前二年間と同数とすれば、満州国最末期四年間の特殊工人数を二〇万人近くと推定している。

田中宏は、天津檔案館が所蔵する一九四四年一二月二三日に北京で開催された「東亜労務連絡会議」(35)議事録により、翌一九四五年の華北における労力供出可能見込数一三〇万人、華北内新規需要見込数九〇万人、したがって対外供出可能数は四〇万人、それを満州国（団体一一万一〇〇〇人、散三〇万人）、蒙彊（団体七万人）、華中（団体六万二〇〇〇人）、日本（団体五万人）に割り当てたことを明らかにした。現実には同年五月までに日本に強制連行された人数は、割当人数をはるかに下回る八九九五人であったから、他の地域についても同様のことが推測される。しかし、これにより日本帝国主義による中国人労働力の「行政供出」、すなわち強制連行・強制労働が、日本・満州国のみならず中国各地に及んでいたことが示された。劉大可・馬福震・沈国良『日本侵略山東史』（山東人民出版社、一九九〇年）は、「八年抗戦期間中、山東根拠地内で敵の〝掃蕩〟にあい捕えられた壮丁だけで二九万二二五九人に達する」とする（二七一頁）。

何天義は、華北労工協会が一九四一年七月に設立されてから一九四五年七月解散するまでの約四年間で強制的に募集（原文「強募」）したり拉致（同「抓捕」）したりして満州国・蒙彊・華中・日本に送り込み苦役を強いた労工及び同行家族の人数を五〇〇万人(36)とも九〇〇万人(37)ともする。居之芬は、一九三五年に入満華工への強制労働が正式に開始されたとして、それ以後四五年八月までの中国人「強制労工」数を一五〇〇万人、その内満州一〇〇〇万人、華北三六〇万人、華南一五〇万人、蒙彊四〇万人、日本四万人、朝鮮二〇〇〇人とする。[38] 呉天威（米国籍）に至っては、十五年戦争中に日本が満州や華北で奴隷のように使役した中国人労工総数を三七〇〇万人、そのうち一〇〇〇万人近くが命を奪われたとする。[39] こうした大きな数字があげられるのは、関内から満州へ流入した労働者のうち、特殊工人のような明白に強制連行によるものだけでなく、非常に多くが騙されて入満したものとし、これを強制連行に算入し、華北・華南等についても同様に扱っているためである。先に「騙し募集」によって七三一部隊で働かされた例を記したが、こうしたことは少なくなかったと考えられる。したがってこれも強制労働として扱うことは合理的である。ただし概数であってもその人数を明らかにすることは容易なことではないだろう。

（1） 松沢哲成「『外務省報告書』の作成過程と歴史的背景」田中宏・松沢哲成編著『中国人強制連行資料——「外務省報告書」全五分冊ほか——』（現代書館、一九九五年）一五頁。
（2） 猪八戒「中国人強制連行が積み残した課題」戦争犠牲者を心に刻む南京集会編『中国人強制連行』（東方出版、一九九五年）二二五～二二六頁。
（3） 田中宏「解題、解説をかねた一考察」前掲『中国人強制連行資料』七八五頁。
（4） NHK取材班『NHKスペシャル 幻の外務省報告書』（日本放送出版協会、一九九四年）として出版。
（5） 新井利男・藤原彰編『侵略の証言 中国における日本人戦犯自筆供述書』（岩波書店、一九九九年）に再録。
（6） 傅波「撫順鉱務局館蔵の日本の中国侵略時期の檔案資料の研究」（『寄せ場』第一一号、一九九八年）。
（7） 「中国人強制連行の実態と背景」研究会編『日中にまたがる労務支配—中国人強制連行の背景と実相—九七年秋季国際シンポジウム東京集会報告集』（以下、『97東京集会報告集』と略す）。
（8） 金寿「日軍在嵊泗虐殺労工」浙江省政協文史資料委員会編『鉄証——侵華日軍在浙江暴行紀実』〈浙江文史資料第56輯〉（浙江人民出版社、一九九五年）一〇一頁。

（9）陳南山・周祖華「日軍掠奪蛍石資源」同前一五三頁。

（10）一九四四年八月以降三次にわたり、九八六人の中国人（戦争捕虜および一般市民）が秋田県花岡鉱山に強制連行され鹿島組（現、鹿島建設株式会社）の作業現場で強制労働を課されたが、日常的な暴行等、劣悪な待遇で多数の死者を出したため、一九四五年七月に決起して鎮圧された。日本敗戦後の同年九月、蜂起の指導者、耿諄らは終身刑等の有罪判決を受けたが、GHQの命令で釈放され、帰国した。一九九五年六月耿諄ら生存者及び遺族が鹿島に対し損害賠償を求める裁判をおこし、二〇〇〇年一一月二九日東京高裁において、鹿島が全被害者を対象に五億円の補償基金を設立するという趣旨の和解が成立した。

（11）劉連仁は、一九四四年一〇月日本に強制連行され、北海道の鉱山で働かされたが、四五年七月脱走、終戦を知らぬまま一三年間山中に隠れ住み、五八年発見されて帰国した。九六年日本国に対し損害賠償を求めて提訴したが、二〇〇〇年九月死去、二〇〇一年七月勝訴した。

（12）飯塚浩二「戦争末期の南満洲における経済事情と労務管理　密輸、行政供出と攤派、把頭制度、その他」（『東洋文化研究所紀要』三二分冊、一九六四年）。

（13）篠崎嘉郎『満洲と相生由太郎』（大連・福昌公司互恵会、一九三二年）二〇〇頁。

（14）兒嶋俊郎「社会政策史の一断面――『満州国』の労働問題を中心に――」（『長岡短期大学紀要』三八号、二〇〇〇年、七一頁）。

（15）広島県安野発電所建設現場に強制連行された中国人が、一九九八年一月に西松建設株式会社を相手取り損害賠償を求める訴えを起した。

（16）一九九九年八月、日本に強制連行されて新潟港で強制労働させられた上、スパイ容疑で広島刑務所に在監中、原爆で被爆した張文彬が日本国と港湾会社を提訴した。

（17）たとえば「大館・花岡事件を記録する会」、「花岡裁判・勝ったるでの会」、「大阪・中国人強制連行をほりおこす会」（刊行物、『中国人強制連行　大阪・かわら版』）、「中国人強制連行を考える会」（東京、同『中国人強制連行を考える会ニュース』『花岡　鉱泥の底から』）、「中国人強制連行・西松裁判を支援する会」（広島、同『地底の響き』）、「大阪中国人強制連行受難者追悼実行委員会」、「朝鮮人・中国人強制連行・強制労働を考える全国交流集会」、「心に刻む会」、その他多数。

(18) 満洲国史編纂刊行会編『満洲国史』各論(満蒙同胞会、一九七一年)一〇七二頁。
(19) 兒嶋俊郎「満州国の労働統制政策」松村高夫・解学詩・江田憲治編著『満鉄労働史の研究』(日本経済評論社、二〇〇二年、第一章)。
(20) 上羽『中国人強制連行の記録「聖戦の墓標」』(青木書店、一九九三年)二二五頁以下。
(21) 兒嶋前掲論文七四頁。
(22) 『97東京集会報告集』。
(23) 蘇崇民(老田裕美訳)「撫順炭鉱の把頭制度」同前、二四頁。
(24) 老田裕美「『特殊工人』と『万人坑』」同前、五〇頁。
(25) たとえば、安藤編前掲『満鉄』、松村前掲「満洲国成立以降における移民・労働政策の形成と展開」(満州史研究会編『日本帝国主義下の満州』御茶の水書房、一九七二年)、小林英夫『「大東亜共栄圏」の形成と崩壊』(御茶の水書房、一九七五年)、窪田宏「満州支配と労働問題」(小島麗逸編『日本帝国主義と東アジア』アジア経済研究所、一九七九年)、浅田喬二・小林英夫編『日本帝国主義の満州支配』(時潮社、一九八六年)など。
(26) 田中は、前田と同じく「特殊労務者」の語を用いている。
(27) 『中国人強制連行』四五頁。
(28) 『鞍鋼史』は、特殊工人の中の輔導工人と矯正輔導院の輔導工人を、別のものとする(同書、三六六頁)が、前者は後者の一部というべきか。
(29) 『蒙疆年鑑』昭和一八年版(蒙疆新聞社)五六三頁。
(30) 伊藤一彦「何天義報告へのコメント」(『報告集 中国人強制連行国際シンポジウム大阪集会』六三頁)。
(31) 『97東京集会報告集』。
(32) 同前。
(33) 『在日朝鮮人の「世界」と「帝国」国家』(東京大学出版会、一九九七年)等。
(34) 花岡問題全国連絡会(準)『中国人強制連行・暗闇の記録』(一九九一年)六～一〇頁。
(35) 一九四一年末、興亜院駐北京連絡部の主導で各傀儡政権の労務部門の代表を北京に集めて「華北、満州、蒙彊、華中労務連絡会議」を開き、次年度の労工の徴集・分配計画を確定したが、以後毎年開催され、四四年に「東亜労務連絡会議」と改称された。田中宏「中国人の強制連行と国・企業――労働力『行政供出』のメカニズム」（『日本企業の戦争犯罪　3』一四〇、一四六頁）。

(36)　李揚・何天義「日偽華北労工協会的罪悪史」（『華北労工協会罪悪史』）一頁。

(37)　李揚・何天義「華北労工協会概況及其罪悪史」（『日軍侵華暴行（国際）学術研討会文集』一一三五頁）。

(38)　居之芬「二次大戦期間日本使用中国労工人数初考」（『抗日戦争研究』二〇〇〇年一期、一六八頁）。

(39)　呉天威「日本在侵華戦争期間迫害致死中国労工近千万」（同前二〇〇〇年一期）。

日本における七三一部隊の解明

松村高夫

一 はじめに

七三一部隊は関東軍防疫給水部の秘匿名であり、日中戦争勃発前後からハルビン郊外の平房に建設された細菌兵器の研究製造機関である。日本の憲兵と警察により組織的に同部隊に強制的に連行され（当時「特移扱」と称された）、人体実験の対象とされた中国人等の犠牲者は、一九四五年の日本敗戦までに少なくとも三〇〇〇人を数えた。彼らは名前を奪われて「マルタ」と呼ばれ、一本二本と数えられ、細菌戦のための研究に供され、全員実験台の露と消えた。七三一部隊は、牡丹江、林口、孫呉、ハイラルと大連衛生研究所の計五支部をもっていた。その他長春には一〇〇部隊（関東軍軍馬防疫廠）があった。防疫給水部はハルビン（平房）だけでなく、中国各地にもつくられた。一九四〇年までに北京（一八五五部隊）、南京（一六四四部隊）、広東（八六〇四部隊）が編成され、四二年にはシンガポールにも部隊（九四二〇部隊）ができ、それぞれの防疫給水部は十数支部をもっていた。中国には細菌戦のための組織が網の目のようにはりめぐされており、七三一部隊で製造した細菌兵器（ペスト菌等）が中国十数地域で一九四〇年から四二年に散布され、多数の被害者をだしたのである。

七三一部隊の歴史は隠蔽の歴史であった。一九四五年八月、同部隊が平房を撤退するときに証拠隠滅のため部隊の建物・器具は破壊され、石井四郎部隊長は解散時に部隊員たちに向かって、部隊の秘密を口外してはならないと厳命した。極東国際軍事裁判（東京裁判）では、七三一部隊と細菌戦は不問に付された。裁判は四六年五月三日に開廷し以後二年六カ月続いたが、細菌戦関係の事項は一度、四六年八月二九日に触れられただけであった。南京虐殺事件（一九三七年）に審議を集中するため、七三一部隊の件は継続審議となり、その後再審議されることはなかった。それは、背後で、石井四郎たち部隊幹部とアメリカとの間で戦犯免責の取引が進行していたからである。以下、隠蔽の歴史とそれを一つ一つ明らかにしていった解明の歴史を明らかにしたい。

二　アメリカによる七三一部隊調査と隠蔽

アメリカは一九四五年八月から四七年一一月まで四次にわたり、七三一部隊の調査をGHQのマッカーサーとウィロビーの全面的協力の下で行なった。(1) 調査は戦後ただちに開始され、四五年八月下旬フィリピンで化学戦部隊に配属されていたマリー・サンダースがマッカーサーの命令により、七三一部隊と細菌・毒ガス戦関連の調査を開始し、サンダース・レポート（四五年一一月一日付）をアメリカ国防総省宛に提出した。

一九四五年末に潜伏していた石井四郎が発見され、一時期七三一部隊長をつとめていた北野政次も帰国すると、アメリカの細菌戦研究所のキャンプ・デトリック（後のフォート・デトリック）から日本に派遣されたアーヴォ・T・トンプソンが、石井と北野を調べ、トンプソン・レポート（四六年五月三日付）を国防総省宛に提出した。しかし、この二つのレポートには、七三一部隊の機構や細菌爆弾の構造などは示されているが、尋問された部隊員達が口裏を合わせたため人体実験のことは記録されていない。

一方、ソ連は一九四六年秋に、拘束していた川島清（七三一部隊第四部細菌製造部部長）とその部下の細菌製造課課長柄沢十三夫の供述から七三一部隊で人体実験が大規模になされたことを知り、また安達の野外実験場での細菌散布の実験も知り、平房の現地調査でそれを確認してから、四七年一月初め（正式文書では一月七日）、アメリカに対し石井四郎部隊長、大田澄（同部隊第二部実戦研究部部長）、菊池斉（同部隊第一部細菌研究部部長）の部隊幹部三人を人体実験に関して尋問したいと要求した。だがアメリカはただちには応じず、あらためてキャンプ・デトリックの細菌専門家ノバート・H・フェルを日本に派遣して調査を継続した。

フェルは四七年四月一六日に日本に到着し、約二カ月間、部隊の人体実験について調査した。ソ連が要求した石井、大田、菊池の三名の他に、亀井貫一郎、増田知貞、金子順一、内藤良一、碇常重、若松有次郎らも尋問した。だが、その背後で、マッカーサーはアメリカ国防総省に対し、「日本の細菌戦情報を情報チャンネルのなかに留め、そのような資料を『戦犯』の証拠として使用しないように進言(2)」していた。石井四郎たちを戦犯免責することは四七年九月までには確定していたので、かれらは進んで七三一部隊の研究「成果」をアメリカに提供した。

アメリカ国務総省極東小委員会はマッカーサー宛に四七年九月八日付で、「後日アメリカを深刻な事態に追い込む原因となりかねない。石井とかれの関係者からの情報は戦犯の証拠としては使わないという言質を与えることは、そうした言質を与えることは得策ではない。しかし安全保障のために、貴下は石井ら関係者を戦犯訴追するべきではなく、言質を与えずに、従来通りの方法で全ての情報を一つ残らず入手する作業をつづけなければならない(3)」と命令している。こうして戦犯免責と七三一部隊の研究「成果」の入手という裏取引の結果、部隊の全ての資料がアメリカの入手するところとなり、七三一部隊と細菌戦に関する事実は隠蔽されたのである。

以上のような経過により、七三一部隊の人体実験が明確にアメリカに確認されるのは、第三次調査のフェル・レポート（四七年六月二〇日付）とそれを補充した第四次調査のヒル・レポート（四七年一二月一二日付）である(4)。当時はもちろんこれらの文書は「トップ・シークレット」（極秘）であった。フェル・レポートは英文で一一頁から成る報告書であるが、これは二ヵ月かかって細菌戦の中心的日本人研究者一九名に細菌・化学の人体実験報告書（英文六〇頁は未発見である）を書かせたその要約であり、フェル・レポートの「総論」に当る（「各論」は未発見）。細菌別には、炭疽、ペスト、腸チフス、パラチフス、赤痢、コレラについて詳述され、「特記なきときは、ここに示されたデータは、全て人体実験によるものである」と記されている。その他、細菌爆弾あるいは噴霧（エアゾール）による細菌散布、中国人に対する一二回の野外実験、風船爆弾、家畜に対する細菌・化学研究についても調査し記録している。

フェル・レポートを補充するために来日したヒルは、一九四七年一〇月二八日、日本に到着し、翌二九日から一一月二五日まで合計二二名の部隊関連医師等を尋問した。ヒル・レポートは、「総論」だけでなく、日本人研究者を尋問した六九頁から成る「各論」も発見されている。「各論」は、例えばペスト菌については石井四郎、石川太刀雄、高橋正彦、岡本耕造、炭疽菌については大田澄、馬鼻疽菌については石井四郎、石川太刀雄、発疹チフスについては笠原四郎、北野政次、石川太刀雄といったように細菌別に供述者が記され、実験内容が詳細に記録されている。

ヒル・レポート（総論）では、「金沢の病理標本は、ハルビンから石川太刀雄によって、一九四三年に持ってこられた。それは約五〇〇の人間の事例からの標本から成っている。そのうち四〇〇だけが研究に適した標本である」と指摘されている。(5) その内訳は、炭疽三六例（うち適切な標本三一例、以下（ ）内は適切な標本例を示す）、コレラ一三五例（五〇例）、馬鼻疽二一例（二〇例）、マスタードガス（イペリット）一六例（一六例）、腺ペスト一八〇例（四二例）、流行性ペスト六六例（六四例）、孫呉熱一〇一例（五二例）、破傷風三二例（一四例）、結核八二例（四一例）、腸チフス二六例（九例）等である。

このうち、マスタードガス一六例は、一九八四年八月に慶應大学大平洋戦争史研究会により公表された「きい弾射撃ニ因ル皮膚障害並一般臨床的症状観察」に記録されている中国人被験者である。(6) その実験報告書の表紙には、加茂部隊（七三一部隊のこと）と印刷されている横に毛筆で、池田少佐担当と書かれている。これは、一九四〇年九月七日から一〇日かけて実施された致死性イペリットガス弾を人間に向けて発射した実験や、イペリットやルイサイトの水溶液を人間に飲ませた実験等五種類、計三〇例の実験結果をまとめたものである。野外の三地域に配置された一六名のうち、一五名の「被験者ノ症状及其後ノ経過」が二〇頁にわたって詳述されている。その記録では、死亡したとの明記はないが、ヒル・レポートにより、全員が死亡し、解剖されて標本として日本に戻ってきたのち、アメリカに送られたことが明らかになった。また破傷風三二例の内「適切な標本」一四例は、同じく八四年八月に公表された「破傷風毒素並芽胞接種時ニ於ケル『筋クロナキシー』ニ就イテ」に記録されている被験者一四名である可能性が極めて大きい(7)。

さらに、ヒル・レポートにある「流行性ペスト」六六例（うち六四例）とあるのは、一九四〇年の新京・農安のペスト流行にさいして、死亡した患者から採取され、七三一部隊の平房に持ち帰って作成された標本である。このなかで、一九九一年にNHK取材班により発見されたアメリカ・ユタ州ダグウェイ実験場所蔵のダグウエイ文書の「Q報告」(8)（ペスト菌報告）に記されているイニシャルの氏名のうち、新京の分は、解学詩が指摘するように、満鉄新京工事事務所『ペスト防疫報告書一九四〇年』の中の新京ペスト患者のフルネイムと一致している(9)。

さらに昨年公表された『高橋正彦ペスト菌論文集』(10)のなかの新京・農安に関する論文により、農安の患者のフルネイムも判明し、これが「Q報告」のイニシャル（農安分）と一致することが明らかになった。即ち、七三一部隊により、平房に持ち帰られ、標本化されたもの全てが、ヒル・レポートが指摘するように、一度一九四三年に金沢に持ち帰られ、戦後四七年六月にアメリカに送られ、最終的にダグウェイ実験場の資料館に収まったことが判明したのである。

日本の「寺や日本南部の山中に秘匿されていた」標本は、船積みされ、フェル・レポートが書かれたときまでにはアメリカに到着し（六月二四日付フェルから参謀副長宛文書）、その標本作成に当たった日本人の病理学者を呼んで、「現在その標本の復元、標本の顕微鏡撮影、そして各標本の内容、実験上の説明、個別の病歴を示す、英文の完全なレポートを準備している」(11)とヒル・レポートでは指摘されている。この「英文の完全なレポート」こそ、ダグウェイ文書にほかならない。注目すべきは、四四年に開設された細菌戦研究実験場ダグウェイが、Q報告の他にA報告（炭疽菌報告）、G報告（馬鼻疽菌報告）を作成している点であり、日本より持ちこんだ史料・標本のうち実戦に使用して効果のあがるとみられるペスト、炭疽、馬鼻疽の三種類を選んで、それぞれ数百頁におよぶ報告書を作成したことである。

その点についてフェル・レポートは、入手した七三一部隊の「人体実験のデータは、我々がそれを我々や連合軍国の動物実験のデータと関連させるならば、非常に価値があることがわかるだろう。病理学的研究と人間の病気についての他の情報は、炭疽、ペスト、馬鼻疽の真に効果的なワクチンを開発させるという試みにたいへん役立つかもしれない(12)」と記している。また、ヒル・レポートは、調査で収集された証拠が「日本の科学者が数百万ドルと長い歳月をかけて得たデータである。……かような情報は我々自身の研究所では得ることができなかった。なぜなら、人間に対する実験には疑念があるからである。これらのデータは今日まで総額二五万円で獲得されたのであり、研究にかかった実際の費用に比べればほんのはした金である(13)」と書いている。七三一部隊の幹部達が極東国際軍事裁判で不問に付されたのは以上のような背景からであり、これが戦後七三一部隊の事実が長年にわたり隠される根本的原因となった。

アメリカの四次にわたる報告書や戦犯免責を文書ではなく口頭で石井らに伝えるよう指示したアメリカ国防省の秘密電報が表にでたのは、かなり偶然的な事情による。アメリカが国益のために七三一部隊幹部の戦犯免責と引き換えに、人体実験の「成果」を巧妙に獲得した裏取り引きの過程を世界で最初に解明し公表したのは、在米ジャーナリストのジョン・パウエルであった(14)。パウエルは一九五二年中国からアメリカに帰国するやマッカーシズムのもとで国家反逆罪に問われたが、「パウエル裁判」の無罪が確定したのち、彼自身の関係する裁判資料の入手をアメリカの当局に求め裁判に訴え、それに勝訴したのちもなお当局は資料を提出せず、代わりのものとしてパウエルに提示したのが前述したアメリカと七三一部隊幹部との間の裏取り引きを示す資料だった。さらにパウエルは、ヒル・レポートにもとづき、七三一部隊で人体実験が行われていたことも含めて論文「歴史における隠された一章」を書き、『ブレティン・オヴ・ディ・アトミック・サイエンティスツ』に発表した（一九八一年）。ここに至ってようやく隠蔽された七三一部隊の歴史の一端が表にでてきたのである。

三　ソ連による七三一部隊裁判

アメリカに要請したような石井たちの証言は得られなかったソ連は、一九四九年一二月にハバロフスク軍事裁判を開き、細菌兵器の準備と使用に関わった日本人一二名を裁いた。翌五〇年には七〇〇頁を越える日本語版『ハバロフスク公判書類』も出版されたが、これに対しアメリカ対日理事会が、この裁判を日本人ソ連拘留問題から目を逸らせるためのソ連によるフレーム・アップであるとの声明を出したこともあり、当時日本では余り影響力を持たなかった。だが、この『公判書類』は、七三一部隊の人体実験を含む細菌・化学戦研究の実態を明るみにだしたという点で、依然として重要な史料である。(15)

被告一二名が起訴され、起訴状朗読のあと、被告尋問が川島から始まり、つづいて証人尋問に入り一二名が証言した。古都良雄が中国における細菌散布や人体実験（凍傷実験）について、堀田主計中尉（ハイラル支部）が安達での人体実験について、佐々木幸助が柄沢班の細菌製造について、橘武夫（チャムス憲兵隊長）が「特移扱」について、倉員悟（ハルビン憲兵隊）が「特移扱」と人体実験について証言した。長春の一〇〇部隊（関東軍軍馬防疫廠）に関しては、桑原が敗戦時に馬鼻疽感染馬を放ち流行病を広げたことについて、畑木章が人体実験について証言した。ソ連の鑑定書はジューコフ・ヴェレジュニコフ主任鑑定人他五名が共同して作成した。

判決の結果は、山田、梶塚、高橋、川島が矯正労働収容所収監（禁固刑）二五年、柄沢、佐藤が同じく二〇年、以下二年まで各被告ごとに異なる刑が課された。一二名全員がシベリア鉄道でモスクワ北東二〇〇キロのイワノボ収容所に送られ、そこに着いたのは五〇年三月だった。(16)死去した二名（高橋と柄沢）を除いて、五六年一二月までには全員帰国している。九一年のソ連の崩壊以後、KGB所蔵だったハバロフスク裁判の第一次史料の入手が可能性となり、一部はすでに研究に使用されたが、それによりかつて『公判書類』はソ連が作成したが故に信憑性がないとした一部論者の見解が誤りであることがいっそう明白になった(17)。

四　日本における七三一部隊研究

一九七〇年代には、『ハバロフスク公判書類』にもとづいて高杉晋吾『日本医療の原罪』(一九七三年)や山田清三郎『細菌戦軍事裁判』(一九七四年)や島村喬『三千人の人体実験』(一九七六年)が出版された。山田の著書は、記録小説と銘うっているが、内容はソ連拘留日本人の雑誌『日本新聞』の編集にたずさわった経験をふまえて書かれており、史料的にも有益である。

一方、テレビのドキュメンタリー制作で七三一部隊を追跡していた吉永春子は、旧部隊員やアメリカの関係者をインタヴューし、優れたフィルムを一九七六年一一月二日と八二年六月二九日にTBSで放映した。『ワシントン・ポスト』(七六年一一月一七日)は、七六年のドキュメンタリーについて、吉永が日本中を取材し、二〇名の旧部隊員と接触し、その中で、協力的な江口豊潔、高橋正彦など四名の証言が、『ハバロフスク公判書類』と完全に一致したと報じた。吉永自身は「石井細菌戦部隊の戦後三〇年」(『諸君』一九七六年九月号)や「『石井細菌戦部隊』被験者の証言」(『諸君』一九八一年九月号)、特に最近出版された『七三一』(二〇〇一年)のなかで、多数の旧部隊員の取材過程とインタヴューの内容を明らかにし、個々の部隊員の人間像を生き生きと描きだし、七三一部隊の全体像を示している。

七三一部隊の実態を一挙に明るみにだしたのは、森村誠一『悪魔の飽食』であった。『悪魔の飽食』は、一九八一年から毎年一冊ずつ刊行され、最終的には三部作となったものである。まず、一九八一年に『悪魔の飽食』が七三一部隊の旧部隊員三〇名以上の聞き取り、『ハバロフスク公判書類』、北野政次等の医学学術論文等の既刊文献にもとづいて書かれ、つづいて八二年に『続・悪魔の飽食』が主としてアメリカ側資料トムプソン・レポート等の発掘にもとづいて書かれ、さらに八三年に『悪魔の飽食・第三部』が主として中国（ハルビン、平房、長春）での現地調査にもとづいて書かれた。取材は日本からアメリカへ、さらに中国へと国際的な広がりを持っていき、それに伴い七三一部隊が異なった角度から解明され、それらが整合性を持ち相互に論証関係にあることを明確にしていった。七三一部隊における「残酷オンパレード」（森村）は、外国人書評者により「生体を医学の進歩のため解剖するこれらの実験は、極めてグロテスクなので、それに比較するとアウシュビッツのガス室も人間的にさえみえる」[18]と書かれた。

常石敬一『消えた細菌戦部隊』（一九八一年）も、七三一部隊の全貌を把えた著書であった。本書は『ハバロフスク公判書類』、『大東亜戦争陸軍衛生史』（陸上自衛隊衛生学校、一九六八～一九七一年）、『軍医団雑誌』等を資料として、七三一部隊の成立前史、部隊の編成、生体実験の実施、特移扱の実態について明らかにしたが、特に、石井四郎、北野政次に焦点を合わせ、かれらの個人史も視野に入れ、七三一部隊との関わりとかれらの果たした役割を解明した。また、部隊における流行性出血熱や凍傷の研究を追跡し、さらにペスト感染ノミの散布実験や榴散弾爆弾による炭疽菌の散布実験、細菌培養とその大量生産についても分析している。

一九八一年に森村、常石と並んで、ジョン・パウエルの「歴史における隠された一章」がアメリカで発表されたことは前述したとおりである。その後、旧七三一部隊員の聞き取りは郡司陽子によっても行われ、一九八二年までに同氏編『真相　石井細菌部隊』（一九八二年）、および同『証言七三一石井部隊』（一九八二年）として刊行された。

旧部隊員の体験記録の公刊は、少年隊員として入隊した秋山浩（変名）による『特殊部隊七三一』（一九六五年）が早い時期に刊行されたが、一九八〇年代に入って秋元寿恵夫『医の倫理を問う』（一九八三年）や越定男『日の丸は紅い泪に』（一九八三年）が刊行された。越は、一九四五年八月ソ連参戦後、七三一部隊で証拠隠滅のため全員殺された中国人の骨や灰をカマスにつめ、松花江に運んだ体験を描いている。

また、一九八四年には、常石敬一『標的・イシイ』が刊行され、アメリカによる七三一部隊や一六四四部隊（南京）の実態調査の内容が翻訳され、七三一部隊のいっそう詳細な実像が明らかになった。

五　家永教科書裁判における七三一部隊

一九八四年には家永教科書第三次訴訟がおこされた。この訴訟は、家永三郎が高等学校用日本史教科書『新日本史』に日中戦争の記述の脚注として、「ハルビン郊外に七三一部隊と称する細菌戦部隊を設け、数千人の中国人を主とする外国人を捕えて生体実験を加えて殺すような残虐な作業をソ連の開戦にいたるまで数年にわたってつづけた」（教科書の二七七頁）と書いた（一九八三年九月四日）のに対して、文部省検定当局が「教科書に取り上げることは時機尚早である」として、全面削除を命ずる修正意見を出した（八三年一二月二七日）ことに端を発する。

東京地裁では、一九八七年に家永側から歴史学者江口圭一と『悪魔の飽食』の作者森村誠一が証言し、国側からは歴史学者秦郁彦が証言した。八九年の第一審加藤判決は、国側を勝訴、家永側を敗訴としたが、意見書、双方の証言、判決の批判的検討は、森村誠一編『裁かれた七三一部隊』（一九九〇年）に収録されている。

控訴審では、家永側から松村高夫が、国側から再び秦郁彦が証言した。九三年一〇月二〇日、東京高裁の第二審川上判決は、七三一部隊に関しては、「本件検定処分当時における七三一部隊に関する研究は、早くからその存在に言及した出版物等はあったものの、飛躍的にその事実の解明が深化したのは、本件検定の二年前である」一九八一年に発行された常石敬一『消えた細菌戦部隊』および森村誠一『悪魔の飽食』であり、「しかも右『悪魔の飽食』はそれが元とした史料を学術書のような形式では明らかにしておらず、他の研究者がその記述内容の真実性を検証するには困難があったといわざるを得ない」との理由だけで家永側敗訴とした。東京高裁に提出された「意見書」（松村のみで秦は提出しなかった）、双方の証人尋問、判決の批判的検討は、松村高夫編『論争　七三一部隊』（一九九四年）に収録され公刊されたが、そのなかで松村は、第二審判決を批判して、「なぜ、検定の二年前にすでに『飛躍的にその事実の解明が深化した』のに、全面削除を命じたことが正当といえるのだろうか、まったく不可解である。制度違憲、適用違憲は依然として重要な点であるが、最低限裁量権濫用に関して整合性のある判決は、『飛躍的にその事実の解明が深化したのは、本件検定の二年前である』から、『内容の選択において時機尚早であるとして修正意見を付した判断過程に、看過し難い過誤があったと認めざるを得ない』とする以外にはなかったはずなのである」[19]と指摘した。

その後、最高裁第三法廷は九七年八月二九日、文部省が七三一部隊に関する家永記述を「全面削除する必要がある旨の修正意見を付したことには、その判断の過程に、検定当時の学説状況の認識及び旧検定基準に違反するとの評価に看過し難い過誤があり、裁量権の範囲を逸脱した違法がある」（多数意見要旨）として第二審判決を覆し、七三一部隊に関しては家永側勝訴の判決を出した。最高裁「判決は、中国人らに生体実験などをしたとされる日本軍の『七三一部隊』の記述を削るよう求めた文部省の検定を、新たに違法と認めた」（『朝日新聞』一九九七年八月三〇日社説）のである。こうして三〇数年におよぶ家永教科書訴訟は終わった。

六　一九九〇年代の市民運動と新発見

一九九〇年代に入ると市民運動が大きな進展をみせた。八九年七月に東京都新宿区戸山の国立予防衛生研究所の建設現場から出てきた多数の人骨（約一〇〇体）は、その場所が陸軍軍医学校の跡地であり、そこに防疫研究室（室長石井四郎）があったことから、七三一部隊との関連が考えられ、究明するための市民団体が結成された。その市民運動の中から「七三一部隊移動展」が九三年七月から始まり、一年半の間に全国六四カ所で開催され、参観者は二二万人を数えた。さらにその延長線上に九五年夏、ハルビンで「七三一部隊国際シンポジウム」が開催され、日本と中国からそれぞれ約一〇〇人が参加し討議を重ねたが、その記録は『日本軍の細菌戦・毒ガス戦』（一九九六年）として刊行された。

「七三一部隊移動展」のなかで過去の事実を語りはじめる旧部隊員などが現れ、七三一部隊関係者の証言集『細菌戦部隊』（一九九六年）も刊行された。この本は、細菌散布に関する証言だけみても、ノモンハン事件の田村良雄証言、新京・農安ペストについての田村、鎌田信雄証言、七三一部隊田中英雄班のノミ培養についての小笠原明証言、北京一八五五部隊のノミ培養についての伊藤影明証言、南京一六四四部隊の人体実験についての松本博証言、広東八六〇四隊の香港難民大量虐殺についての丸山茂証言、シンガポール九四二〇部隊についての大快良明証言、というように、現在収集可能な証言を網羅的に収録している。

一九九〇年代にはジャーナリズムも次々に七三一部隊のドキュメントを制作したが、とくにＮＨＫが一九九二年四月に二日間放映した『七三一細菌戦部隊』では、前述したソ連のＫＧＢ解体によって明るみに出たハバロフスク裁判の一次史料やアメリカのダグウェイ文書をもとに、戦後の七三一部隊幹部の犯罪免責過程がうき彫りにされた。九五年八月二日には近藤昭二制作『細菌戦部隊七三一は生きている』が日本テレビで放映されたが、それまでの映像を総括するような作品であった。

その間に七三一部隊に関する著作も次々と刊行された。まず資料集としては、田中明・松村高夫編『七三一部隊作成資料』（一九九一年）が、前述のイペリットガスと破傷風菌の人体実験の資料等を収録して復刻された。そこに収録された吉村寿人による一九四一年一〇月の講演「凍傷ニ就テ」は、凍傷実験を行なったことを明瞭に示すものであり、人体実験を示す数少ない文献的資料の一つである。朝鮮戦争時に中国側が行なった七三一部隊関係の調査資料（遼寧省档案館所蔵）は邦訳され、小林英夫・児島俊郎編、林道夫訳『七三一細菌戦部隊・中国新資料』（一九九五年）と題して刊行された。

木下健蔵『消された秘密戦研究所』（一九九四年）は七三一部隊も含めた陸軍登戸研究所に関する包括的な本であり、『七三一部隊〈アジアの声第八集〉』（一九九四年）は、九三年の「心に刻む会」の大会報告集である。常石敬一『医学者たちの組織犯罪』（一九九四年）は、日本の医者が直接平房に行っただけでなく、防疫研究室の嘱託医として、より多くの医者が平房の実験に間接的に関わっていたことを明らかにした。

さらに、日本軍の細菌作戦の策定と実施を明示する史料の発見が、それに続いた。吉見義明らによる一九九三年の防衛庁防衛研究所図書館所蔵の井本熊男業務日誌の発見であり、吉見義明・伊香俊哉『七三一部隊と天皇・陸軍中央』（一九九五年）として刊行された。井本日誌によると、一九四〇年の「目標　作戦浙贛沿線都市」とする細菌作戦は、同年六月五日に策定され、実施は七月中、実施部隊は支那派遣軍総司令部直轄、責任者は石井四郎とされ、ペストノミの雨下攻撃とすることが決められたことが分かる。その後、井本が七月二三日に杭州を視察し、細菌戦出撃拠点として杭州市の旧中央航空学校を使用することを決定したこと、七月二五日に七三一部隊に対し人員、武器、機械の輸送が命じられ、当作戦のため臨時編成された奈良部隊がハルビンから南京に着くまでの経過、到着後部隊員が南京一六四四部隊員たちと接触したこと、九月一〇日付で大田澄と増田美保（七三一部隊航空班）から井本宛に「寧波ト衢県ハ目標トシテ適当ナルガ如シ。（金華ハ？）」と報告したこと、九月一八日には井本と奈良部隊との間で寧波、金華、玉山を細菌攻撃することが確認されたこと、等々が明記されている。

一九四一年一一月の湖南省常徳への細菌攻撃も井本日誌では詳細に記されており、四一年九月一六日に大本営陸軍部指示により常徳に対する攻撃が発令されたこと、一一月四日、日本軍機は朝六時五〇分に常徳上空に到着したこと、飛行機には「アワ［ペスト感染ノミのこと］三六kg」を準備したこと、霧が深く高度を一〇〇〇メートル以下に落として散布したことなどが記録され、また、一九四二年五月から九月末にかけて実施された浙贛作戦においては、地上にさまざまな細菌を散布したことを記録している。このような日本軍側の細菌作戦計画と実施を示す井本日誌の発見は、日本による細菌の散布と疫病流行の因果関係を完全に証明することになったという意味で、研究史上大きな意義をもつものである。

また、『高校生が追う――ネズミ村と七三一部隊』（一九九六年）は、埼玉県立庄和高校地理歴史研究部が遠藤光司の指導の下で行なった研究成果であり、地元の春日部地方の農家で飼育されたネズミが七三一部隊に送られた（朝鮮戦争時にも米軍から需要によりネズミを育成した）ことを追跡した記録である。

森正孝らは浙江・江西省の細菌被害調査を一九九一年より続け、森正孝・糟川良谷編『中国側史料――中国侵略と七三一部隊の細菌戦』（一九九五年）を刊行した。四〇〇名近いペスト死者を出した義烏市郊外崇山村の人々は、九四年一〇月八日付で在中国日本大使館に訴状を出し、細菌戦に対する日本政府の謝罪と補償を求めた。森らは、九四年に遺族から日本政府に対し謝罪と補償を求める訴状を託されたのを契機に、細菌戦の実態を究明する組織作りをすすめた。その結果、九六年六月に「日本軍による細菌戦の歴史事実を明らかにする会」が結成され、浙江省の諸地域だけでなく常徳も含めた細菌戦被害調査が精力的にすすめられた。「明らかにする会」編著『細菌戦が中国人民にもたらしたもの――一九四〇年の寧波――』（一九九八年）は、寧波への細菌攻撃と被害に関する豊富な史料を提供している。

戦後アメリカによる七三一部隊幹部の戦犯免責については、太田昌克『七三一免責の系譜』（一九九九年）が詳しく解明し、さらに最近の青木富貴子の論稿（『新潮45』二〇〇一年八月、九月、一〇月号）が、極東軍事裁判を中心として七三一部隊の戦犯行為が隠蔽される過程を詳細に明らかにしている。

英語圏の著書では、七三一部隊と細菌戦に関する総合的な著作として、まずPeter Williams and David Wallace, *Unit 731*（一九八九年）が最も早い（米国版では朝鮮戦争のさいの米軍による朝鮮、中国への細菌散布の章は削除されている）が、それにつづいて、Sheldon H. Harris, *Factories of Death*（一九九四年）が刊行され、ハリスの著書は邦訳され、近藤昭二訳『死の工場――隠蔽された七三一部隊』（一九九九年）として刊行されている。さらに、Hal Gold, *Unit 731 - Testimony*,（一九九六年）も刊行された。

一方、慶應大学大平洋戦争史研究会は、一九八九年に中国が公刊した『細菌戦与毒気戦』の細菌戦の部分を邦訳し三分冊とし刊行したのち、[20] 九二年から中国人研究者とともに「一五年戦争期の中国における疫病の社会史研究」を開始した。その日中共同研究の成果は、七三一部隊に関しては、関成和著、松村高夫・江田いづみ・江田憲治編訳『七三一部隊がやってきた村――平房の社会史』（二〇〇〇年）として、また細菌戦に関しては、松村高夫・解学詩・郭洪茂・李力・江田いづみ・江田憲治『戦争と疫病――七三一部隊のもたらしたもの』（一九九七年）、中国版は『戦争与悪疫――七三一部隊罪行考』（一九九八年）として刊行された。前者は平房という一寒村の視点から七三一部隊の進駐する以前と進駐の期間と撤退以後の変化（と変化しないもの）を、政治・経済・社会・文化の視点から社会史的に描いた本である。後者『戦争と疫病』は、中国各地の檔案館から現在可能な限りの細菌戦関連史料を蒐集し、さらに一国だけでなく英、米、日本など関連諸国の史料も使用しながら、七三一部隊と一〇〇部隊、新京ペスト謀略（一九四〇年）、浙江・江西細菌作戦（一九四〇～四四年）、湖南常徳細菌作戦（一九四一年）、国民政府の防疫戦（一九三八～四五年）、東北ペスト大流行（一九四六～四八年）を分析した細菌戦の総合的研究である。日本軍による細菌散布という歴史的事実と疫病の流行との因果関係を重層的複合的に解明している。

七　二つの進行する裁判

上記二冊の著作では、七三一部隊は平房で少なくとも三〇〇〇人の中国人などを人体実験しただけでなく、製造したペスト菌を実際に中国十数地域に散布し、多数の被害者を生み出した事実が明らかにされており、中国人は日本軍によりいわば二重に死を強制されたことになる。

この二重の死に対して、現在二つの裁判が進行中である。一つは、平房の七三一部隊における人体実験の犠牲者の遺族による訴訟であり、一九九五年八月に七三一部隊の犠牲者朱之盈の妻・敬蘭芝や王輝軒と王学年の遺族たちが起こしたものである。他の一つは細菌散布による被害者および遺族一八〇人によるものであり、両訴訟とも日本政府に対し謝罪と補償を求めている。

前者は一九九九年九月二二日東京地裁で判決がなされ、法律論で原告敗訴となったものの、事実認定では「七三一部隊の存在と人体実験について疑う余地がないと認める」としている。即ち、判決のなかで事実関係を次のように述べている。「一九三八年（昭和一三年）、満州国ハルビンの平房（地名）に我が国の七三一部隊のため数十棟の建物を備えた研究所と付近の飛行場が建設された。石井四郎の細菌戦部隊は、すでに一九三四年（昭和九年）頃からその付近の五常（地名）に研究所を設置していたが、これを拡大するため平房を建設したもので、細菌武器の大量生産、実戦での使用を目的とし、そのため『丸太』と称する捕虜に対する人体実験もした。一九四五年八月の敗戦の間際に証拠隠滅のため、右施設は極度的に爆破された。戦後の極東軍事裁判ではその実態が追及され、日本軍人の責任が問われた。右七三一部隊の存在と人体実験等がされていたことについては、否定の余地がないところと認められる」（判決文の二九頁）。現在、同訴訟は東京高裁で審議中である。

後者の細菌戦被害者が提訴した裁判は、現在東京地裁で審議中であり、これまでの原告側の裁判所に提出した鑑定書や供述書は、「裁かれる細菌戦　資料集シリーズ」として以下の六冊が刊行されている。№・1　高橋哲郎（特別寄稿）、篠塚良雄（戦犯供述書）、№・2　篠塚良雄（陳述書）、松本正一（陳述書）、篠塚良雄（自己罪行）、上田信「ペストと村――日本軍による中国の細菌戦被害」（鑑定書、以下№・6まで同様）、№・3　吉見義明「日本側の文書・記録にみる七三一部隊と細菌戦」、中村明子「中国で発生したペスト流行と日本軍による細菌戦との因果関係」、№・4　聶莉莉「湖南省常徳における日本軍の細菌戦による被害状況」、№・5　邱明軒「浙江省における細菌戦被害の疫学的検証」、黄可泰「寧波の細菌戦被害」、辛培林「黒龍江省における七三一部隊の犯罪行為」、№・6　松村高夫「日・米・中・ソの資料による七三一部隊と細菌戦の解明」、近藤昭二「日本の国家意思による細菌戦の隠蔽」。この訴訟は二〇〇一年一二月に結審したが、第一審判決が二〇〇二年春にだされることになっている。

八　おわりに

以上、七三一部隊と細菌戦に関する研究史を辿ってきたが、それは日本敗戦前後から七三一部隊に関連する事実を隠蔽してきた権力側と、それを明らかにすべきだとする歴史的事実を求める側との激しく厳しい対立の過程であったことがわかるだろう。その過程は、七三一部隊における人体実験をはじめとする細菌兵器研究開発の実態、および、日本軍による細菌散布と疫病の流行との間の因果関係が、史料としては一国だけの史料ではなくアメリカ、ソ連、中国、日本などの史料に依拠しながら、徐々にしかし確実に、解明されてきた過程である。そして、この七三一部隊に関連する諸問題は、権力側が一貫して隠蔽しようとしてきたので、家永教科書訴訟や中国人による現在進行中の二つの訴訟と関わることを不可避とした。事実、裁判の進行する過程で、調査や研究がすすみ、多くの歴史的事実が明らかになってきた。本章が裁判についても触れたゆえんである。

（1）戦後四回にわたりアメリカによってなされた七三一部隊関連調査については、松村高夫・金平茂紀「ヒル・レポート――七三一部隊の人体実験に関するアメリカ側調査報告（上）」（慶応義塾経済学会『三田学会雑誌』八四巻二号、一九九一年）、また、森村誠一『改訂新版　続・悪魔の飽食』（角川文庫、一九九一年）の松村高夫「解説」を参照されたい。

（2）J・パウエル論文「歴史における隠された一章」（註14を参照されたい）に紹介された、一九四七年七月一日付のE・ウェッターとH・I・スタブルフィールドの「ソ連検察官による何人かの日本人に対する尋問」による（松村高夫編『論争　七三一部隊』晩聲社、一九九四年、四六頁）。

（3）この秘密電報は、パウエルが最初に発見した（後述）が、森村誠一も引用している（『新版続・悪魔の飽食』角川文庫、一九八三年、一一四頁）。

（4）フェル・レポートは、Brief Summary of New Information about Japanese B. W. Activities, from Norbert H. Fell, Chief, PP. E Division, Camp Detrick, to Chief Chemical Corps, through Technical Director, Camp Detrick; Commanding Officer Camp Detrick, E/ar/3, June 20, 1947. 11pp. 日本語訳は前掲『論争　七三一部隊』に「資料2」として収録されている。

ヒル・レポートは、Summary Report on B. W. Investigations, from Edwin V. Hill, M. D. Chief, Basic Sciences, Camp Detrick, to General Alden C. Waitt, Chief Chemical Corps, Pentagon, December 12, 1947. 日本語訳（総論）は、前掲『論争　七三一部隊』に「資料1」として収録されている。

（5）ヒル・レポート、前掲訳、二七八頁。

（6）きい弾とは、イペリットガスのこと。当資料は『毎日新聞』一九八四年八月一五日に公表、慶應大学図書館所蔵。田中明・松村高夫編『七三一部隊作成資料』（不二出版、一九九一年）に収録されている。

（7）診療部永田太郎中佐・池田苗夫少佐・荒木三郎「破傷風毒素並葉胞接種時ニ於ケル筋『クロナキシー』ニ就イテ」（慶應大学図書館所蔵）は、前掲『七三一部隊作成資料』に収録されている。これは、一四名を対象に、破傷風菌を皮下注射し、経過を観察した実験報告で、全員死亡したと印されている。

（8）The Report of Q（流行性ペスト）の他には、現在ダグウェイでは炭疽と馬鼻疽の三種類しか公表されていない。これは、多数の顕微鏡写真を載せた一人一人の解剖報告である。

（9）松村高夫・解学詩・郭洪茂・李力・江田憲治・江田いづみ『戦争と疫病』（本の友社、一九九七年）の第三章「新京ペスト謀略――一九四〇年」（解学詩執筆）。

（10）『高橋正彦ペスト菌論文集』（慶應大学医学部図書館所蔵、未公開）は、『朝日新聞』二〇〇〇年九月九日夕刊に公表された。

（11）フェル・レポート、前掲訳、二八六頁。

（12）フェル・レポート、前掲訳、二九八〜二九九頁。

（13）ヒル・レポート、前掲訳、二八一頁。

（14）John W. Powell Jr., A Hidden Chapter in History, *Bulletin of the Atomic Scientists*, October 1981.

（15）『細菌戦用兵器ノ準備及ビ使用ノ廉デ起訴サレタ元日本軍軍人ノ事件ニ関スル公判書類』モスクワ　外国語図書出版所、一九五〇年（『ハバロフスク公判書類』と略す）。

（16）三友一男『細菌戦の罪――イワノボ将官収容所虜囚記』泰流社、一九八七年。

（17）秦郁彦は、東京地裁の証言で、『ハバロフスク公判書類』について「この出版物はどこでどういうふうに作られたものであるかということに疑問をかんじております」「これをもって学術的に利用することができない」と述べていた（森村誠一編『裁かれた七三一部隊』晩聲社、一九九〇年、一五頁）。

（18）Robert Whymant, The Butchers of Harbin-Experimentation on POWs-Japan World War, in *Connecticut Medicine*, March 1983, vol. 47, no. 3, p. 163.

（19）前掲松村『論争　七三一部隊』、一九頁。

（20）邦訳の三分冊のうち、七三一部隊と細菌戦に関するものは以下の二冊である。江田憲治他編訳『人体実験――七三一部隊とその周辺』（同文舘、一九九一年）、田中明他編訳『細菌作戦――ＢＣ兵器の原点』（同文舘、一九九二年）。

中国における七三一部隊認識

江田いづみ

はじめに

本書松村論文では日本における七三一部隊研究史が概観されたが、ではその七三一部隊によって「人体実験の犠牲となり、それにより開発された細菌の散布によって再び犠牲になるという、いわば二重の犠牲を強いられた(1)」中国人は、旧日本軍の細菌戦部隊とその活動がもたらした被害をどのように認識し、告発してきたのだろうか。

一方で、七三一部隊は当時秘密部隊として存在し、その内実は外部から伺い知ることができなかったが、活動の拠点となったハルビン郊外の平房にあって部隊は植民地支配者として君臨し、人々は土地の囲い込みのため村を追われ、強制労働に従事させられた。すなわち「二重の犠牲」を生み出す過程で、協力を強いられたのもまた中国人なのである。当然、彼らの七三一部隊像は従来の研究が看過してきた内容を含んでいるはずである。こうした点もふまえつつ、本稿では研究史の幅を若干広げ、中国における七三一部隊認識の変遷を辿ってみたい。

ハルビン東南の背陰河に設けられていた、被拘禁者の血液や便、体の組織を執拗に観察する、奇妙な日本の施設の存在を中国で最初に報告したのは、一九三六年一月の劉海濤（抗日連軍第三軍第一師団長）による「満州の情況に関する報告(2)」である。同報告は三四年九月にその施設から逃亡した一六人が抗日部隊に入って報告した内容を含み、コミンテルンの中共代表部に提出されたものである。この施設が人体実験の材料を求めて中国東北に設けられた「石井部隊(3)」であることは言うまでもないが、部隊がまもなく背陰河から平房に移転して秘密基地を築いたのは、このときの逃亡が契機となったという説もある。

劉海濤報告が中国共産党や国民政府の細菌戦認識にどのような影響を与えたか、今日断定的に述べることはできないが、三七年以降、日本軍の細菌攻撃への告発が中国の新聞・雑誌や公的な文書に散見されるようになることは確かである。(4) 共産党は朱徳八路軍総指揮名義で警戒を呼びかけ、国民政府の側でも重慶に向け細菌戦に関する多数の報告が行なわれた。(5) これらが何を根拠にしたのか、また報告された被害が実態を伴うものであるか、疑問として残しておくしかない。だがこうした警告が防疫関係者の注意を喚起したことは疑いなく、実際に四〇年一〇月から一二月に浙江省でペストによる被害が発生したとき、日本軍の空爆に要因を求めるのに時間はかからなかった（容啓栄〔衛生署防疫処処長〕「浙江鼠疫報告書」一九四一年）。(6)

翌一九四一年一一月の湖南省常徳への細菌攻撃に関しては、陳文貴（軍政部戦時衛生要員訓練総所検査学班主任）やポリッツァー（衛生署外国籍専門官）といった専門家が現場に赴いて病理検査、細菌培養、動物実験を含む、より詳細な報告書が作成された（「陳文貴報告」一九四一年一二月一二日、「ポリッツァー報告」同一二月三〇日、容啓栄「湖南西部鼠疫防治経過報告書」）。(7) また当時、常徳広徳病院検査室主任であった汪正宇は、翌四二年、日本軍機からの投下物の検査や発症者の診断過程を詳細に書き残している。(8) 特筆すべきは、常徳のペストに関して作成された陳文貴報告、ポリッツァー報告そして汪正宇の記録を、現代の日本人細菌学者が詳細に検証し、それぞれに客観的姿勢が貫かれていると高く評価していることである。(9)

そして中国側が日本軍の細菌戦実施を確信して世界に向けて最初に発信したのは、陳文貴報告やポリッツァー報告をふまえて執筆された、一九四二年三月三〇日の金宝善（衛生署署長）報告であった。(10) 国民政府外交部は金報告を四月六日イギリスに、同一一日にはアメリカ宛に正式に送付したものの、両国はこれを懐疑的にしか受けとめず、日本による細菌攻撃はこの時点では国際的には認められなかった。(11) だが金宝善報告以降も日本軍の細菌攻撃は続行され、四二年から四四年にかけて、浙贛作戦や華北での掃討作戦時に細菌が散布されたとの告発が相次いだ。(12)

一九四五年八月九日、ソ連軍がソ満国境を南下し参戦すると、七三一部隊はただちに撤退を開始した。部隊施設内に人体実験の材料として収容されていた「マルタ」は全員が毒ガスによって殺害され、細菌研究・製造施設や監獄は爆破・砲撃されるなど、徹底した証拠隠滅が図られたのである[13]。

敗戦前日の八月一四日には七三一部隊は平房からすっかり姿を消していた。そして部隊の跡地はそれまで秘密保持のため厳重な立ち入り禁止措置がとられていた地域であっただけに、現地住民の好奇心を刺激し、人々はまだ硝煙のたちこめる一帯へと足を踏み入れた。そこには急遽撤退を余儀なくされた部隊によって、多くの機材や物資が残され、破壊を免れたものも少なくなかった。人々はそれらを拾い集めて持ち出し、再利用したり換金したりした。これが評判を呼び、七三一部隊跡地には残存物資を求める住民が群がって、一帯には商店が建ち並び各種賭博場ができるほどの活況を呈したという[14]。

ところが、部隊が残したのは機材や物資に止まらなかった。翌一九四六年七月、平房の三カ村でペストが突然発生、これはハルビン市内にも波及して合計一三六名が発病し、一三五名が死亡した（うち平房では発病した一二一名全員が死亡）。その後も五四年にいたるまでペスト患者が散発的に発見され、四六年から八年間の間に二二四名が発病、二一二名が死亡している（平房では一五三名発病、一四二名死亡[15]）。こうしたペストの流行は当然大問題となり、『東北日報』などの新聞には、防疫情報やネズミ駆除を呼びかける記事が連日掲載された。だが報道を見る限り、当時の流行は平房に駐屯していた日本軍と結びつけられてはいない。感染源については漠然と、一九一〇年や一九二〇年の流行と同じくシベリアからの伝播と考えられていた。

事情が一変するのは、四九年一二月にソ連のハバロフスクで開かれた軍事法廷においてである。この裁判は、旧日本軍で細菌兵器の準備と使用に関係した一二名を被告としたが、その中には七三一部隊の責任ある立場にいた川島清（第四部部長）、柄沢十三夫（細菌製造課長）、西俊英（教育部長兼孫呉支部長）、尾上正男（海林支部長）の四名も含まれていた。ハバロフスク裁判の進行状況は[16]、一九四九年一二月二八日〜五〇年一月八日、『人民日報』によって連日詳細に報道され、関連記事は一六点に上り、二月五日のソビエト政府の照会公表後、各地の反響や関連記事、社説などは二月末までに三五点に達した。『東北日報』は新華社電の他にも独自の取材を加えて裁判期間中に二〇点、二月末までに四二点に及ぶ記事を掲載するなど、その後の一～二カ月間、新聞では細菌戦を告発する記事が紙面を埋め尽くし、各界挙げての反細菌戦キャンペーンが展開されたといっても過言ではない。[17] それらが濃厚な政治的色彩を伴っていたことは否定できないが、新聞報道には平房の七三一部隊・長春の一〇〇部隊（関東軍軍馬防疫廠、家畜を対象とした細菌戦の研究に従事）跡地の現地調査報告や、防疫関係者および七三一部隊元「労工」への聞き取りも含まれており、初期の細菌部隊関係資料としての価値は確認されるべきである。

また四六年七月以降に平房地区やハルビンで流行したペストに関しても、部隊撤退時に大量のネズミやノミが残っていたとの目撃証言や、それ以前の発生が外からの伝播によるもので、原発性流行がはじめてであったことを理由に、「七三一部隊が逃亡時に大量のネズミやノミを故意に拡散させた結果」[18] の発生であると結論付けられた。[19]

こうして一九四九年末のハバロフスク裁判を契機に、五〇年代前半の中国は七三一部隊研究における最初のピークを迎えることになった。前述のマスコミによるキャンペーンと並行して、東北に残留していた日本人科学者の中で、七三一部隊や一〇〇部隊関係者と繋がりのありそうな人物に対する、聞き取りが実施されたのもその一例である。[20] また朝鮮戦争中にアメリカが戦場で細菌を投下したとの疑惑をめぐって、第二次大戦中の日本軍の細菌散布にも関心が高まり、あらためて中国政府による正式な調査を促すこととなった。その成果は「関於調査『七三一』及『一〇〇』細菌部隊罪悪活動的報告」と題して五二年一一月三〇日付で報告されたが、これは中国が作成した最初の体系的な七三一部隊に関する報告書であり、平房のロ号棟破壊跡などの写真を収録し、部隊によるネズミの飼育と戦後のペスト流行にも詳しく言及している。[21] この他にも日本軍の細菌戦部隊を告発する多数の著作が公表された。[22]

さらに、旧日本軍や「満州国」関係者の「戦犯」を収容した撫順戦犯管理所でも、戦犯裁判資料とするべく収容者からの事情聴取が盛んに行なわれ、その中には七三一部隊林口支部長を勤めた榊原秀夫や、少年隊員に応募した田村良雄、秘密監獄の建設に参加した萩原英夫といった人々も含まれていた。前述したさまざまな七三一関係調査は、「戦犯」からの聴取準備としての意味も合わせ持っていた。内実を知る元隊員らからの聞き取りは、大いに中国の研究を進展させるはずであったが、実際にはそれらの供述や取調書類は「敵偽檔案」に分類されて中央檔案館に保管され、ごく一部の例外を除けば一九八〇年代後半まで公表されることはなかった(23)。

一九五〇年代の高揚とは対照的に、六〇年代から七〇年代にかけては中国の七三一部隊研究にはほとんど進展が見られなかった。だが、この時期でも「日本軍国主義批判」の高まりを受けて折に触れて告発が繰り返され、部隊に関する日本の書籍の翻訳や中国人関係者の回想録が公表された(24)。そして九〇年代の日本政府に対する細菌戦訴訟で中国側立証の中核となる黄可泰や邱明軒が、それぞれ浙江省の寧波と衢県において医療面から細菌戦の被害と後遺症を明らかにすべく調査を開始したのも六〇年代中期のことであった。

一九八一年に出版された森村誠一の『悪魔の飽食』は、日本国内ばかりか中国の七三一部隊研究にも大きな影響を与えた。八二年の教科書問題で日本の歴史認識が注目を集めるなか、時をおかず中国語訳が複数の出版社から出版され(25)、部隊の人体実験の事実が中国の人々に広く知られることとなった。そして、このように七三一部隊への関心が広まる時期、研究の中心となっていたのは平房の韓暁（侵華日軍第七三一部隊罪証陳列館館長）であった。彼は部隊の跡地に残存する建物の用途を特定して遺跡として保存し(26)、「侵華日軍第七三一部隊罪証陳列館」を設立するなど手腕を発揮した。また森村の著作を参考に元労工からの聞き取りを行なうなど精力的に活動し、多数の論文や著作を発表している(27)。

ただし、地方史研究者であった韓暁が、七三一部隊の活動をハルビンや平房に限定して捉え、華北や華南での細菌戦に対する認識が浅かったことは確かである。彼に代表される八〇年代半ばの七三一部隊研究が、森村の『悪魔の飽食』によって与えられた枠組みを脱していなかったことも否定できない[28]。こうした限界を克服して、中国での研究が飛躍的に進展するのは、八九年の『細菌戦与毒気戦[29]』の出版によって資料面での制約が大幅に緩和されて以降のことである。同書は前述の五〇年代に収集された撫順戦犯管理所での日本人「戦犯」の供述を中心に、各種公文書を組み合わせて七三一部隊の構成から細菌散布の実態を精緻に描き出し、部隊の活動が中国全土にどのような影響を及ぼしたかを網羅的に列挙した。

『細菌戦与毒気戦』は七三一部隊研究に必須の基本資料の一つとなり、九〇年代に入るとこれを基にした多数の研究が生まれた。たとえば前述の韓暁は自身の研究を進展させて、集大成ともいえる『日軍七三一部隊罪悪史[30]』や『日軍七三一部隊罪行見証[31]』を執筆し、その後の研究は辛培林（黒龍江省社会科学院歴史研究所）や金成民（侵華日軍第七三一部隊罪証陳列館副館長）らに引き継がれた。また浙江省の寧波では黄可泰が『惨絶人寰的細菌戦[32]』を、衢県では邱明軒が『罪証[33]』を公表した。黄や邱は六〇年代からの自身の防疫活動体験と結びつけて、いわば「科学者による地方史研究」として、聞き取りや資料を駆使した積極的研究を行なっている。この他湖南省常徳では、一九九三年の吉見義明・伊香俊哉による「井本熊男業務日誌」（日本軍の細菌作戦策定の記録）の発見を契機として[34]、地方史研究者の邢祁・陳大雅らが『辛巳劫難[35]』を編纂した。同書は前半では小説風に細菌部隊の概観や常徳攻撃の背景を描き、後半を関係者の回想や資料で固めるという手法を用い、九〇年代後半の運動の広がりの基礎を固めた。

こうした地方史研究者の成果に海外での研究を加えて総合したのが郭成周『侵華日軍細菌戦紀実[36]』である。郭は一九四〇年に上海パスツール研究院細菌学実験室主任となり、人民共和国成立後は軍事医学科学院の研究員（教授）を長年勤めた経歴からみても、日本の細菌戦について研究するには最もふさわしい人物と言える。自身の積極的な資料収集活動に加えて、この問題に関心をもつ内外の人々が彼との交流を望んだため、多くの資料が彼の元に集まり、廖応昌（軍事医学科学院研究員）と共同でそれらを整理して編纂したのが同書である。五〇〇頁を超えるこの大作は、引用資料にきちんと出典が明記され、主要参考文献の一覧も充実している点で意義のある出版である。ただ、同書は郭成周の資料コレクションの紹介として優れ、後進研究者に貴重なインフォメーションを提供しているにとどまり、分析・研究の面での弱点は否定しがたい。たとえば最新の研究をくまなく網羅しておきながら、それとは別に「新華社は五〇年代、八年間の抗日戦争中に、解放区で一二〇〇万人が伝染病に感染したと報道した」と、五〇年代の報道を全く検討なしに紹介し、(37)さらには『細菌戦与毒気戦』に掲げられた細菌戦の犠牲者を単純に加算して「細菌戦による死者は二七万人」とした（これは新華社によって内外に広められた）。(38)こうした数字の妥当性はおくとしても、一人歩きする可能性の高い数字を、自他共に認める「権威」が安易に公にすることじたい慎むべき行為であり、そうした数字が全く収集資料の分析に裏付けられていない点も問題であろう。(39)また彼の研究には細菌学者としての専門的知識が活かされているとも言い難いのは残念である。

このように中国での七三一部隊研究は、地方史研究者と細菌学者が中心となってきた感があり、実際、歴史研究者は伝染病に関する知識の欠如を理由に消極的な態度をとることが多かった。そんな中で例外的に歴史研究者としてこの問題に取り組んだのが、(40)解学詩を中心とする吉林省社会科学院のグループである。解は前述の『細菌戦与毒気戦』を含む『日本帝国主義侵華檔案資料選編』シリーズ（全二三巻）の実質的編纂責任者であり、抗日戦争期や「満州国」、満鉄関係の資料に精通している点では第一人者といってもよい。その解を中心に慶応大学のグループも参加して、日中共同作業により中国各地の檔案館や日本および欧米の公文書館において資料を収集し、さらには関係者の聞き取りも含めて丹念な作業が行なわれた。それらをもとに討論・分析を経て執筆された論文は『戦争与悪疫』としてまとめられた。(41)研究対象がペストに限られ、地域も限定されている点は指摘されねばならないが、電報、公文書、報告書など貴重な一次資料を駆使しての綿密な考証により、その後の研究の基本的文献となっている。

また、七三一部隊研究としてはいささか異色ではあるが、部隊の進駐によって平房地区がどのような影響を受けたのか、社会史的視点からの優れた分析も行なわれた。『七三一部隊がやって来た村』[42]の著者である関成和は平房に生まれ、部隊の土地囲い込みによって村を追われた実体験をもち、地方史研究者として七三一部隊研究に参画したことが、同書執筆の契機となった。村の成り立ちから政治や経済、生活、文化などを概観し、それらが七三一部隊の進駐によってどう変化していったか詳述している。七三一部隊そのものの研究史の上でも、部隊の排水溝周辺の村で伝染病が発生したという、新たな事実の指摘は貴重である。

一九九〇年代後半の中国における七三一部隊研究を総括するなら、日本政府に対する訴訟と反細菌戦の国際的広がりを挙げるべきであろう。

訴訟に関しては、九五年、七三一部隊へ「特移扱」として送り込まれ、人体実験に供された人々の遺族が日本政府を提訴し[43]、九七年には浙江省寧波、衢県、義烏、江山、湖南省常徳の細菌戦被害者遺族が同様の訴訟を起こした[44]。裁判を契機として「持移扱」によって部隊に送り込まれた人々の名簿が、黒龍江檔案館[45]と吉林省檔案[46]で相次いで発見され、細菌戦被害者（遺族を含めて）の「発掘」も進んだ。前述の黄可泰、邱明軒、辛培林は鑑定書を執筆して証人として出廷し[47]、細菌戦訴訟の契機となった浙江省の崇山村では村の被害状況をまとめるなど[48]、研究面でも一定の進展が見られたことは言うまでもないが、一方でややもすれば事実の発掘までが裁判至上主義に流れる傾向も否定できない。

また中国政府の対外開放政策とも相俟って、それまで中国大陸、台湾、日本、アメリカ、イギリス等、各地域で個別に行なわれていた七三一部隊の研究が、それぞれの研究者を結びつける「共通言語」としての役割を果たすようになった。たとえば一九九五年夏には、ハルビンにおいて「七三一部隊国際シンポジウム」が開催され、日本と中国の双方から約一〇〇名ずつ参加した[49]。一方で台湾[50]や在米華人研究者[51]がシンポジウムなどを通じて大陸の研究者と交流を持ち、そのネットワークは着実に広がりつつある。七三一部隊の活動を生々しく描いた映画『黒太陽』を香港の映画監督が制作し[52]、それが折りにふれ大陸のテレビで繰り返し放映されているのもその一例である。つまり、政治的には容易に相容れない各ブロックの中国人も、七三一研究ひいては反日本帝国主義の一点において団結しうるのである。こうした反細菌戦の国際的広がりは、おそらく今後も幅を広げていくことになろう。

おわりに

以上、一九三〇年代から現代に至る中国人の七三一部隊認識を概観してきたが、こうした作業により気がつくのは、中国人の七三一研究は常に政治的背景と無関係でなく、ややもすれば結論に引きずられる形で進行してきたことである。九〇年代以降、外国との交流の頻度が高まるにつれ、主張に説得力を持たせるための実証研究が定着してきたとはいえ、伝統的な思考方法に変化があるとは言えない。こうした傾向は今後も増幅されることはあっても減少することはないだろう。なぜなら、愛国主義教育の中で抗日戦争は主要なテーマの一つといっても過言ではなく、南京大虐殺と七三一部隊は日本の残虐行為の象徴として、若い世代に対して常に記憶の喚起が図られているからである。七三一部隊は映画やテレビドラマにも登場し、日本より中国においての方がはるかにポピュラーな存在として人々の意識の中に根を下ろしている。学術研究がこうした市民感情と乖離して進行するはずもなく、実証研究の積み重ねから結論を導き出そうとする日本人研究者との間に多少のギャップが存在することは否定できない。

しかしながら、かつての日本の侵略によって中国が大きな被害をこうむったことは厳然たる事実であり、われわれ日本人にまず求められるのは、中国の人々の告発の声に素直に耳を傾け、被害者の痛みを立脚点として歴史事実の発掘に取り組むことではないだろうか。常にその立脚点に依りつつ双方の研究を深化させてゆけば、困難はあろうと日中間で共通の歴史認識に至ることも不可能ではないのである。七三一部隊の究明は今後も研究者として日本人としてのあり方を問い続ける問題と言えよう。

（1）松村高夫「関東軍防疫給水部」（松村高夫・解学詩・郭洪茂・李力・江田憲治・江田いづみ『戦争と疫病』一〇頁〔本の友社、一九九七年〕）。
（2）江田憲治等編訳『証言　人体実験』解説二八三～二八四頁（同文舘、一九九一年）。
（3）いわゆる「七三一部隊」とは、関東軍防疫給水部の秘匿名として一九四一年以降使用され、それ以前には「石井部隊」、「奈良部隊」などの通称が用いられた。本稿では以下、「七三一部隊」で統一する。
（4）江田いづみ「日本軍の中国大陸における細菌戦実施にかんする証言対照表」（田中明等編訳『証言　細菌作戦』三〇五～三一八頁〔同文舘、一九九二年〕）。
（5）だが、細菌攻撃が現実になると国民政府の反応は迅速ではなかった。後述する常徳でのペスト発生時、湖南省衛生処が重慶に指示を仰いだところ、「国際的信用に関わるので、いたずらに伝染病流行を報じてはならない」と取り合わず、ペスト発生が断定されたのちようやく防疫隊を派遣してきたという（鄧一韙〔湖南省衛生処主任技正〕「日寇在常徳進行鼠疫細菌戦経過」邢祁・陳大雅『辛巳劫難』中共中央党校出版社、一九九五年）所収。国民政府の防疫体制に関しては、江田憲治「国民政府の防疫戦」（前掲『戦争と疫病』二八三～三三二頁）参照。
（6）中央檔案館等編『細菌戦与毒気戦』二五五～二七〇頁（中華書局、一九八九年）。
（7）陳文貴報告は前掲『細菌戦与毒気戦』二九二～三〇五頁、容啓栄報告「防治湘西鼠疫経過報告書」は同書二八三～二八九頁、ポリッツアー報告は松村高夫「湖南常徳細菌作戦」（前掲『戦争と疫病』二四一～二四六頁）。
（8）「敵機於常徳首次投擲物品検験経過」（『医技通迅』一九四二年所収、前掲『辛巳劫難』に転載）。同文の邦訳は汪正宇への聞き取りとともに松村高夫編『論争　七三一部隊』（増補版、晩聲社、一九九七年）増補資料部分に掲載。
（9）中村明子（国立感染症研究所客員研究員）「中国で発生したペスト流行と日本軍による細菌戦との因果関係」（七三一・細菌戦裁判キャンペーン委員会等編『裁かれる細菌戦』資料集シリーズ第三集、二〇〇一年所収）。
（10）金宝善報告については、松村高夫「細菌戦研究の問題性」（前掲『戦争と疫病』三九六～三九八頁）参照。
（11）松村前掲「湖南常徳細菌作戦」（前掲『戦争と疫病』二六四～二六六頁）。
（12）江田前掲「日本軍の中国大陸における細菌戦実施にかんする証言対照表」。
（13）松村前掲「関東軍防疫給水部」（前掲『戦争と疫病』三二～三三頁）。

(14) 平房区政府地方志編纂弁公室『平房区志』一九九七年、一九頁。

(15) 郭洪茂「東北ペスト大流行」(前掲『戦争と疫病』三三七頁)。

(16) ハバロフスク裁判の公判記録は一九五〇年に日本語版、英語版、中国語版(『前日本陸軍軍人因準備和使用細菌武器被控案審判材料』モスクワ外国出版局)が出版された。

(17) 田中明・江田いづみ、研究ノート「『七三一』部隊の研究における中国研究者の動向について」(『三田学会雑誌』八二巻三号、一九八九年一〇月)。

(18) 郭洪茂前掲論文。ペスト菌の宿主であるハタリスが、四五年八月の拡散後まもなく冬眠に入り、翌年春に活動を再開してからノミを媒介として、人間にペスト菌を感染させたと考えられている。

(19) 韓暁・辛培林『日軍七三一部隊罪悪史』(黒龍江人民出版社、一九九一年)二九九頁は、撤退直前に「ペスト菌拡散器」を平房の三カ村に置いた、という元七三一部隊員の証言を紹介し、同書は断定を避けているものの、他の研究ではそれがペスト流行の要因になったとして引用されている。韓暁はこの証言に何の出典も付しておらず、根拠は不明である。

(20) 長春市の関係機関に残る資料によれば、志方益三(元大陸科学院副院長)、安達誠太郎・芦田広三(元馬疫研究処)、加地信・関孝(元満州国衛生技術廠)といった人々が回答を寄せている(江田いづみ「関東軍軍馬防疫廠」〈前掲『戦争と疫病』四八〜四九頁〉)。

(21) 遼寧省檔案館編『罪悪的「七三一」「一〇〇」』所収(遼寧民族出版社、一九九五年)。なお、同書の邦訳は小林英夫等編『七三一細菌戦部隊・中国新資料』(不二出版、一九九五年)として出版されている。

(22) たとえば、『正義的審訊・蘇聯審訊日本細菌戦犯案経過』(新華書店、一九五〇年)、儲華編『日寇的滔天罪行・惨無人道的細菌戦争』(大東書局、一九五一年)、草原『日寇細菌戦暴行』(上海通聯書店、一九五一年)など。

(23) 撫順戦犯管理所での「戦犯」供述書の一部原文が公表されたのは、滝谷二郎『殺戮工廠・七三一部隊』(新森書房、一九八九年)が最初と思われる。その後、新井利男等編『侵略の証言』(岩波書店、一九九九年)ではより多くの供述原文が公けにされた。

(24) 翻訳では秋山浩『特殊部隊七三一』(三一書房、一九五六年)の中国語訳が出版され(『七三一部隊』群衆出版社、一九六一年)、回想録では鄧一韙「日寇在常徳進行鼠疫細菌戦経過」(一九六五年、『湖南文史資料』一八輯〈一九八四年〉所収)、譚学華「関於日本帝国主義強盗在常徳施放鼠疫細菌的滔天罪行経過情形」（一九七二年）がある。

(25)『悪魔的盛宴』（福建人民出版社、一九八三年）、『魔鬼的楽園』全三冊（黒龍江人民出版社、一九八四〜八五年）。

(26) これらの遺跡は二〇〇一年現在、世界遺産への登録を申請中である。

(27)「日軍七三一部隊法西斯暴行輯録」（『黒龍江文史資料』一九八三年）、尹慶芳と連名「侵華日軍第七三一部隊里的労工」（『黒龍江文史資料』一九八五年）、鄒得里と連名「日本関東軍平房細菌工廠紀実」（『黒龍江文史資料』一九八六年）など。韓晓の主要論文は山辺悠喜子訳『七三一部隊の犯罪』（三一書房、一九九三年）に紹介されている。

(28) 韓晓の研究の問題点については前掲田中・江田研究ノート参照。

(29) 中央檔案館等編『日本帝国主義侵華檔案資料選編』第五巻、中華書局。同書細菌戦部分の邦訳が前掲『証言　人体実験』と『証言　細菌作戦』である。

(30) 辛培林との共著、黒龍江人民出版社、一九九一年。

(31) 金成民との共著、黒龍江人民出版社、一九九五年。

(32) 呉元章との共著、東南大学出版社、一九九四年。黄可泰はその後の研究成果を邱華士・夏素琴との共著で『寧波鼠疫史実』（中国文聯出版公司、一九九九年）にまとめている。

(33) 中国三峡出版社、一九九九年。

(34)「日本軍の細菌戦」『季刊戦争責任研究』一九九三年冬季号所収。

(35) 中共中央党校出版社、一九九五年。

(36) 北京燕山出版社、一九九七年。

(37) 韓晓は前掲『日軍七三一部隊罪悪史』二六九頁で『日寇侵華暴行録』（著者等不明）を根拠に「統計によれば八年の抗戦中、解放区で約一二〇〇万人が伝染病に感染した」としている。

(38) 新華社配信『朝日新聞』一九九九年一一月二九日。

(39) 同様の傾向は他の研究者にもみられ、たとえば邱明軒は前掲『罪証』の中で細菌戦被害者について非常に綿密な考証をしておきながら、結論部分では一九四八年の衢州五県の防疫委員会による調査統計として「一九四〇〜一九四八年の八年間に前述の伝染病患者は三〇万人以上、病死者は五万人以上に達した」という数字を掲げており、やや唐突な印象は否めない。

(40) 歴史研究者としては南京大学歴史系の高興租が南京の一六四四部隊について研究し(「侵華日軍細菌戦和用活人実験的罪行」『民国春秋』一九九二年一二月)、広東省社会科学院歴史研究所の沙東迅が広東の八六〇四部隊について研究しているが(『掲開「八六〇四」之謎』花城出版社、一九九五年)、これらの場合は地域も限定されており、地方史研究の範疇に含められよう。

(41) 人民出版社、一九九八年(同書の日本語版が前掲『戦争と疫病』)。中国側研究者の執筆論文は、解学詩「『新京』鼠疫謀略」、李力「浙贛細菌戦」、郭洪茂「東北第三次鼠疫大流行」の三本である。

(42) 松村高夫・江田憲治・江田いづみ編訳、こうち書房、二〇〇〇年。

(43) 七三一部隊に実験材料として送り込まれた人々は名前を奪われ番号を付されたため、氏名が判明するものはごくわずかにすぎない。そうした中で牡丹江憲兵隊報告により、一九四一年七月に逮捕された朱之盈が「特移扱」で部隊に送られたことが明らかになり、朱の妻の敬蘭芝は他の遺族とともに九五年一一月二九日、日本政府に対して七三一部隊による犠牲者の遺族として補償を求める裁判を起こした。

(44) 寧波、衢県、義烏、江山、常徳の五地域から一九九七年八月に一〇八人、九九年一二月に七二人の合計一八〇人が原告として東京地裁に提訴した。同訴訟に関しては前掲『裁かれる細菌戦』資料集シリーズ参照。

(45) 黒龍江省檔案館等編『「七三一部隊」罪行鉄証　関東憲兵隊「特移扱」文書』(黒龍江人民出版社、二〇〇一年)によれば、一九四一〜四四年の間に作成された関東憲兵隊檔案中には、各憲兵隊が「特移扱」処理を求めた「抗日スパイ」は合計五二名、うち四二名が七三一部隊に送られたという。

(46) 吉林省檔案館蔵の関東憲兵隊檔案中に、中国人・ロシア人二七七人が七三一部隊に送り込まれたことを示す資料が発見された(『朝日新聞』二〇〇一年九月九日)。

(47) 前掲『裁かれる細菌戦』資料集シリーズ第五集、二〇〇一年。

(48) 張世欣『浙江省崇山村・侵華日軍細菌戦罪行史実』浙江教育出版社、一九九九年。

(49) シンポジウムの記録は『日本軍の細菌戦・毒ガス戦』(明石書店、一九九六年)にまとめられている。

(50) 許介鱗「在中国的日本化学細菌戦部隊」(中央研究院近代史研究所『抗戦前十年国家建設史研討会論文集』一九八四年)、姜書益「抗戦期間日軍在華之細菌作戦」(『近代中国』一九八七年)、藤井志津枝『七三一部隊』(文英堂、一九九七年)など。

(51) 呉天威は季刊『日本侵華研究』(*The Journal of Studies of Japanese Aggression Against China*) を発行し、その二一・二二期(合巻、一九九五年八月)は、「侵華日軍七三一細菌部隊専輯」として呉自身や前出の韓暁、高興祖、藤井志津枝らの論文を掲載している。

(52) 牟敦芾(T. F. MOUS)監督、香港銀都機構有限公司、一九八九年。

抗日民族統一戦線形成史

江田憲治

はじめに

満州事変の勃発（一九三一年九月）から第二次国共合作の成立（一九三七年九月）までの抗日民族統一戦線形成の歴史は、それが十五年戦争期の日中関係を中国側から決定的に規定したという点でも、また中華人民共和国の成立に結集した諸勢力が登場したという点でも、そして何よりも日中戦争を中国の勝利に終わらせた点において、極めて重要な意義を有している。文化大革命期に代表される歴史観の制約や資料上の困難は、この分野の研究の進展を阻んできたが、七〇年代末から文化大革命の影響を払拭した新たな歴史学が登場したとき、それは日本においても、また中国においてもポレミックなテーマを数多く有する研究課題となった。八〇年代半ば、ほぼ時を同じくして日本でも中国でも抗日民族統一戦線の形成をめぐる学界展望が発表され、研究上の問題点が指摘された。その一つ水羽信男「近年日本における抗日民族統一戦線史研究について」（一九八三年）は、当該時期の主な研究動向を①抗日大衆運動（特に救国会に結集した知識人の活動）、②国民党系ナショナリズム、の二つに指摘して従来の研究の問題点や深化すべき分析テーマを挙げている。ここで水羽は、共産党の統一戦線論の研究は「近年ほとんどおこなわれていない」としているが、中国の学界状況はまったく違ったようである。中国の顧小平「抗日民族統一戦線戦術方針と第二次国共合作の形成研究綜述」（一九八四年）によれば、中国共産党の抗日民族統一戦線政策の形成をめぐる研究論文は、この時期までに百篇を数え、①共産党の抗日民族統一戦線政策方針の形成、②第二次国共合作の提起と形成、③コミンテルンと共産党の統一戦線政策の関係、などのテーマで活発な議論が行なわれていた(1)。

本稿はこうした先行の学界展望を踏まえ、八〇年代半ば以降の日本と中国における抗日民族統一戦線形成史研究を、(1)抗日大衆運動、(2)共産党の抗日民族統一戦線政策、(3)国民党系抗日論（ナショナリズム）、の三点から紹介整理し、問題点の指摘を試みる。

一　抗日大衆運動

まず、一九三二年六月の蔣介石演説から、民族統一戦線形成がターニング・ポイントを迎える三六年一二月の西安事変までの諸事件、宣言・文書や運動について、年表風にまとめておこう。

三二年　六月一五日　蔣介石、五省剿匪会議を招集し、「攘外必先安内」の方針を声明
三三年　一月一七日　中華ソヴィエト臨時中央政府・労農紅軍革命軍事委員会「日本帝国主義の華北侵入に反対するために三条件の下に全国各軍隊と共同抗日を求める宣言」（三条件＝ソ地区への侵攻停止、民衆の民主的権利保障、民衆の武装と義勇軍創設）
　　　　一月二六日　中共中央「満州の各級党部及び全党員に与える手紙」（一・二六指示書簡）を発出、「可能なかぎり全民族的な反帝統一戦線の樹立」を提起
三三年　五月二六日　馮玉祥、チャハル民衆抗日同盟軍を組織（八月六日下野）
　　　　五月三一日　塘沽停戦協定（河北省東部一九県から中国軍撤退）
　　　　一一月二〇日　李済深・陳銘枢・蔣光鼐・蔡廷鍇ら福建人民政府を樹立（福建事変、五三日で瓦解）
三四年　四月二〇日　中国民族武装自衛委員会準備会「中国人民対日作戦の基本綱領」公表（いわゆる「六大綱領」＝全軍の対日作戦総動員、全人民総動員、全人民総武装等）、宋慶齢ら千数百名が署名
　　　　七月　蔣介石、廬山軍官訓練団で「外侮の抵禦と民族の復興」講演

三五年　一〇月一〇日　国民政府軍のソヴィエト区に対する第五回包囲攻撃に敗れ、中央紅軍移動を開始（長征）
一二月二〇日　蔣介石、「敵か？　友か？」を『外交評論』誌に発表
一月一五日　中国共産党、長征途上で遵義会議開催（～一七日）。毛沢東、軍事指導権回復
六月一〇日　梅津・何応欽協定（河北省内から国民党党部・軍の撤退等）。二七日にはチャハル省についての土肥原・秦徳純協定締結
七月一四日　王明ら中共コミンテルン代表団、「抗日救国のために全同胞に告げる書」（八・一宣言）作成。(2)全国統一の「国防政府」と「抗日連軍」の組織を主張
一二月　九日　清華大学、燕京大学、東北大学などの学生、「日本帝国主義打倒」「華北自治反対」などをスローガンに北平（北京）市内をデモ（一二・九運動はじまる）
一二月二五日　瓦窯堡会議（中共中央政治局会議）「当面の政治情勢と党の任務についての決議」採択。「反日反蔣」の広範な民族統一戦線結成、国防政府・抗日連軍の組織を提起。
一二月二七日　上海文化界救国会成立大会（沈鈞儒・鄒韜奮・章乃器・陶行知らが参加）。外交政策の根本的転換、愛国運動の保護、内戦停止などを主張
一一月二五日　冀東防共自治委員会、河北省通州に成立
一二月　蔣介石、中共と秘密裏に接触を開始（国共交渉はじまる）
三六年　一月　初め　北平・天津学連の「学生南下拡大宣伝団」、河北省農村部に赴き抗日宣伝
一月二八日　上海文化界救国会、同女界救国会、同各大学教授救国会など、上海各界救国連合会を結成
五月　五日　紅軍革命軍事委員会「停戦議和・一致抗日通電」（いわゆる「五・五通電」）、国民政府軍事委員会などに対し停戦と抗日を主張、「蔣介石氏」の語用いる

五月三一日　全国各界救国連合会成立大会（～六月一日。沈鈞儒・章乃器ら各地の代表五十数名参加）。「全国各界救国連合会成立大会宣言」「抗日救国初歩政治綱領」などを採択
六月　四日　西南派の陳済棠、李宗仁ら「北上抗日」を通電して湖南に出兵（両広事変、九月妥協成立）
七月一五日　沈鈞儒・章乃器・陶行知・鄒韜奮「団結禦侮の基本条件と最低要求」発表。西南派に対する軍事行動停止、紅軍との停戦・共同抗日などを国民政府に要求
九月　一日　中共中央「逼蔣抗日」の方針を確定
九月一八日　「九・一八」五周年記念運動
一一月二三日　救国会の沈鈞儒・章乃器・鄒韜奮・李公樸・沙千里・史良・王造時の七名逮捕（七君子事件）
一二月一二日　西安事変

これらの統一戦線をめぐる諸事件（宣言・文書）のうち、武装自衛委員会運動、一二・九運動や全国救国会運動に代表される大衆的な抗日運動の研究成果としては、まず福本勝清「一二・九運動」（一九八五年）を挙げねばならない。この運動について、福本は共産党史家らしく、その指導と参加者のあり方を問題にした。すなわち福本によれば、運動を指導した共産党とは、過酷な弾圧のため党内ヒエラルヒーが崩壊した時点で学生たちが担った党であり、彼らの自在な運動スタイルが、左連や社連、中華民族武装自衛委員会などの党の外郭団体、学生自治会運動、黄河水害被災者救援などを通じて、急進化するノンポリ学生たちを結集することができたこと、その学生たちが、一九三五年一二月、日本の華北侵略に抗議し内戦停止を主張して立ち上がり、デモや授業ボイコット、農村への南下拡大宣伝団など、さまざまな戦術を駆使していったことを活写し、一二・九以後に新しく登場してきたアクティブたちのエネルギーこそが運動発展の力だったと評価した。このほか、中国の研究では、孫思白「『九・一八』と『一二・九』学生

運動比較研究」（一九八六年）が、一二・九運動を満州事変抗議の学生運動と比較し、それが全国的な革命高揚の起点となり、長期にわたったこと、青年が労農大衆と結びつく方向を見出したことを高く評価し、李義彬主編『内戦から抗戦へ』（一九九五年）も、福本同様、党員たちの武衛会や黄河水災賑済会、学生自治会での活動から三六年一二月まで運動史を詳細にたどり、運動が共産党の主張と大衆とを結びつけ、抗日救亡の積極分子を養成したことを指摘している。(3)

これに対して、抗日大衆運動を、むしろ政党から離れた運動として評価しようとしたのが、水羽信男「抗日民衆運動の展開とその思想」（一九八七年）である。水羽は、民族武装自衛運動の「対日作戦の基本綱領」が、当時の中共中央の方針とは「異なる」ことや、上海文化界救国会に結集した知識人たちが具体的な抗日提案や組織の方針を担ったこと、彼ら「救国会派知識人」が、蔣介石の安内攘外政策を批判しながら、国民政府・国民党を含んだ統一戦線を提案しえたこと、を強調した。――「救国会運動は、当時のいかなる政治運動よりも内外情勢を的確に捉え、独自の政治方針を創出した」「民衆団体が、当面の政治課題に有効に対応しえない各政党に対して、それらが無視できない運動の基本方針を創り出しえた」。だが、この水羽の主張には平野正「抗日民族統一戦線への視角をめぐって」（一九八八年）が中国の研究成果を利用して真っ向から批判した。平野によれば、民族武装自衛運動は中共コミンテルン代表団の主導で生まれ、「中共の理論的・政治的方針にもとづく運動の範囲を出るものではなかった」し、一二・九運動も「完全に党の指導のもとで闘われた(4)」。全国各界救国連合会の結成も多くの中共党員の参加によってなしとげられ、水羽のいう「救国会派知識人」の「団結禦侮の基本条件と最低要求」も中共党員（潘漢年・胡愈之）が原案作成に参与し、全救連の幹部は中共の「上層の統一戦線工作の窓口」となっていたこと、中国共産党が救国会の運動で果たした役割は、まさに「指導的なもの」であった、と(5)。

平野はこの批判を、一二・九運動から西安事変までの救国運動史をたどり、民衆運動と共産党の関係を叙述した

『北京一二・九学生運動』（一九八八年）でも繰り返したが、これに対して水羽は、書評でもある「抗日民族統一戦線史研究の課題」（一九八九年）で反論した。水羽は、自分は「救国会派知識人」に中共地下党員も含めており、救国会と中共党員との緊密な結びつきを前提に立論している、とした上で、平野が、中共の抗日民衆運動の指導の問題に関して、①コミンテルンからの働きかけ、②党中央からの働きかけ、③上海や北平など地方組織の活動、④個人党員の活動という四つの次元の分析を提起したと評価しながら、平野にはこれらを一括して「中共の指導」と見なしているところもある、と指摘した。さらに、平野が「いちじるしい立ち後れ」などと批判した救国会運動の「反蔣抗日」的なプロパガンダ（三六年四月〜五月上旬、同年八〜九月など）[6]についても、これは一時的、部分的なもので、救国会派知識人の立場は一貫して、民衆を抗敵の中心としつつ、そのために政府を抗戦の立場に立たせようとするものだった、彼らがセクト的傾向など弱点を克服しえた要因には、中共中央の指導だけでなく、その主体的な実践がある、として、中共の指導性を強調する平野に、救国会運動の主体性を対置した。

このように要約すれば、平野・水羽論争は、党と大衆団体のどちらが重要な役割を果たしたか、についての論争であるかに見える。しかし共産党は、抗日民族統一戦線を結成するため、国民党との直接交渉（後述）を除いても、学生運動の指導や大衆団体フラクション、対軍工作などさまざまなチャネルを利用し、影響力を行使したこと、つまり「指導」したことは確かであろう。一方、それらが大きな役割を果たしてとしても、学生や知識人の団体が軍隊的規律の党組織とイコールではないかぎり、ある程度の主体性と何らかの党への影響があり得ることも否定できない。したがって恐らく、水羽も平野も実際には認めていることだが、共産党の「指導」（あるいは働きかけ）と大衆運動の主体性は、けっして矛盾はしない。党の「指導」と大衆団体の「主体的な行動」こそが、抗日大衆運動の発展を導いたとの観点から、党と大衆組織の二つを両輪とした抗日運動の分析が求められよう。[7]

では、ここで問題にされた共産党の抗日民族統一戦線政策は、どのように形成されたのか。次にこの点を中国の諸研究から見てみよう。

二　共産党の抗日民族統一戦線政策

抗日民族統一戦線政策をめぐるコミンテルンと共産党の関係は、中国の学界でもっとも論争の対象となったテーマである。一九八四年までの研究動向をまとめた前掲顧小平論文は、これを、①統一戦線政策は、三五年一月の遵義会議で、中国共産党が全く独自に制定した、②三五年一二月の瓦窯堡会議はコミンテルンの支援（第七回大会決議や「八・一宣言」の精神の伝達）を得たが、制定は独自のものである、③瓦窯堡会議にせよ三六年八月下旬の「逼蔣抗日」方針の決定にせよ、一貫してコミンテルンの影響を受けていた、の三説に分類している。こうした見解のうち、中共の独自性を強調したのが、コミンテルン―中共関係史の研究者である向青と、党史研究者の金再及らである。

向青「コミンテルンと中国共産党の抗日民族統一戦線樹立の戦術について」（一九八五年）は、次のように述べる。――中共コミンテルン代表団は、第七回大会を前に、中共指導の「反蔣抗日」統一戦線を主張する「八・一宣言」を起草したが、紅軍の敗北（第五次包囲攻撃）を知ったことから、大会後たちまち主張を蔣介石軍主体の「連蔣抗日」に変えた。一方、陝北で第七回大会決議や「八・一宣言」の精神の伝達を受けた党中央は、瓦窯堡会議で「反蔣抗日」の統戦政策を独自に決定した。その後、コミンテルンと中共代表団の「連蔣」宣伝は三六年四月に「反蔣」に変わるが、同年六月の両広事変ではこれを非難して中共中央と対立、七月にはディミトロフらが中共を非難し、王明も論文「独立自由幸福の中国のために奮闘せよ」で蔣介石との統一戦線樹立を主張した。このほか国内状況の進展やソ連と国民政府との外交関係改善から、中共中央は、「反蔣抗日」スローガンを放棄し、九月「逼蔣抗日」の戦術を制定した。

また金再及「党の抗日民族統一戦線形成についてのいくつかの問題」（一九八六年）は、遵義会議を、統一戦線の中心的支柱である党と紅軍を保存し、福建事変の経験を総括して統戦政策の「初歩的原則」を提起したと評価する。さらに「抗日」を「反蔣」の上位に置いた、「当面の反日討蔣のための秘密指示書簡」（三五年一〇月）は、コミンテルン第七回大会の決議内容等の陝北到着（一一月）以前の日付であり、筆跡や紙も当時の中共中央のものだから、抗日民族統一戦線の「基本思想」は、毛沢東らが「独自に得た結論」だと主張する。(8)

これに対して、楊奎松「中国共産党の抗日民族統一戦線政策の形成とコミンテルン」（一九八二年）は、中共の独自性よりも、コミンテルンの影響を重視していた。楊によれば、中共中央は、コミンテルン第七回大会の「抗日反蔣」の広範な統一戦線樹立の方針を、瓦窯堡会議で受け入れたのであるし、三六年春、ヨーロッパの情勢変化からソ連が国民政府に平和攻勢を強め、七月にはディミトロフ・コミンテルンが従来のソヴィエト運動論を放棄して民族戦争を強調したことから、王明が「すべての抗日への服従」、「中華人民民主共和国」の建設を主張する論文（「独立自由幸福の中国のために奮闘せよ」）を発表、ここに中共中央も八月「請蔣抗日」を提起、国民党に内戦即時停止・全国的抗日統一戦線を呼びかけ、さらに九月、スローガンを「逼蔣抗日」に改めたのである。

さらに李良志「抗日民族統一戦線形成問題研究の論評」（一九八六年）が、遵義会議が統一戦線の「初歩的な原則」を提示した、とする見解（金再及の名はあげないが）を批判した。李によれば、会議の福建事変対応への批判も、統一戦線樹立というより軍事的な観点から行なわれており、セクト主義も克服されていない。この戦術は、「八・一宣言」がまとまった形で提起し、瓦窯堡会議がその指導思想を受け入れて戦術路線を確定したものなのである。さらに李は、三五年一〇月の「秘密指示書簡」についても、中共コミンテルン代表団か上海臨時中央局が作成した可能性が大きいとした（したがって、この書簡の存在をもとに、統戦政策確立での中共中央の独自性を主張することはできないことになる）。(9)

すなわち、「八・一宣言」は「反蔣抗日」の統一戦線を主張したが、そのあとコミンテルン中共代表団は「連蔣抗日」に方針転換したのだから、瓦窯堡会議での「反蔣抗日」統線政策の制定は、中共中央の独自のものだとする向青の主張には、楊奎松論文がこれを批判する位置を占め、遵義会議の意義や「当面の反日討蔣のための秘密指示書簡」の作成者の解釈によって、やはり中共の独自性を主張する金再及の見解は、李良志によって反駁された、ということになる。ここに統戦政策の確立は、遵義会議（三五年一月）から、瓦窯堡会議（同年一二月）にまで時期を下った。

なお、中共中央の党史研究室・文献研究室・党校の研究者が編纂に参加した廖蓋隆主編『中国共産党歴史大辞典』（一九九一年）は、「逼蔣抗日」への転換を、紅軍の革命軍事委員会が「停戦議和・一致抗日」を主張した三六年の「五・五通電」に求め、張大軍「中国共産党の抗日民族統一戦線戦術方針の確立浅談」（一九九一年）も、転換は同通電に始まったとして、ともに三六年七、八月の段階でのコミンテルンの指示に言及していない。しかし、すでに王栄先「中国共産党の抗日民族統一戦線戦術についての変遷」（一九八九年）が指摘しているように、「五・五通電」の後にも、中共中央の文書や電報（公然・秘密を問わず）には反蔣スローガンが見られるから、同通電をターニング・ポイントとして過大評価することはできない[10]。

このほか、李義彬「『逼蔣抗日』の方針形成問題について」（一九八九年）も、瓦窯堡会議の「抗日反蔣」方針の決議採択を、中共の抗日民族統一戦線政策の確定と見ているが、この方針は蔣介石を抗日民族統一戦線に組み込んでいない点で限界があり、中共はこの時点で、「逼蔣抗日」の方針をとるべきであったとする。そして李は、中共が「逼蔣抗日」の方針を三六年八月に決定したことの要因に、①三六年一月から中共と交渉を開始した張学良が、蔣介石を統一戦線を含めるよう主張したこと、②蔣介石が対日政策を変更しこれを中共中央が認識したこと、そして、③コミンテルンが具体的な指示を出したこと、の三点を指摘している。

このように見てくれば、中国共産党の抗日民族統一戦線政策が「逼蔣抗日」として確立されるのは、三六年の八月から九月にかけてのことであり、それもコミンテルンの指示によってであることが、今日ではほぼ定説になっている。ならば、当時中共コミンテルン代表団の団長であり、中共史上、一九三〇年代前半にあっては「左翼教条主義路線」で、抗日戦争期では「右翼日和見主義路線」で批判され、田中仁の紹介が指摘するように、長く史書の中でその存在を否定されてきた王明の役割が再検討されねばならない(11)。

管見のかぎり、共産党の統一戦線論確立における王明の役割を系統的に主張したのは、田中仁が最初である。田中の「王明(陳紹禹)における抗日民族統一戦線論の形成について」(一九八三年)によれば、「八・一宣言」を作成した王明は、約二カ月後、長征途上の中共軍の分裂や国民党内の権力配置の変更を見て取って、「逼蔣抗日」論に転換し(それは従来の論文を「新形勢と新政策」(三六年一月)として発表する際、「反日反蔣」を「抗日救国」に改めたような書き換えに確認できる)、さらに三六年七、八月にはソヴィエト革命論を放棄する「人民民主共和国」構想を提起し、「連蔣抗日」の立場に立った。彼の理論は、中共の抗日民族統一戦線論の体系化の方向を規定し、その統戦政策遂行に極めて積極的な役割を果したのである。

このほか田中は、「抗日民族統一戦線をめぐる王明と中国共産党」(一九八五年)では、王明の抗戦構想は都市中心のものだったため、国民政府の抗戦能力を高く評価し、その結果、国民政府の抗日政策に傾斜することになった、彼が提唱した「抗日民族革命」は、ブルジョア民主主義革命の部分的遂行後、ソヴィエト革命に回帰しようとするものであって、その統戦論は「戦術的」なものにとどまっていた、と注目すべき指摘を行なった(王明が結局はソヴィエト革命論者であったとの示唆は、後述の楊奎松論文〔一九八九年〕の議論に近い(12))。

こうした田中の研究と時をほぼ同じくして、前掲楊奎松論文のように、中国でも王明の役割を歴史記述する研究論文が現われたが、中でも彼の役割を最大限に評価したのが、抗日民族統一戦線史の研究者である李良志の「抗日民族統一戦線樹立における王明の役割について」(一九八九年)である。

李は、王明が「三条件」や「六大綱領」に関する指示書簡を送付したこと（三三年一月、同一〇月）、王らの起草の「一・二六指示書簡」などが従来の下層統一戦線だけでなく、「上層の統一戦線」の実行をも主張し、「最も広範な反帝統一戦線」を初めて提起したことを高く評価する。李によれば、彼は共産党の指導者として真っ先にチャハル抗日同盟軍や福建事変の教訓を総括したし、彼の「八・一宣言」こそ完全な抗日民族統一戦線の提起だった。「連蔣」の必要性理解も王は比較的早く、三五年八月下旬の代表団会議の報告でその可能性に言及したし、一一月には論文で同様のことを述べ、翌年二月の『新形勢と新政策』でも連蔣政策を展開した。王も蔣の反動政策は非難したが、それは「連蔣」と「逼蔣」を結びつける戦術なのである。中国の各派勢力による共同抗日を望んでいたコミンテルンは、三六年六月、陝北の中共中央と無線連絡を回復するや、中共に一連の指示を発出、王の中共中央に対する見解は、コミンテルン執行委員会書記局の指示に体現された。七月の書記局会議で王は、中共中央を批判（ディミトロフも同意）、王は論文「独立自由幸福の中国のために奮闘せよ」で「すべては抗日に服従すべきだ」として蔣との統一戦線樹立を主張、これはコミンテルンの八月一五日発出の指示に反映された。指示を受けた中共中央は、八月から九月、「逼蔣抗日」に路線を転換した。要するに、三三年初め以後の中共の統戦政策模索の中、王明は多くの場合これを先導し、統一戦線形成に極めて重要な役割を果したのだった。(13)

このほか、劉俊民等「王明の抗日民族統一戦線戦術制定における歴史的役割」（一九九六年）も、同様に王明を高く評価しているが、ここまで全面的に王明を再評価し、彼がほぼ一貫して「広範な統一戦線」樹立へと思想を展開させ、コミンテルンを通して中国共産党の政策をリードしたとするなら、またコミンテルンと王明の関係を、前者に対する後者の寄与を強調して説明するのであれば、疑問を感じざるを得ない。実際、李良志論文とほぼ同じ頃に発表された二つの論文は、こうした研究動向に対し有力な批判を展開するものになっている。

その一つ、黄啓鈞「中共駐コミンテルン代表団と抗日民族統一戦線の形成」（一九八八年）は、中共代表団の統一戦政策確立における貢献の大多数は、コミンテルンの指導・支援と切り離すことはできないとし、さらに両者間の不一致をも指摘する。三五年一一月以後、確かに代表団はコミンテルンの提案にもとづき、条件付きで蔣介石を含める統一戦線樹立を呼びかけたが、それはあくまでプロパガンダであり、代表団は「抗日反蔣」の方針を放棄しなかった。三六年三月下旬、コミンテルンは抗日と反蔣を並立させるスローガンの改変を決定し、蔣介石の南京政府に柔軟な戦術をとるよう指示、このため代表団も国民政府に国共合作をよびかけ、四月中旬の会議では「抗日反蔣」を「反日討賊」に改めたが、これも戦術的スローガンにとどまった。三六年五月、王明は蔣介石を「中国人民と紅軍の主要な敵」とする文章を『救国時報』に発表したし、六月に始まる両広事変に際しても、ソ連の意思表明とは逆に、これを支持する社説を出した。同月、無線連絡の成功により、陝北の党中央が依然「抗日反蔣」の方針であることを知ったコミンテルンは、再び中共中央と代表団に「抗日反蔣」政策を放棄し、「連蔣抗日」を実行するよう要求した。ここに、代表団は「抗日反蔣」を放棄せざるを得なくなり、中共中央にもコミンテルンの意思を伝え、すべての内戦停止と紅軍・蔣介石軍の抗日救国統一戦線のスローガンを強く打ち出すよう主張した。八月一五日、コミンテルンは正式に中共中央に対する指示を出し、「すべては抗日に服従せねばならない」とした。同二一日、中共代表団も会議を開いて従来の「反蔣抗日」方針を自己批判した。そしてこれ以後、コミンテルンは（代表団を通さず）直接中共中央に指示を発するようになる、と。

楊奎松「王明の抗日民族統一戦線戦術方針形勢過程における役割」（一九八九年）が提示する王明像も、李良志論文とは一八〇度逆の、ソヴィエト革命論に固執し、自己保身をはかる党官僚である。楊によれば、王明は「三条件」や「一・二六指示書簡」を提起したものの、その本音は大規模な革命暴動と戦争の準備にあり、日帝の侵入はむしろソヴィエト革命に有利な階級関係の発生だった。コミンテルン第七回大会でも、彼の言う「反帝人民統一戦線」のスローガンは、資本家層や国民党を事実上排除するものだった。大会後に彼が現実的な情勢判断を行なったのは確かだが、まもなく（三五年九月）「八・一宣言」の公表を決めたのは、反蔣勢力の連合と、大規模な反蔣運動を引き起こすためでもあった。これ以後、中共代表団は明確に「反蔣抗日」を提起するようになるが、蔣介石政府と相互援助条約締結を目指していたソ連の意向により、王明は一時（三五年一一月～翌年一月）、第二次国共合作を提起し、従来の激しい反蔣の論調を改めた。ただし、三六年二月には再び反蔣宣伝を始め、西北での「抗日反蔣」実現のため人を派遣した。彼は、南京とソ連の同盟成立が自分の立場を失わせることを恐れていたのである。従って両広事変に際しても、ソ連外交の方針とは異なって、蔣介石を「中国人民と紅軍の敵」と指弾した。このため七月、コミンテルンは中国問題についての会議を開き、あらためて中共中央に抗日民族統一戦線戦術を実行し、蔣介石軍との停戦協議に力を入れるよう指示した。このコミンテルンの決定が、王明にソヴィエト運動論を放棄させた（ただし、大衆獲得のため一時の、やむを得ない手段として[14]）。

このように王明再評価論（李良志）と王明再批判論（黄啓鈞・楊奎松）を対比すれば、事実関係の整合性から言っても、説得力は後者にあると考えざるを得ない。しかしこのことは、王明評価の問題を超えて、抗日民族統一戦線論の形成に関する、中国共産党の「独自性」をかなり限定的に想定させることになる。なぜなら、見てきたように中国の研究者たちは八〇年代半ばからの論争の中で、抗日民族統一戦線論の確立におけるコミンテルンの影響（指示）を認めてきたからであり、そのコミンテルンの中での中共指導者たる王明の役割が否定されるとすれば、抗日民族統一戦線樹立を中共独自の方針決定と見なす余地がなくなるからである。ならば、中共の統一戦線政策における独自性とは――それがあるとすれば――何か。それはおそらく、統一戦線の方針決定ではなく、これを具体的にどう運用するかの政策として指摘できるのではないか。楊奎松が指摘するように、コミンテルンが命じた「連蔣」政策を、「逼蔣」として、すなわち国民党系の非（反）蔣介石系の勢力と結ぶことで実現しようとしたことは、そしてこの政策が、西安事変として実現したことは（もちろんこれが唯一の事例ではないはずである）、中共の抗日民族統一戦線形成史における独自の模索として認められるべきであろう。

では、その西安事変に至るまで、共産党の対手であった国民党系のナショナリズム・抗日論はどのようなものとしてあったのか。共産党が「逼蔣」の戦術を選んだこと、あるいは選ばざるを得なかったことは、そのナショナリズム・抗日論の位相に関わっていよう。そして、ある意味で国民党的ナショナリズムと共産党的ナショナリズムの激突の場であった西安事変は、どのようにして解決を見たのか。以下、これらについての近年の研究を紹介しよう。

三　国民党の抗日論

国民党系の抗日論・ナショナリズムを考える場合、蔣介石の所謂「安内攘外」政策を再評価しようとする研究の動向が注目される。もちろん従来、中国の歴史研究者からすれば、満州事変以後の国民政府は蔣介石にせよ、汪精衛にせよ、対日妥協を主張していたのであり、「安内攘外」とは前者の反動的方針に他ならなかった。(15)また一方では、代表的な国民党史家の一人である李雲漢の『中国国民党史述』(一九九四年)は、蔣介石が三三年三月の時点で八年後には東三省のみならず、台湾、朝鮮を回復すると講演したことを指摘し、三四年七月、廬山軍官訓練団での講演では、中国には日本人に抵抗する条件はないが、「外侮に抵抗し民族を復興すること」は革命軍人の天職であり、全国同胞の共同責任である、とし、守勢を攻勢とすること、縦深防備や遊撃戦、経済抵抗などを提案したこと、また同年一二月蔣が口述し、観測気球として別人の名義で発表した「敵か？　友か？」は、中日関係の悪化では双方が誤りを認めねばならない、「もし日本が中国と戦えば、所謂正規の決戦など行なわれず、日本が中国の一方里ごとに占領し、徹底的に中国を掃滅させるまでは、戦争の終結とすることはできない。……日本はせいぜい中国の若干の交通の便利な都市と重要な港湾を占領できるだけで、決して四五〇〇万平方里の中国全土を占領できない」として将来の抗戦のあ

り方をほぼ予想していたこと、を指摘する。(16)

もっとも、余子道「敵か？　友か？」（二〇〇〇年）によれば、「敵か？　友か？」には、日本に中国の独立の徹底支持や東北四省返還の上での懸案解決を求め、日本にも反省を求めながら、この中国の「敵」を「友」にするねらいがあった。しかも汪精衛派が同文よりも妥協的な提案を出し、日本側がこれを「媚日」のサインと受け取ったため、蔣介石の「中日親善」の表明（三五年一月）、さらには日中両国公使の大使昇格（同五月）、睦隣敦交令の公布（同六月）につながったのである。――このように蔣介石の言論が二通りに解釈できること自体が、当時の彼の二面性を示しているのだが、一方で、近年の日中両国の研究が、蔣介石の安内攘外論や抗日論をその二面性を踏まえて再評価を行なおうとしていることも指摘されるべきである。

蔣介石を含む国民党系の抗日論について、七〇年代半ばから先駆的な研究を行なった今井駿は、『中国革命と対日抗戦』（一九九七年）で、妥協一辺倒と誤解されがちな国民党系の言論にも、「即時抗日」論があったことを指摘し（投機的な孫科ら西南派にしか支持されなかったものではあるが）、蔣介石の安内攘外論をも「抗日」論の一つとして検討する。今井は、蔣介石が中国側に総力戦の何の準備もないことを安内優先の根拠を置き、日本との長期戦のためには奥地・後方を確保する必要を認識していた、それは決して単純な敗北主義ではないとして、蔣介石の「政治的＝階級的リアリズム」を指摘するのである。さらに、西村成雄も、池田誠編『抗日戦争と中国民衆』の第一章「概観―中国ナショナリズムとしての『抗日救亡』論―」（一九八七年）で、「国民党・国民政府の主流は、『中華民族国家』形成への熱意をもつ点で、当時の中国ナショナリズムの上層部分（これを国民党的ナショナリズムと呼ぶ）を代表しえていた」し、その「政策選択こそ『安内攘外』論にほかならない」との提起を行なった。

このような今井や西村の問題提起に対して、以下の諸論文は、安内攘外論をナショナリズムとしての、あるいは政策・戦略として何らかの「妥当性」を認めた上で、限界や失敗の原因を追究するものとなっている。石島紀之「国民政府の『安内攘外政策』とその破産」(一九八七年)は、国民党的ナショナリズムを代表する「抗日論」としての安内攘外論は、奥地の統一と建設など抗戦の論理を内包していたが、本質的には反人民的で民衆の自覚性に依拠しないから、その抗戦の展望は消耗戦で時間をかせいで国際情勢の変化を待つものでしかなかった、それは抗日ナショナリズム全体を代表できなかったし、三五年後半以降急速にリアリティーを失った、とする。また安内攘外は国家の危機回避のための苦渋の選択肢の一つとする横山宏章「『安内攘外』策と蔣介石の危機意識」(一九九六年)は、蔣介石の異分子排除を主目的とする軍事的解決は、彼自らの政治的権威を失わせ、政策を失敗させたと指摘した。樹中毅「安内攘外政策と中国国民党の政策決定過程」(一九九八年)も、安内攘外政策は、東北等での日中武力衝突と統一政権の維持という二つの課題に対応し、国家分裂の危機を乗り切るための政策だったとしながら、国民の充分な支持を得られない遂行は、国民党の政治的威信を著しく傷つけた、と結論する。

日本の学界にやや遅れ、中国にも安内攘外政策を見直そうとする研究が現われている。たとえば、賀新城「九・一八事変後の中国統一問題を論ず」(一九九四年)は、「統一と抗戦の相互関係に限れば、国民党蔣介石が安内(統一)を攘外(抗日)の一義的な前提としたことは、当時の中国の現実に適合しており、中国の社会各界の絶対多数の見解と相似していた」とする注目すべき発言を行なった。また、黄道炫「蔣介石『攘外するには必ず先ず内を安んず』方針の研究」は、蔣介石の用語が「攘外必先安内」から一九三四年以後「安内攘外」へと変化したことを見出し、後者では「攘外」準備に内容が転化し、「安内」と「攘外」の間に必ずしも前後関係はない、とする。また楊天石「盧溝橋事変前の蔣介石の対日謀略」は、蔣介石の日記という第一次資料を利用して、新たな事実を発掘した。すなわち、蔣介石は、満州事変後いったんは「北上抗戦」を決意して遺書まで用意したし、上海事変・長城抗戦後の中日関係の改善策も、対日戦を長期戦と見た彼の戦術でもあった。彼はソ連と結ぶ一方、「日ソの衝突を促進する」と日記に記し、一三三年初めから中国東南地区の国防計画を練り、紅軍追撃を隠れ蓑に四川など西南地区を将来の抗戦根拠地としようとしていた。批判されるところの多い彼の対日政策は、一面ある種の「謀略」であり、譲歩と同時に抗戦を準備するものであったのである。(17)

このように、国民党の抗日論（ナショナリズム）が検討されるのであれば、国民党が「安内攘外」を標榜しながら、共産党が「反蔣」を主張する中で三五年末から始まった国共交渉にも、違った角度から光があてられよう。従来の中国の概説や通史などでは、こうした国共交渉も、抗日のため中国共産党の側から提起したことが強調されることが多かった。(18)が、井上久士「国民政府と抗日民族統一戦線の形成」（一九八六年）は、三四年半ば以降、蔣介石は日中間の全面戦争を不可避なものと見て対ソ関係改善を目指したこと、そこから、三五年秋以降、「安内」の対象たる中国共産党と和解し、中国の統一を促進するという動きにでたこと、を指摘した。それはソ連からの物資補給ルートの確保、紅軍の投入による抗戦力の強化をねらうものでもあった。楊奎松『失われし機会?』（一九九二年）も、三五年以降の国共交渉について、華北分離工作の進展を契機に、日本の軍事侵略に対処するため国内の政治統一を急いだ蔣介石が、優位になった力関係を背景に政治・軍事の両面を駆使して共産党問題の根本的解決を目指したこと、モスクワ・北方局・董建吾・張子華の各ルートを介して中共との接触に成功したこと、を指摘する。こうした折衝の結果、三六年一一月には中共代表潘漢年と国民党代表陳立夫の交渉が実現したが、結局折り合いがつかずに決裂、その翌月に西安事変が勃発し、周恩来・蔣介石会談が実現、両党の妥協が実現したのである。(19)

この第二次国共合作、ひいては抗日民族統一戦線の成立に大きな意義をもった三六年一二月の西安事変については、かつて二つの大きな問題があった。一つは西安事変の当事者——蔣介石と、彼をクーデタで軟禁した張学良、中共代表の周恩来、この三名の間でどのような合意が行なわれ、その結果として蔣が釈放されたのか、であり、もう一つは、共産党は当初から事変の平和解決を目指したのか、それともエドガー・スノーや張国燾が言うように、共産党は蔣介石の「人民裁判」を主張したが、「スターリン電報」の指示で平和解決に方針転換したのか、である[20]。この二つが長きにわたって議論の的となり、また「歴史上の謎」とされてきたのである。そして事変発生から四十数年後、前者の蔣・周合意の内容については、一九八〇年に党中央宛の周恩来電が公表されることでようやく明らかにされた。蔣介石は口頭で、紅軍と連合して共産党を容認すること、ソヴィエト区の現状を維持し、張学良を通じて紅軍に物資を供給すること、抗戦の決行後政府軍に編入することを約していたのであった[21]。

さらに後者の事変に対する共産党の方針問題についても、八〇年代次々に発表された中国の党史研究者の諸論文により、ほぼ解決されたかに見えた。すなわち、中共中央政治局の会議記録を利用した丁雍年「わが党の西安事変平和解決方針の問題について」（一九八二年）は、張国燾の「スターリン電報」一二月一三日到着説は、中共の無線機が一三日夜にタス通信の西安事変報道を受信した事実と取り違えたものであり、コミンテルンからの電報は、いったん一六日に到着したが、暗号コードのミスで読めず、再度の打電をへて解読できたのは中共が平和解決方針を決定した後の二〇日だった、とした。さらに、李海文「周恩来の西安事変平和解決に対する貢献」（一九八七年）、張培森等「張聞天と西安事変」（一九八八年）、殷子賢「西安事変の平和解決と張国燾の謬説」、金冲及主編『周恩来伝』（一九八九年）[22]など一連の中国の党史研究者の研究も次のような見解を提示した。——中国共産党の平和解決方針は、西安で交渉に当たった周恩来の報告を踏まえ、毛沢東ら中央政治局が独自に決定したものである。西安事変勃発の翌日（一二月一三日）に開かれた中共中央政治局常務委拡大会議では、「蔣介石を罷免し、人民裁判にかけることを要求する」「蔣を除いてしまうことは、どの面でも利点がある」との発言があったが、周恩来や張聞天は南京との対立回避を主張、毛沢東も「反蔣と抗日を並立させない」という発言で議論を締めくくった。こののち、毛沢東、朱徳ら紅軍将領一五名の名義で出された「国民党国民政府あての電報」（一五日）は、内戦停止とともに、蔣介石罷免・「国人裁判」を主張したが、この一五日電の重点は前者の内戦停止にあった。一七日に西安に到着し、交渉を開始した周恩来の中共中央への打電の結果、一九日、政治局会議は平和解決の方針を確定した。コミンテルンからの電報は、この方針確定後の二〇日になって到着したものである、と。このほかにも、中共中央党史研究室『中国共産党歴史』（一九九一年）は、一七日に西安に到着した周恩来が張学良らに「中共中央の平和解決の方針」を伝えたとして、この方針が早くから決まっていたように記述し、(23)劉吉主編『中国共産党七十年』（一九九一年）も、当初蔣介石殺害の主張はあるにはあったが、これは最終的には否定され、一二月一五日以前に中共の平和解決の方針は確定されていたとする。(24)

要するにこれら一連の研究は、「スターリン電報」説を否定し、中共中央が平和解決に向け、早くから主体的に意思決定を行なったことを強調しているのである。

これらに対して、西安事変の過程を詳細にたどった前掲李義彬主編『内戦から抗戦へ』第五章「西安事変」は、一二月一三日の中共政治局会議は「審蔣」「除蔣」を基調としながらも、蔣介石の処置問題や政権構成など重要な問題で意見が一致しなかったとし、同日以後の中華ソヴィエト共和国政府機関誌『紅色中華』の報道（蔣介石罷免・人民裁判を要求）や毛・朱らの一五日電を検討した上で、中共中央の対蔣策は一時的には「反蔣抗日」に回帰したこと、しかし、全国的な蔣介石擁護の世論、周恩来の活動、親日派の南京政府制圧、ソ連の事変非難などの状況から、中共中央が一九日の会議で平和解決を決定したとする。(25)また、沙健遜主編『中国共産党通史』第三巻（一九九七年）も同様に、中共中央の一三日会議は、蔣介石をどうするか明確な方針を提起しなかったし、毛・朱らの一五日電なども状況が不明のまま出されたものだった、と主張し、西安に飛んだ周恩来からの「蔣介石の安全保証」提案や『プラウダ』の事変非難、各政治勢力やメディアの反応（張学良らに反対か中立）をふまえ、一九日の中共政治局会議が平和解決の方針を確定した、とした。(26)

一方、日本の研究では、諸研究の動向をトレースした宇野重昭「西安事変研究とその意義」（一九八八年）が、スノーの記述を原則的に正しい、とする一方、安藤正士「西安事件と中国共産党」（一九九三年）は、事件当初、共産党は蔣介石を人民裁判にかけようとしたが、ソ連・コミンテルンの批判、中央軍による西安の包囲、地方実力派・各団体など国内各勢力の非難という状況に対応すべく平和解決に路線転換した、と李義彬らと共通する議論を展開した。また西村成雄『張学良』（一九九六年）は、西安事変発動の背景に張学良のアイデンティティ・クライシスを指摘する思想史的アプローチに重点をおき、(27)事変での共産党の対応については、中国の一部の研究と同様、一三日の政治局会議での平和解決方針決定説に立った。(28)

すなわち、九〇年代半ばまで、西安事変についての研究の多くは（宇野や安藤、李のものを除き）、事変に対する中国共産党の平和解決の志向、とりわけ周恩来の活躍を指摘してきたのである。だが、これらに対し、大量の第一次資料を利用し、ラディカルなまでに新しい「西安事変像」――張学良が中国共産党の「反蔣抗日」の方針の影響下、「擁蔣」から「反蔣」に走り、最終的に西安事変を引き起こした――を提起したのが、楊奎松『西安事変新探』（一九九五年）である。

たとえば、従来の研究は、西安事変から八カ月前の周恩来・張学良会談（三六年四月）では、張学良が蔣介石の抗日の可能性を主張し、共産党の「反蔣」には同意しなかった、(29)としてきた。ところが、周恩来の報告原文を分析した楊奎松によれば、この時すでに張学良は「反蔣」に傾いており、(30)彼は五月には「抗日反蔣」と西北での状況打開の意図を中共側に伝え、(31)毛沢東も「西北国防政府」の樹立、中国革命の「先駆的勝利」を西北で勝ち取ることを構想した。(32)張学良は、蔣介石と決別する決意を固め、六月末には中国共産党に入党を申請するのである（ただしコミンテルンはこれを却下）。また、その背景には張学良の中共への同調のほか、ソ連の支援獲得という現実的な目的もあったこと、(33)張学良は三六年二月以降、紅軍の軍事行動に協力し、一〇月の紅軍の寧夏作戦(34)や一一月の国民政府軍との山城堡戦役でも、東北軍の部隊が協力していたことが指摘される。

そして、楊奎松は多くの研究が論じてきた、西安事変での共産党の平和解決方針についても、新たな事実を提示した。第一に、蔣介石の殺害や人民裁判は、当初から中共の選択肢の一つだった。一二月一二日朝、蔣介石を拘束したとの張学良の打電を受けた中共中央は、同日夜、蔣を張自身の衛隊内に拘留し、緊急の際には殺害するよう返電し、また北方局には、蔣介石の罷免と人民裁判を南京政府に要求する運動を起こすよう指示電を出していた[35]。さらに、一二月一三日の政治局会議で、「蔣を除いてしまうことは、どの面でも利点がある」と述べたのは、ほかならぬ毛沢東であり、会議は南京政府や政治勢力各派の西安事変に対する支持を獲得するという前提付きながら、「蔣介石を罷免し、人民裁判にかけることを要求する」方針を確定したのだった[36]。第二に、西安到着後の周恩来の電報には、「内戦になれば西安の包囲攻撃が不可避になる前に、〔蔣介石に〕最後の手段〔殺害〕を行なうことに、張は同意した」とあった[37]。蔣介石殺害というオプションは、張学良も共有するものだったのである。そして第三に、事変が平和解決したのは、中共中央の主体的な意思決定というより、事変の成功にとって必要なソ連の同情と支援が得られなかったからであり、一八日と一九日、国民政府のラジオ放送によって『プラウダ』が張学良と西安事変をきびしく批判していることが判明したからである。こうして一九日の政治局会議では、張聞天が「蔣介石を人民裁判にというスローガンは妥当ではない」などと発言し、内戦回避のため蔣介石の生命の安全を保証することになり、西安に政府を樹立する構想も取り消されたのである[38]。

同書に対しては、代表的な国民党史家、中共党史研究者である台湾の蔣永敬と大陸の陳鉄健が書評を発表し、それぞれ同書を高く評価しながら、いくつかの資料解釈をめぐり疑問点を提示しているが[39]、この『西安事変新探』が、長く「神話」のベールにつつまれてきた西安事変の、数多くの事実を明らかにしたこと、今後の抗日民族統一戦線研究にとって、参照不可欠な研究書であることは、誰もが認めるであろう。

おわりに

このように見てくれば、抗日民族統一戦線の形成をめぐる研究が、ここ十数年で大きな進展を見たことは確かである。かつて日本でもさかんであった共産党中心の「革命史」の呪縛から解き放たれ、国民党の抗日論・ナショナリズムも正面から議論されて、蔣介石の安内攘外論も国民党の立場から国家統一を目指す（その意味で抗日論も内在させた）ものとして評価されるようになってきた。また、こうした統一戦線運動の中での大衆運動の役割も、主に一二・九運動や救国会運動について実態が明らかにされてきた。

さらに決定的な進展を見たのが、共産党の統一戦線論研究である。その形成は三五年一月の遵義会議ではなかった。「反蔣抗日」としての提起は、三五年の「八・一宣言」であったが、それが「連（逼）蔣」に転換するのは、三六年の「五・五通電」ではなく、三六年九月を待たねばならないのであり、しかもいずれの転換にもコミンテルンの決定的な影響があった。さらに王明のコミンテルンにおける役割も、主体的に統一戦線理論に寄与したというより、消極的な代言人といった存在であったことも明らかにされた。西安事変で中共は当初から平和解決を主張していた、といった神話のベールもはがされた。おそらく、こうした事情もあって、中国の学界は近年、抗日民族統一戦線の形成よりも、統一戦線の下で戦われた日中戦争（抗日戦争）に関心が寄せられているように思える。

しかし、こうした研究の進展によって、中国共産党独自の政策が全面的に否定されたわけではない。前述のように、共産党中央は、コミンテルンの「連蔣」指令を「逼蔣」政策として実行した点では独自の行動を示し得たからである。さらに、統一とナショナリズムを同時に志向した国民党に対峙した大衆団体や、各地の共産党組織あるいは個々の党員の行動が完全にコミンテルンや党中央に従っていたわけでもない。福本が指摘するように、一九三五年の共産党は、紅軍主力の長征開始や上海中央局に対する度重なる弾圧により組織連絡が寸断され、ピラミッド型の組織によって中央から下部に意志が伝達される体制にはなかったからである。また、「毛沢東思想」によって党員たちの「思想統一」がなされるのも数年後のことである。前述の平野・水羽論争により明らかになった、党の大衆団体への「指導」の多層性と大衆団体の党への影響の可能性を考えれば、そして抗日民族統一戦線形成の課題が北京や上海の人々によってのみ担われたわけではないとすれば[40]、研究史に残された課題は、①地域論的なアプローチの中での、②大衆運動と党の関係の追究、ではないだろうか。統一戦線の主な担い手である国民党と共産党の両者の歴史が、ともに従来のステレオタイプの批判や称揚から免れることが可能になった今日、それらこそが抗日民族統一戦線の形成史を豊かにし、また深化させることになるはずである。

（1）　また、中央統戦部・中央檔案館編『中共中央抗日民族統一戦線文件選編』上・中・下（檔案出版社、一九八四年九月〜八六年五月）、李勇・張仲田編『抗日民族統一戦線大事記』（中国経済出版社、一九八八年一一月）のような工具書が刊行されたのも八〇年代半ば以降のことである。

（2）　同文書の公表は九月中旬に決定され、アメリカの中共党員に三万から五万部を印刷して、中国の軍・政府機関、党派、新聞社、社会団体に送ることになった（黄啓鈞「中共駐共産国際代表団与抗日民族統一戦線的形成」『中共党史研究』一九八八年六期）。さらに原版をモスクワで作り、これをパリに運び、『救国報』第一〇期（一〇月一日付）に掲載した（王美芝「中国共産党在海外的両分報紙――《先鋒報》和《救国時報》」『新聞研究史料』四八、一九八九年一二月）。

（3）　なお、資料集としては中共北京市委党史資料徴集委員会編『一二・九運動』（中共党史資料出版社、一九八七年六月）がある。

（4）　もっとも一二・九運動については、水田も「中共北方局指導のもと」に行なわれたとして、共産党の指導を認めている（前掲福本論文によれば、「指導」を行なったのは中共北方局というより、北平市委の職権を代行した共青団員たちと北平学連の党フラクションではあるが）。

(5) このほか、救国会派の運動を扱ったものに青柳純一「救国会派と第二次国共合作――『団結禦侮』声明を中心として」(『歴史研究』二四号、一九八七年二月)がある。

(6) 平野はここで、三六年四月初めには、中共指導部は「『反蒋抗日』の立場から変化し、蒋介石をも抗日の統一戦線に組み込みうる対象として」いたとした上で、救国会の「反蒋抗日」プロパガンダを「いちじるしい立ちおくれ」と批判するのだが(平野『北京一二・九学生運動』一四五頁)、平野も言及する中国の研究によれば(同書、二〇三頁)、共産党中央の政策が明確に「反蒋抗日」から「逼蒋抗日」に変わったのは、三六年八~九月であったのだから、この時期の救国会の「反蒋抗日」プロパガンダを「立ちおくれ」と見ることはできない。

(7) このほか、中国でも抗日救国会運動については、郭緒印・盛慕真「評『救国会』抗日救国的政治主張」(『上海師範大学学報』一九八五年二期)が、全国救国会を、共産党の影響下に「進歩的な知識人が主体となって」として成立した、抗日堅持・妥協反対がその思想的基礎であり、抗日民族統一戦線の成立がその一貫した主張であったとし、方敏「再論抗日民族統一戦線的形成」(『中州学刊』一九九二年六期)も、民族ブルジョアジーやインテリなど中間層を代表する党派や団体(中間勢力)との関係に注目して統一戦線の形成を段階付け、中間勢力の一つとして全国救国会は「中共の賛同と肯定を受けた」との位置づけを与えている。

(8) なお、この論文は他に、抗日民族統一戦線は王明の「下層統一戦線」戦術の否定であること、「抗日反蒋」は、抗日民族統一戦線の一定の歴史条件の下では必要な構成部分であったことを主張している。

(9) なおこの問題については、他にも代表団作成説や中共中央説の立場をとる論文が発表されたが、殷子賢・曹雁行「一九三五年一〇月《秘密指示信》作者考」(『近代史研究』一九九〇年三期)が、上海臨時中央局の作成であることを論証した。中央檔案館の研究者である殷と曹は、指示書簡が「八・一宣言」などを踏まえているから、陝北にあってその伝達を受けていない党中央の作成ではありえないとし、福建の党組織の文書には、これを上海の中央局から受け取ったとの記載が見えることなどから、上海臨時中央局の作成であると結論した。

(10) なお、日本では研究では光田剛「東征と中国共産党の『統一戦線』政策―『毛沢東年譜』所収の史料を中心として―」(『立教法学』四八号、一九九八年)が、紅軍の東征の挫折とそれによる「抗日反蒋」政策の行き詰まりが、その後の「逼蒋抗日」への転換と東北軍工作に大きな影響を与えたとし、同「『逼蒋抗日』政策への転換過程―中国共産党一九三六年五~

八月―」(『立教法学』五〇号、一九九八年)は、紅軍第一方面軍(党中央)の「生存戦略」としての政策転換の過程を三六年五月から八月にかけて詳細にたどっている。

(11) 田中の指摘については、李良志著・田中仁訳「抗日民族統一戦線樹立における王明の役割について」解説(『大阪外国語大学論集』二号、一九九〇年)。また、中国の代表的な党史である中共中央党史研究室『中国共産党歴史』(人民出版社、一九九一年七月)にあっても、かの「八・一宣言」について、王明の名は全く言及されていない(上巻、四〇〇~四〇一頁)。

(12) このほか、田中仁「中国共産党における抗日民族統一戦線理論の確立」は、中共のソヴィエト革命路線から抗日民族統一戦線理論の確立にいたるまでの過程を通論し、「八・一宣言」の発出は、中共的ナショナリズムの成立を意味したこと、瓦窯堡会議での中共の路線転換は、コミンテルンの提起を従来の政治路線に引きつけて行なわれたこと、中共の抗日民族統一戦線理論の確立のためには、「抗日」と「民主」の結合が具体化されねばならなかったが、それは三七年五月の中共ソヴィエト区代表大会で達成された、とする(池田誠編『抗日戦争と中国民衆―中国ナショナリズムと民主主義―』法律文化社、一九八七年五月、第四章)。なおこのほか、田中には、「中国抗日民族統一戦線研究に関する覚書――中国共産党の政策を中心に」(桑島昭編『両大戦間期アジアにおける政治と社会』大阪外国語大学、一九八七年)がある。

(13) 李良志は、近年にも「関於中共駐共産国際代表団対建立抗日民族統一戦線的作用問題」(『北京檔案史料』二〇〇〇年四期)を発表しているが未見。

(14) 楊奎松によれば、王明はどう蔣介石を統一戦線に引き込むかについては、何の考えも持っておらず、中共中央こそが「逼蔣抗日」という方策を提起しえた。このため、王明は少しずつ統一戦線問題での発言権を失い、そのゆえにこそ、王明は徹底的にコミンテルンとソ連の代言人へと変身をとげ、両者の政策の変化にともなって、もう一方の極端へと道をたどったのである。

(15) たとえば、郭大鈞「従〝九・一八〟到〝八・一三〟国民党政府対日政策的演変」(『歴史研究』一九八四年六期)は、このような評価である。

(16) 李雲漢『国民党史述』第三編(中国国民党中央委員会党史委員会、一九九四年一一月)二四三~二五〇頁。

(17) このほか、李雲峰・葉揚兵「蔣介石〝安内攘外〟理論的両箇層次及其関係」(『史学月刊』一九九六年三期)は「安内攘外」論を、満州事変以前は共産党や反対勢力を撲滅するための具体的な政策論であったが、事変後は、全般的な戦略にレヴエルアップしたと、二段階に理解している点に特徴があるが、後者の段階でもそれは必然的に対日妥協の政策理論に具体化されたと見る点では、従来の研究の見解に近い。

(18) たとえば、国共交渉についてのまとまった資料集である中国共産党歴史資料叢書『第二次国共合作的形成』(中央党史資料出版社、一九八九年一一月) もこうした立場である。

(19) 同書には、田中仁の読書ノート「楊奎松『失われし機会?—抗戦前夜における国共交渉実録—』」(『大阪外国語大学アジア学論叢』四号、一九九四年一月) があり、本稿の要約もこれを参照した。

(20) スノーは、①陝西省の保安で蔣介石逮捕祝賀大会が開かれ (毛沢東も演説)、蔣の「人民裁判」要求決議が採択されたことを伝える葉書を、保安在住のアメリカ人医師から三六年一二月に受け取ったこと、②三七年一一月のX (宋慶齢) に対するインタビューで、Xが、「毛沢東は……モスコウから蔣の釈放指令がきたとき、真っ赤になって怒ったものです」と述べたこと、スターリン電報はXが転送したことを聞き知ったこと、を述べている (小野田耕三郎・都留信夫訳『中共雑記』一九六四年一一月、二二一～二二三頁)。

また、張国燾は、一二月一二日に張学良から緊急電を受け取った中共中央は、張学良・楊虎城に蔣介石との決裂を促すつもりであることをコミンテルンに報告し、指示を求めた。ところが、一三日に届いたモスクワからの返電 (スターリン起草) は、西安事変を日本の陰謀だとし、中共はこれを平和解決せねばならない、という内容のものだった。中共はやむなく、この指示にもとづき、張学良と交渉を試みるよう西安の周恩来に打電した、とする (『我的回憶』第三冊、明報月刊出版社、一九七四年)。

(21) 「関於西安事変的三箇電報」(『周恩来選集』上、人民出版社、一九八〇年一二月、七〇～七三頁)。このほか蔣介石は、中央軍の撤退、孔祥熙・宋子文の行政院正副院長就任・張学良との組閣協議、七人の愛国指導者の釈放、国民大会の開催、ソ連や英米との連携を認めた。

(22) 金冲及主編『周恩来伝　一八九八—一九四九』(人民出版社、一九八九年二月、三二四～三三九頁)、邦訳・狭間直樹監訳『周恩来伝』中 (阿吽社、一九九二年一〇月、六八～八九頁)。

(23) 中共中央党史研究室『中国共産党歴史』(人民出版社、一九九一年七月、四四〇頁)。

(24) 劉吉主編『中国共産党七十年』(上海人民出版社、一九九一年六月、二六一頁)。

(25) 前掲李義彬主編『従内戦到抗戦』六七三～六八四頁。
(26) 沙健遜主編『中国共産党通史　第三巻　掀起土地革命的風暴』(湖南教育出版社、一九九七年九月、七三五～七三七頁)。
(27) 西村によれば、張の思想の中では、国内統一を目指す蔣介石の「救国イデオロギー」と民族を滅亡から救おうとする「救亡イデオロギー」が共存していたが、三六年六月頃には後者が優位にたった。そして、その抗日救亡アイデンティティは、蔣介石の剿共の強要によって、クライシスに至ったから、事変を起こさざるを得なかったのである(西村成雄『張学良――日中の覇権と「満洲」』岩波書店、一九九六年五月、一八〇～一八一、二一〇～二一一頁)。
(28) 同前書、二一四頁。
(29) 前掲李義彬主編『従内戦到抗戦』(二九八～三〇〇頁)や金冲及主編『周恩来伝』(三〇九頁)は、この張学良の主張を、中共中央の統一戦線戦術が四カ月後に「反蔣」から「逼蔣」に転換する重要な要因の一つとしている。
(30) 楊奎松『西安事変新探』六七～六八頁。
(31) 同前書、八三頁。
(32) 同前書、八八～八九頁。
(33) 同前書、一〇九～一一〇頁。
(34) ソ連から武器援助(約六〇〇トン)を受けるためのものであったが、国民政府軍により紅軍が黄河の東西に分断され、しかも一一月初めになってソ連が物資引渡地点を新疆の哈密(ハミ)に変更することを通知してきたため、失敗に終わった(同前書、二二八～二三七頁)。
(35) 同前書、二九六～二九九頁。
(36) 同前書、二九九～三〇一頁。
(37) 同前書、三〇八頁。
(38) 同前書、三三〇～三三一頁。なお楊は、前述の「スターリン電報」を宋慶齢が転送したという説(スノー『中共雑記』)について、当時コミンテルンと中国共産党は直接に無線連絡できたことを指摘し、スターリンが、中共中央と直接連絡経路を持たない彼女に打電することなどあり得ない、と断じている(同前書、三三一～三三四頁)。
(39) 蔣永敬「評楊奎松《西安事変新探――張学良与中共関係之研究》」(『国史舘館刊』復刊二二期、一九九七年)、陳鉄健「西

安事変簡論――読《西安事変新探》札記」（『歴史研究』一九九七年一期）。たとえば、陳は、三六年の五月の時点での張学良の「反蔣」の意思について、中共側の文書だけで決定づけられるか、張学良の蔣介石に対する関係はいわゆる「第二の忠誠」に類するものだったのではないか、と提起している。

(40) たとえば、東北については、李鴻文「論中共中央《〃一・二六〃指示信》対東北抗日闘争的影響」（『東北師大学報』一九八三年五期）、申言「党的抗日統一戦線政策与東北抗日連軍」（『社会科学輯刊』一九九三年一期）、などが、地域の問題として、統一戦線戦術を問題にしている。

近代天皇制論の理論的諸問題

――日中戦争期の全体主義化と権力の特質をめぐる論議の深化のために――

田中　明

一　問題の所在

筆者の関心は、近代天皇制論の学説史的概観を試みることなどに在るわけではなく、昭和帝政期に生じた天皇制国家の全体主義化に関する実証的研究の前提をなす理論的な諸問題を検討すべく、一九七〇年代ないしは八〇年代中葉における講座派史学系近代天皇制論の著しい分化と対立が齎した、国家論の諸類型を析出しそれらの理論的な問題点を剔抉することに論究の主要な課題が求められる点に注意を促したいと思う。

第Ⅰの類型は、講座派傍流の異端的系譜に属する一九七一年の後藤靖論文[1]に一つの再編された範型をみる。同氏の論説は、国家範疇としての封建国家に形態概念としての絶対主義を同化せしめる論理[2]において、労農派の見地に依拠しつつも講座派の結語に帰着せんとし[3]、維新の変革により創出された帝国に絶対主義の封建国家を見出す反面[4]、一九一八年を起点とみる「上からのブルジョア革命[5]」を、一九三八年に完成される上からのファシズム体制が完遂するという仮説[6]を唱える点では服部と意見がわかれる。服部之総の天皇制論は、一八九〇年ないしは一九〇〇年[7]におけるボナパルチスムへの移行を想定して、これを「上からの革命[8]」ならぬ上からの「ブルジョア革命[9]」の過程として把握するが、プロレタリアト主導による下からの革命に対置される上からの革命[10]を、「上からのブルジョア革命」と読み替えて「下からのブルジョア革命」の幻を夢みる服部の解釈はマルクス・レーニン主義からの逸脱である[11]。

第Ⅱの類型は、一九七一年の後藤靖論文に対する再度の批判[12]を通じて、八〇年代中葉に大石嘉一郎氏が到達しえた現代講座派の折衷主義的な見解である[13]。同氏の場合は、後進国型の資本主義ないしは帝国主義の国家形態としての、「近代的絶対主義[14]」を封建的絶対主義と区別する視点を把握した結果、封建国家に絶対主義を同化せしめる陥穽から脱却する反面において、いわゆる絶対主義の近代国家としての本質的性格の強調が同時に近代的形態の評価を要求し、

「近代的絶対主義」の立憲主義的側面の重視を求める志向を促して、一九〇〇年政友会成立以後段階の統治形態を単なる絶対主義と解さぬ論理の展開に道を開くということも避け難いところである。[15] 大内氏の連続説を批判して戦前と戦後の両段階の断絶性を強調する余りに同氏が犯した誤謬は、日本の戦後改革に氏もまた「上からのブルジョア革命」の完成形態を認めて服部之総の誤れる「革命」概念を受け容れ日本に対する適用を肯じた点に在る。[16][17]

第Ⅲの類型は、異端的にみえるが講座派の流れに属して労農派と実質的にことなる、一九七〇年代の末葉以後に装いを改めた木坂順一郎氏の天皇制論にその典型が見出される。[18] 明治憲法下の近代天皇制も、絶対主義ではなく資本主義の国家形態としての立憲主義であるとの仮説を共有しながらも、木坂氏が宇野派に対して有する決定的な相違点は、[19] 一九三〇年代に生ずる立憲主義から全体主義への政治体制再編を導いた、権力の主体を軍部よりも君主制の政治的な拠点をなす宮廷に見出すという点に求められる。[20][21] 木坂氏の国家論が、一五年戦争期に一貫して政治的主導権を掌握した、国家権力の担い手を宮廷貴族に、しかして、貴族の政治的権力を内より支える天皇の精神的権威、ないしは、絶対不可侵性の社会的培養基を地主制・家族制の共同体的秩序に求める限りは、地主的所有の前近代的ではなく半封建的もしくは封建的性格が、近代天皇制を中欧型の権威的な立憲君主制ともことならしめる識別の論拠をあたえるのである。[22][23][24][25]

総じて言えば、階級独裁が政治の次元における階級同盟の形態に実現せられる、国家の形態は、国家権力が統治機構の固有な形態を介して現れる独自な機能の形態において把握されうる。半封建的地主階級と資本家階級が同盟して後者の独裁を貫徹する天皇制国家の、立憲主義的な機構の形態における絶対主義的な機能の形態としての半封建的な国家形態と、資本家階級がその貴族的分派をなす前近代的地主階級と同盟して前者の独裁を実現する、立憲君主制の中欧的変種たる前近代的な国家形態とを混同せしめる諸説が容認されうる余地はありえないのである。[26][27][28]

二　一九七〇年代の再版服部学説

戦後段階の労農派もしくは宇野派における歴史研究が、一五年にわたる歳月を費して一三巻におよぶ叢書(1)を齎した、一九六〇年代末葉ないしは七〇年代初頭段階における、高度成長期の社会的変動に起因して派生した思想の動向は、七〇年代以後の時代に生じた講座派系史学の構成の著しい変化と分化を前提にして展開された、論争の基盤をなしその対立に基軸をあたえる理論的な諸問題を醸成せしめたものと看做しうるであろう。

たとえば一九七一年の後藤靖論文(2)において、結論的に後藤氏が、明治維新を絶対主義の成立の過程と看做す観点と、絶対主義国家機構の基底を半封建的土地所有の関係に求めるという点(3)については、講座派の伝統的な見地を継承して堅持する主張が認められると考えられよう。問題の所在は、後藤氏が維新により再編された天皇制を、「絶対主義」とみるか「ブルジョア国家」とみるか、と設問するその論理(4)は、五四年に宇野派の上記の叢書(5)が維新後の天皇制を、「ブルジョア政権」であるか「絶対王政」であるか、と設問したかの論理(6)と揆を一にするという点に在る。後者の史観が、「ブルジョア革命(7)」と看做す維新は「ブルジョア政権(8)」を生み落すと断ずる限り、「絶対王政」の「ブルジョア革命」による成立と「ブルジョア革命」もなき消滅の過程把握は、背理として否認される(9)。前者の場合は、維新期に成立して明治期に確立する、「絶対主義天皇制」が一九一八年起点の「ブルジョア革命」を経過して(10)ファシズム体制に転化する(11)、「統治機構」の「変質過程(12)」に関する過大な評価を通じて労農派史論の論理に講座派傍流の主張を合せるに過ぎない。独自な観点は、労農派が維新期に終ると論じた、絶対王政の解消過程を、後藤氏は大正期に始ると解して、服部之総の上からのブルジョア革命論(13)を上からのファシズム形成論に接合再編し、講座派傍流の異端的見解を継承しつつも換骨し奪胎しながら再生せしめる点に求められる。いずれにせよ、第一次大戦後ドイツの例にみる下からの革命の挫折とファシズム体制の支配が、ドイツ近代国家統合に際しての上からの革命の勝利とビスマルク体制の所産として理解される以上、第三帝国のファシズムに替るべき「上からのファシズム」を日本帝国に求める試みは、下からのファシズム体制も現れぬ日本に関して上からのブルジョア革命をみだりに論ずる危さを物語るのである。しかしながら、服部之総の異端学説が、初めは一八九〇年[14]に後には改めて一九〇〇年[15]に認めた絶対主義の解体過程を、服部亜流の後藤仮説は、一九一八年から一九三八年へと、上からのファシズム完成の過程において完遂せられる「上からのブルジョア革命」[16]に見出して異端の学説を補修した。そこにみる後藤説の異端性なるものは、第一に服部説との距離に由来する後藤氏に固有な異端の問題と、第二に講座派の正統的な学説との距離に起因する服部説の異端性という問題に識別される。まずは第一の異端の問題に関説すれば、服部の著述が、ビスマルクによる上からの革命を把握しえず上からのブルジョア革命の概念に逃れたその転向の是非は措くとして、服部の研究の主要な課題が、「封建」[17]絶対主義国家から「近代」資本主義国家への移行の軌跡を日本に見出す点に在ることだけは疑問の余地もありえない。とはいえ、後藤靖氏が上述の主要課題を修正し、「上からのブルジョア革命」を上からのファシズム『革命』に収斂せしめて把握するとき、「封建」社会から「近代」社会への社会構成の移行による国家体制の変革という革命の問題は、たくみに、絶対主義から全体主義への政治体制の形態転化を主題とする次元のことなる問題のうちへと解消される。ついで第二の異端の問題に論及すれば、講座派主流の正統的見解[18]は、「維新の変革」を資本主義の形成の起点をなした「社会革命」[19]と看做す反面において、「農業革命」[20]を完了しえない変革としての「明治革命」が、「半封建的土地所有」[21]に基盤をもつ「半封建的国家形態」[22]を存続せしめ、それゆえ、「明治維新」の遺産をなす「絶対専制」[23]に対峙すべき革命の性格は、「社会主義革命」への転化を志向する「民主主義革命」[24]であるとして当面の変革の課題を提示したのである。しかるに、講座派傍流の異端的解釈は、絶対主義の形態規定と封建国家の本質規定とを混同する結果、日本帝国の絶対主義を封建国家の国家範疇に含めて捉える誤りに加えて、如上の「封建」国家から近代国家への「暗転」(25)をボナパルチスム路線による上からの革命(26)、ないしは、貴族《ユンケル》的地主主導の農業資本主義化(27)による上からの革命の範型に準じて解する誤りを犯すが、そのさい、プロレタリアト主導による下からの革命に対置される上からの革命を、仏独両国における対立類型としての下からのブルジョア革命に対する上からのブルジョア革命と解した、服部の翻案(28)は、仏独両国第二帝政の固有な基盤をなした第三の階級としての、分割地農民もしくは貴族《ユンケル》的地主(29)における近代的所有の前期的形態と、「農業革命」を完了しえぬがゆえに「絶対専制」が存続せざるをえない、日本帝国の権力基盤を支える地主階級の本質的に封建的な土地所有を密かに混同せしめる論理をはらむ。

三　後藤・大石論争の理論的問題点

大石嘉一郎氏の後藤仮説講評は、七〇年代中葉に極めて親和的に示され八〇年代中葉に転じて批判的に現れる。すなわち、後藤七一年論文(1)に関する大石七四年評註(2)の試みは、後藤説を誤解して基本的に容認した論調(3)にその特徴がある、とはいえ、後藤七一年仮説を覆した原朗七九年批判(4)を措けば、七四年と七五年(5)に大石氏が後藤説に投じた批判に類する異論も、一九七九年(6)に七一年仮説の修正を余儀なくせしめた要因と看做すべきである。しかるに大石氏は八五年(7)におよび、後藤氏が七九年に仮説の修正に傾いた事実を不問に附して、七一年の後藤説に批判を集中し(8)併せて自らの誤解についても是正しているが(9)、そのさい七四年の大石説について、それが上からの革命論を大正期に適用したことを遺憾としながら、服部史学派による上からの革命論曲解の径路と結果は認めるかの如くである。ちなみに、大石氏は七四年に、七一年の後藤説に対して三点の異議(10)を挟むが、同氏の批判は、第一に絶対主義の確立の指標を憲法制定に見出す、後藤仮説の難点指摘と、第二と第三の分離理解が可能ではない表裏一対の異論よりなる。すなわち、日清日露戦争期の一九〇〇年前後に、絶対主義の封建国家としての性格は不変であると論じた後藤氏に大石氏が加えた、第二の批判は、資本主義確立と帝国主義転化の過程を基底に、絶対主義が帝国主義の権力として確立される変化の画期を、日清戦後ないしは日露戦後にいたる時点に求める見地に導くが、第三に同氏がこの観点を基礎にして、「上からのブルジョア革命」の始動の兆しを大正期に認めた後藤氏の想定に反論し、「上からのブルジョア革命」の端緒と開始の時期を一八七三年および一九〇〇年とした、推論の含意は服部史学の成果にも依拠して後藤仮説の訂正と補完を意図したものと理解せられよう。なんとなれば、一八七三年と一九〇〇年に、「上からのブルジョア革命」の上限を見出す見解は、前者が服部の一九二九年の旧説に後者は一九五四年の新説に由来し、七一年の後藤説は四七年ならびに四八年における過渡期の服部説に、ということは、服部早期の戦前の旧説から戦後段階の晩期の新説への移行の過程に現れる中期の学説を表すが、一八九〇年の立憲制導入も、「上からのブルジョア革命」の起点ではなく絶対主義の完成時点であると看做す仮説に基くものと解せられる。ちなみに、服部の仮説は、戦前のみならず戦後においても、ボナパルチスム移行論が上からの革命論の要をなし、ボナパルチスムに関説せずに展開される後藤氏の革命論は、服部が戦後に描いた二つの仮説の軌跡を辿るが如くに、封建絶対主義論を基底にすえて軍封帝国主義論に移行しながら、ドイツ型革命のモデルを離れてロシア型進化のモデルに斜くが、一九七九年の後藤修正説は、軍封帝国主義論に通ずる大石七四年批判を承けて、資本主義確立の画期を日露戦後段階に見出す観点に合流し、一九七五年に中村政則氏が、帝国主義を土台に存立する絶対主義の国家と看做した、日本型絶対主義の概念に類する特殊型絶対主義の把握に転じた。両者の差異を約して言えば、中村氏の日本型は、封建国家の体制として定着せざる絶対主義が、帝国主義の権力形態とした確立された型制を表すものと解しうるが、後藤氏の特殊型は、封建体制の権力として確立された絶対主義が日露戦争以後の帝国主義段階に、経済構造の質的変化に対応して解体する国家機構の変質過程に際して体制を改めた範型であるといえよう。それゆえ、八五年に大石氏が、修正前の後藤説に重ねて加えた批判の要点は、七九年の修正説が、一九一八年以後に関していえば特殊型絶対主義を認めるにせよ、修正説を含めた後藤説の全てが少くとも日清日露戦間期の一九〇〇年前後に関しては、近代天皇制国家を古典的絶対主義と殆んど同じ型に属する封建国家の統治機構と看做す誤りの指摘[22]に帰する。爾余の第二と第三の論点[23]は、絶対主義が大正後期に想定された階級構成の量的変化を前提にして、統治機構に質的変化を蒙ると解する後藤学説の論理構成に関する厳しい批判[24]の提起と、国家機構の変質過程を後藤氏の論説がもっぱら官僚制の変化としてのみ把握した観点の批判[25]に帰結する。かつまた、七五年に大石氏が、いみじくも適確に指摘したように、下からの革命にかぎらず上からの革命にあっても、国家体制の変革が土台における生産関係の変革を相伴うという関連の把握[26]は、国家と革命の問題を故意に官僚機構の再編問題に還元せしめる論者により回避せられた課題である。しかして、後藤氏は七一年に、のみならず七九年の修正説においても、経済構造の変化の函数としての国家機構の変革に論及しながら、農業構造の資本制的な変革の有無に触れることなく革命の問題を論じたのである。この論点に関連して、宇野派の流れに属する大石氏が、大正期ブルジョア革命論を批判するその反面において、奇しくも上からのブルジョア革命の完成形態を戦後改革に見出す[27]、宇野派にしては異端の主張でもある断絶説は、大内氏の連続説が把握しえない封建的な遺制における連続性[28]を看過せしめる危険をはらみ、戦後日本の農地改革の成果がそこに凝集せられる、寄生地主制の解体[29]を分割地所有の確立と同義に解する誤りに回路を開くという虞れもある。農民的土地所有は農民が自らを解放し資本家経営形成の展望を有する場合に、分割地所有の形態をとる近代的地代の範疇として確立することも可能なのである。

四　一九八〇年代の天皇制論再考

われわれが、前段に詳しく検討を試みた、大石嘉一郎氏の後藤学説批判は、戦後労農派の理論的支柱として高度成長期に主導的地位にたつ、宇野派の流れに属する大石氏が、講座派傍流の異端的見解に触発され同時にこれを超克する過程において、労農派の論理を基底に講座派の持論を補強し、講座派主流の正統的学説と殆んど見紛う許りに相蓋う見地にいたる径路をなした。すなわち宇野派の維新論によれば、市民《ブルジョア》革命と理解せられる維新の成果は絶対王政と無縁であるが、[1]明治維新以後の日本に絶対主義政権を見出す、[2]大石氏の労農派よりみれば異端的ともいえる国家論は、絶対主義の形成と自己解体の併進を説くかの上からの革命の仮説[3]を、戦前早期服部の明治維新史論に求める志向を示すと同時に、絶対主義から帝国主義への転化を弁証する論理を案出した、戦後服部晩期の独自な軍封帝国主義の解釈[4]を越えて講座派主流の正統的見解に近づく。そのさいに、宇野派の維新論と大石氏の国家論、もしくは、明治維新市民《ブルジョア》革命論と明治国家絶対主義論を二つながらに容れうるのは、絶対主義の形成・解体を相殺される過程とみる、[5]服部の早期に練られた上からの革命の仮説と、晩期服部学説に固有な軍封帝国主義の理解に誤りを認めて、[6]帝国主義の土台のうえに絶対主義を存立せしめる「型制」[7]の把握に力点をおく見解[8]である。ちなみに、七四年の大石説は、前者を基軸に早くも後者に傾くが、[9]八五年に大石氏は、後者に軸足を移して前者を背景に退ける。[10]戦後に現れた服部の中期の主張を承けて、明治の絶対主義を封建国家の範疇に含めて捉える、七一年の後藤説に反論し自らも意見を改めた大石氏の修正説[11]は、いわゆる昭和維新にいたる絶対主義の上からの再編を上からの革命と解する仮説[12]の批判に転じた。批判の要点[13]は、日清日露戦争期の絶対君主制国家が、封建国家の性格を保つと論じた後藤仮説に反対を唱える持論の展開[14]に帰する。しかして八五年の大石説によれば、一九〇〇年以後の近代天皇制国家は、封建国家の末期段階における絶対主義の解消形態ではなく、[15]帝国主義的自立を課題として樹立された「近代的絶対主義」なのであるが、近代国家における絶対主義としての形態上の特殊性は、古典的絶対君主制の単なる修正の形態に留らぬ外見的立憲君主制[16]、ないしは、絶対主義的側面と立憲主義的側面の共存と統合の形態として把握される。[17]大石八五年論文にいわゆる「近代的絶対主義」なるものは、近代資本制国家の絶対主義的形態と表現せらるべき概念ではあるが、国家の近代的本質の強調は近代的形態を追認せしめる論理をはらみ、一九〇〇年以後段階に入れば単なる絶対主義的統治形態と判定され難いとの認識へと導かれる。[18] それゆえ、七一年の後藤説が、一九一八年に上限をおき一九三八に下限をみる、上からの革命の仮説に関しても、八五年の大石説は、七四年に大石氏が犯した「誤解」[19]を自省し「革命」の評価を正して、官僚・政党と独占資本による近代的絶対主義の帝国主義的「再編」[20]である、と断ずる見地に拠点を定めた。ちなみに、大石氏は八〇年に、天皇制支配体制の「再編」が一九三一年以後の段階に、対外的危機感を対内的危機感に優位せしめる過程において、軍部に主導される上からのファシズム体制に収斂すると論じた[21]が、宇野派本流の新体制把握は、独占資本に支えられ軍事官僚に導かれる「軍財抱合」の全体主義を、上からの途によるファシズムの特質と看做す[22]、日本型ファシズム体制論の仮説を盾にして君主制の免責論に回路を開くから、君主の大権を機構に埋没せしめて既存の体制を軍部に体現せしめる大石氏の再編論に、軍部独裁の動因を天皇不在の機構に求めた大内力氏の全体主義に関する解釈[23]の影響を見出すことも困難ではない。この論点に関連して、検討を要する新たな問題は、大石説と対照的に講座派の異端的な流れに生じた、天皇制ファシズム国家論の研究の成果とその限界の究明である。すなわち、七〇年代末葉に木坂順一郎氏は、昭和帝政期に絶対君主制の存続を認めた旧説を翻して[24]、結論的に講座派の主張と対立し労農派と近似的な、立憲君主制の存立を前提に全体主義化を論ずる新説の提起を試みた[25]。しかして、八〇年代初葉に大石嘉一郎氏が、近代天皇制を絶対君主制とみてその全体主義化を軍部主導型とするとき、木坂七九年論文を踏まえて著された木坂八五年論文[26]は、立憲君主制の崩壊が一九三六年を画期にファシズムを成立せしめたと論定しながらも[27]、クーデター挫折後の政治に軍部の主導権が貫くと断ずる通説を安易な主張と看做し、一五年戦争期に一貫して潜勢的主導権を保持した権力の主体は天皇とその宮廷である、と論じて大内・大石派の軍部主導型ファシズム体制確立説に補完的異論を呈した[28]。木坂順一郎氏の近代天皇制論が、絶対君主制論から立憲君主制論へと傾いた点に関する限り労農派と親近的でもあるとはいえ、立憲君主制の全体主義化を通じて現れる体制の核心を軍部に絞らず帝政の中核に位する宮廷[29]に、もしくは、君主の大権を背景にして権力の行使に参与しうる宮廷貴族の政治集団[30]に求めたという点よりみれば、宮廷の政治的権力を内から支えた天皇の精神的権威に由来する君主権の絶対性[31]に留意して、天皇制権力の絶対主義的な特質を剔抉せんとした丸山史学派の準講座派的な主張も看取せられよう。七九年の木坂説が天皇制国体論の培養基を地主制の共同体的秩序[32]に求める限りは、大石氏も戦前期に認める地主制の持続性[33]に鑑みて天皇制の精神的な権威の存続[34]を否定することは困難なのである。

一　問題の所在

（1）後藤靖「近代天皇制論」（歴史学研究会・日本史研究会編『講座日本史9　日本史学論争』東京大学出版会、一九七一年）。
（2）「問題はむしろ一九〇〇年代においてすら絶対主義国家形態＝封建的国家類型であったにもかかわらず、なぜその国家が資本主義発展のための諸政策を強力に推進しえたかという特殊性と、そしてまた、そこでの資本主義化の構造的特質こそが解明されるべき課題であろう」（後藤靖「国家権力の構造にかんする諸説」、前掲『日本資本主義発達史』第二章補論、一二九頁）。
（3）「講座派の明治政権絶対主義説を一応承認しながら、しかもそれを労農派のブルジョア革命論のうちにつつみ込もうとする人に服部之総氏がある。……われわれは服部氏が表向き主張される明治政権絶対主義論をどう理解すべきであろうか。全く迷わざるをえない」（堀江英一「封建社会における資本の存在形態」一九四八年、『堀江英一著作集』第二巻、青木書店、一九七六年、一一九～一二〇頁）。
（4）後藤前掲論文、『講座日本史9』一九〇～一九一頁。この点に関する下記大石論文の後藤前掲論文への批判を参照せよ。大石嘉一郎「第一次大戦後の国家と諸階級の変容」（大石『日本資本主義史論』東京大学出版会、一九九九年、二七八～二七九頁）。
（5）後藤前掲論文、『講座日本史9』二二三頁。
（6）同上書、二二四頁。
（7）服部之総『明治維新史　附絶対主義論』上野書店、一九二九年、二二三頁。

（8）　服部之総『明治の政治家たち』下巻、岩波書店、一九五四年、一二六頁。

（9）「一八六六年と一八七〇年におこなわれた上からの革命」（F. Engels, *Zur Kritik des sozialdemokratischen Programmentwurfs 1891*, in: Marx-Engels Werke, Bd. 22,《Dietz Verlag, Berlin. 1963》S. 236. F・エンゲルス「一八九一年の社会民主党綱領草案の批判」、『マルクス＝エンゲルス全集』第二二巻、大月書店、一九七一年、二四二頁）。「エンゲルスもマルクスもこのような概念でもって一八六六～七一年のドイツ帝国建設過程をとらえていた」（木谷勤『ドイツ第二帝制史研究』青木書店、一九七七年、一〇頁）。

（10）　服部之総「絶対主義論」一九二八年（『服部之総著作集』第四巻、理論社、一九七二年、二三～二四頁）によれば絶対主義の崩壊過程における、二つの型とは、「上からの」ブルジョア革命および「下からの」ブルジョア革命である、または独および仏の型をなすものと解されているが、プロシアではなくフランスについて、エンゲルスはボナパルトの「上からの革命」に言及し同時に「下からの革命」、すなわち、ボナパルチスムの国家に対決するプロレタリァトの革命を想定した。その点に関して、次注を参照。

（11）「一八五一年一二月二日……下からの革命はひとまず終わって、上からの革命の時期がはじまった……ボナパルトは『民族原理』を貫徹するという口実のもとに、フランスのための他国領土の併合をたくらんだ……ビスマルクもプロイセンのために同じ政策を採用し、一八六六年に彼のクーデタ、彼の上からの革命をドイツ連邦とオーストリアにたいして遂行した。……一八七〇～七一年の戦争後にボナパルトは舞台から退き、ビスマルクの使命も終わった。……この時期の結末をつけたものはパリ・コミューンであった。……パリではもうプロレタリア革命以外のどんな革命もありえないことが示された」（F. Engels, *Einleitung zu Karl Marx' "Klassenkämphe in Frankreich 1848 bis 1850"*,《1895》, in : Marx-Engels Werke, Bd. 22,《Dietz Verlag, Berlin. 1963》S. 516. F・エンゲルス「『フランスにおける階級闘争』《一八九五年版》への序文」、前掲『マルクス＝エンゲルス全集』第二二巻、五一一～五一二頁）。

（12）　大石嘉一郎「戦後改革と日本資本主義の構造変化」（東京大学社会科学研究所編『戦後改革1　課題と視角』東京大学出版会、一九七四年、九五～九七頁）ならびに大石「国家と諸階級」（大石嘉一郎編『日本帝国主義史1』東京大学出版会、一九八五年、四三〇～四三二頁）における後藤論文への再度の批判を比較検討せよ。

（13）　大石前掲論文「国家と諸階級」。のちに「第一次大戦後の国家と諸階級の変容」として、大石嘉一郎『日本資本主義史論』東京大学出版会、一九九九年、に収録の論文を併せて閲せよ。

(14)「封建国家の最後の形態である古典的絶対主義でも、またそのたんに修正された形態でもなく、軍事的・半封建的資本主義に適合的な『近代的絶対主義』ともいうべき国家形態」(大石前掲論文「国家と諸階級」、前掲『日本帝国主義史1』四三六頁)。

(15)「もはや一九〇〇年政友会成立以後の統治形態はたんなる絶対主義的統治形態でなく、天皇制官僚機構に地主＝ブルジョアジーを基礎とする政党が従属的に結合した統治形態となった」(同上書、四三五頁)。

(16)大内力「戦後改革と国家独占資本主義」(前掲『戦後改革1』一九七四年)を連続説の典型と看做して大石氏は自説を対置した。

(17)大石嘉一郎「戦後改革と日本資本主義の構造変化」(前掲『戦後改革1』)九二〜九三頁と九五〜九七頁の記述を参照。

(18)木坂順一郎「日本ファシズム国家論」(木坂編『体系・日本現代史3　日本ファシズムの確立と崩壊』所収、日本評論社、一九七九年)。

(19)「憲法発布の一八八九年二月から満州事変勃発の一九三一年九月までを立憲君主制」(同上書、一二一頁)。およびその注〈二五〉〜〈二九〉(四六〜四八頁)参照。

(20)楫西光速・加藤俊彦・大島清・大内力『日本資本主義の没落Ⅳ』(『叢書　日本における資本主義の発達9』)東京大学出版会、一九六四年、一一九四〜一一九七頁。

(21)木坂順一郎「『大日本帝国』の崩壊」(歴史学研究会・日本史研究会編『講座日本歴史10　近代4』東京大学出版会、一九八五年、三〇五〜三〇六頁)にみられる「天皇と宮中グループ」概念に留意してこれを次注の記述と対比して吟味せよ。

(22)木坂順一郎「日本ファシズム国家論」(前掲『体系・日本現代史3』)の二五〜二六頁は注〈三一〉・〈三三〉に引用の著書(藤原彰『天皇制と軍隊』青木書店、一九七八年)の見地に傾斜し、天皇・貴族の分離理解を許している憾みがある。しかしながら、九一年に藤原氏は、天皇と貴族を分離して把握した旧説を超克し、「天皇と宮中グループ」概念の背後にいまや「天皇をふくむ宮中グループ」概念を見出す。貴族のなかの貴族としての天皇をその中核とする、「宮中グループ」または「宮廷グループ」という概念がそこにおいて定着をみたのである(藤原彰『昭和天皇の十五年戦争』青木書店、一九九一年、五三頁)。

(23)「天皇制イデオロギー……万世一系の神聖な天皇による統治の絶対不可侵性＝国体の絶対性……」（木坂前掲論文「日本ファシズム国家論」、前掲『体系・日本現代史3』一九頁）。

(24)「寄生地主制を基礎とする共同体的秩序……が天皇制イデオロギーの培養基の役割を果たしていた……」（同上書、三二頁）。

(25)「表向きは立憲主義的ではあるが、実際は権威的なドイツの君主制」「政治権力が国王にあって、議会にないというこのような立憲君主制の型」（K.Loewenstein, *Die Monarchie im modernen Staat*,《Metzner Verlag, Frankfurt am Main. 1952》S. 33-34. K・レーヴェンシュタイン著／秋元律郎・佐藤慶幸訳『君主制』みすず書房、一九五七年、三五頁、三六頁）。

(26)「天皇大権は、統帥大権を除き国務大臣すなわち政府が関与することなしには行使できないものであった。したがって君主権の擁護とは、実際には君主権擁護の名の下に議会に対する政府の権限を擁護することであった。……君主権の制限とは、むしろ政府に対する天皇の権限の制限であった。統帥権を除く広範な天皇大権は、憲法第五五条によって国務大臣すなわち政府の同意なくして実際には行使できなかった。……天皇は大臣の任免権をもっていたが、執行を政府に頼るほかなかった以上、君主権は自ずと制約されざるをえなかった」（鈴木正幸『国民国家と天皇制』校倉書房、二〇〇〇年、八九〜九一頁）。

(27)丸山真男『日本の思想』岩波書店、一九六一年、二八〜五二頁の論述は日本の近代国家における立憲主義の制度と絶対主義の精神の連関構造について闡明な分析をくわえたものである。

(28)野呂栄太郎『初版　日本資本主義発達史　下』岩波書店、一九八三年、一六五頁および一八五頁をみよ。すなわち野呂の観点によれば、資本家的生産様式の「支配」と半封建的国家形態の「残存」は、帝国主義の侵略政策を「必然」ならしめる「矛盾」なのである。この矛盾に対処する二様の方途は、中国の場合、帝国主義的侵略戦争に対決すべき民族主義的民主革命に結実するが、日本の場合は、君主専制に抗する民主革命を抑圧しかつは反革命的な予防戦争に転撤しながら中国革命に対する干渉戦争への道を歩んだ。一九三一年の九・一八以降、わけても三六年クーデター挫折後の日本型ファシズム形成期において、帝国国策の基本路線が北進論から南進論への傾斜をみせる根拠としては、帝国支配圏内の民主主義革命を日本帝国主義と社会主義国家との矛盾に優先して排除すべきものとみた昭和帝政の政治戦略が検討さるべきであろう。

二　一九七〇年代の再版服部学説

(1)　楫西光速・加藤俊彦・大島清・大内力『叢書　日本における資本主義の発達』一～一三巻、東京大学出版会、一九五四～六九年。
(2)　後藤靖「近代天皇制論」(歴史学研究会・日本史研究会編『講座日本史9　日本史学論争』東京大学出版会、一九七一年)。
(3)　「絶対主義の原理をささえている経済的基礎が、半封建的土地所有関係であることはいうまでもない。一八七一(明治四)年の廃藩置県で成立した天皇制絶対主義は、まさにこの構造をもっていたのである」(同上書、一八五頁)。
(4)　「天皇制は何よりも国家機構であり、……この天皇制を絶対主義とみるかブルジョア国家ととらえるかは、一九三〇年代の論争以来なお今日にいたるまで、結着のつかない最大の争点をなしている」(同上書、一八三頁)。
(5)　楫西光速・加藤俊彦・大島清・大内力『日本資本主義の成立Ⅰ』(『叢書　日本における資本主義の発達1』)東京大学出版会、一九五四年。
(6)　「……維新を経過することによって成立した政権＝天皇制が本質においてブルジョア政権であるか絶対王政であるか、という点については、周知のようにこんにちまで、さまざまの論議がたたかわされてきている」(同上書、一九七～一九八頁)。
(7)　「かりに明確にブルジョアジーが形成されていなかったとしても、……革命が早産をしたために、革命の形態がゆがめられているとしても、それがブルジョア革命ではないとはいえない」(同上書、二〇七頁)。
(8)　「どのような階級が政権をとろうとも、資本主義的発展に即応し、これを促進するような政策をとらざるをえなくなるばあい、それはブルジョア政権というしかないであろう」(同上書、二〇八頁)。
(9)　「ブルジョア革命を経過することによって、絶対王政が成立する、というのはいかにも奇妙な理解ではないであろうか。またその成立した絶対王政が、……ブルジョア革命を経過することなしに、いつの間にやら消滅してしまう、ということも、同様に奇妙なことではないだろうか」(同上書、二〇〇頁)。
(10)　「上からのブルジョア革命の本格的開始は、国内における米騒動・労働農民運動の本格化・大正デモクラシー・普選運動の全国的展開、植民地における独立運動(三・一事件、五・四運動)、さらに国際関係における孤立化(石井＝ランシング協定、ワシントン会議)などのきびしい情勢にたち向かわされた原敬内閣以後のことである」(後藤前掲論文『講座日本史

9』二二三頁)。

(11)「一九三〇年以後、天皇制ファシズムが完成する(その指標―三八年国家総動員法の成立)までは、上からのブルジョア革命は完遂されはしなかった。というのも、統帥権にはまったく手がつけられていなかったからである。……そして、政府・官僚と軍部および財閥とが一体化したとき日本のファシズムが完成したと私はみる」(同上書、二二四頁)。

(12) 同上書、二一九～二二四頁。

(13) 服部之総『明治維新史　附絶対主義論』上野書店、一九二九年、二〇五頁。

(14)「明治二十三年以後の『外見的立憲主義』の下に、ブルジョアジーが新地主と均衡させられ、屢々プロレタリアート及びその利益を主張した社会主義者の運動が必要以上に弾圧されて、……長く久しき藩閥、軍閥、官僚閥、貴族閥の政権が維持されたことは、一の立派なボナパルチズムでなくて何であろう」(同上書、二二三頁)。

(15)「軍事的封建的帝国主義――これは二十世紀におけるボナパルチズム、帝国主義段階におけるボナパルチズムである。……一九〇〇年、……日本の画期を、……『軍事的封建的帝国主義』の誕生とよぶのがはるかに正しいであろう」(服部之総『明治の政治家たち』下巻、岩波書店、一九五四年、二二六頁)、「……世紀が十九世紀からから二十世紀にあらたまり、義和団事件の処理をめぐって帝国主義戦争の風雲がいよいよ濃くきざす、いわば世紀の画期であるが、絶対主義から軍・封・帝国主義への明治史のころもがえの、すさまじい終幕の時間……」(同上書、一三〇～一三一頁)。

(16) 後藤前掲論文、『講座日本史9』二二二～二二四頁。

(17)「同じボナパルチスムスの国家に於いても、封建的大土地所有者が革命によって粉砕せしめられたフランスと、然らざるドイツとでは異ってゐる。……ナポレオン帝政のそれ自体の階級的基礎は自作農民にあった、これに対してビスマルクのそれは残存せしめられたるユンケル(封建的土地貴族)にあった」(服部前掲書『明治維新史』一九七～一九八頁)。

(18) 一九二〇年代末葉ないしは一九三〇年代前半における、野呂栄太郎や山田盛太郎の(たとえば『日本資本主義分析』岩波書店、一九三四年のような)著作に現れた見解を指すが、以下の引用は野呂栄太郎の古典的名著(『日本資本主義発達史』鉄塔書院、一九三〇年)にこれを見出す解釈によった。

(19)「明治維新は、明らかに政治革命であるとともに、また広汎にして徹底せる社会革命であった。それは、決して一般に理解せられるが如く、単なる王政復古ではなくして、……その専制的政治権力は、封建的生産方法の資本主義的生産方法への転化過程を温室的に助長し、かつその推移を促進することによって、我が国をして資本主義国としての驚くべき飛躍的発展を可能にした」（野呂『初版　日本資本主義発達史　上』岩波書店、一九八三年、七四頁）。

(20)「農業革命は完了せられず、従って一般的には農業もまた一産業部門として資本の支配下に従属しているにもかかわらず、依然として農村には半封建的生産関係が残存しているため、小生産者たるとともに賃銀労働者を兼ねている半失業状態の貧農大衆（準産業予備軍）の劣悪なる労働条件がプロレタリアートのそれを低き水準に釘づけにする傾向をもっている」（野呂『初版　日本資本主義発達史　下』岩波書店、一九八三年、二二一頁）。

(21)「半封建的土地所有関係の根強き存続」（同上書、一八六頁）。

(22)「半封建的国家形態の根強き残存」（同上書、一六五頁）。

(23)「日本の地主が、……今日なお、直接生産者と対立し、封建的『経済外的強制』によって小作農民を搾取している。ここに、われらは、日本における絶対専制支配の半封建的専制国家形態の依然として根強き物質的基礎を見出すのである」（同上書、一五〇頁）。

(24)「日本資本主義の現段階が包蔵する最も深刻なる矛盾（ブルジョア民主主義××〔革命〕の客観的前提条件の爛熟と、それの社会主義××〔革命〕への急速なる転化の客観的前提条件の成熟）」（同上書、一五四頁）。

(25)「私の旧著『明治維新史』は……明治二十二年の旧憲法の発布をもって、日本国家が絶対生義からボナパルティズムに、封建国家から近代国家へ、移り変りを開始したと見た。そして日本の絶対主義というものは明治二十三年をもって純粋な形では終ったと見た。これが間違っていたことは言うまでもありません。……封建国家の最後の形態としての絶対主義国家が、一九四五年の敗戦の日まで続いたという議論があるが、これは私はどう考えてもおかしいと思う。日本のアブソリューティズムは、それが日本資本主義の発展のある段階において、その段階は明治二十三年とすることは早すぎるかもしれないが、ある段階において近代資本主義国家へ暗転している」（服部之総「絶対主義と農民問題」一九四七年、『服部之総著作集』第四巻、理論社、一九七二年、八六〜八七頁）。

(26)「外見的立憲主義の枠組の中で、伝統的支配層のイニシアティヴのもとにブルジョワジーの要求を先取りし、国家形態の絶対主義から近代国家としてのボナパルティズム王制への移行をはかる『上からの革命』路線」（木谷勤『ドイツ第二帝制

史研究』青木書店、一九七七年、六五頁)。

(27)「プロイセン改革以後グーツヘルシャフトのユンカー経営への転換が進行していたが、この過程は一八五〇年の『償却・調整法』以来最終段階に入り、農民のユンカーに対する封建負担の有償廃棄は一八六五〜七〇年に完了した」「レーニンも『プロシアの地主的土地所有はブルジョワ革命において粉砕されないで、身をまっとうして「ユンケル」経営の基礎となった。このユンケル経営は根本においては資本主義的である……』といっている」「このようにユンカー経営に基本的に資本主義的性格を認めつつ、そこに根強く残りつづける農奴的・封建的遺制の意義に注目した同時代人の見方は今日の欧米の歴史家たちのユンカー経営の把握にもほぼ共通している」(同上書、九九頁、一〇〇頁、一〇一頁)。

(28)「一国に於ける絶対主義の崩壊過程の特殊性が、爾後の、ブルジョア国家としてのその国の国家形態中に、封建的母斑の大小を決定する。

　更に他の面から之を云へば、封建国家の最後の国家形態としての絶対主義の崩壊はブルジョアジーの政治的勝利、ブルジョア国家の建設、ブルジョア革命にほかならない。故にブルジョア革命が示す歴史的な二個の形式、『上からの』及び『下からの』ブルジョア革命こそ、とりも直さず絶対主義の崩壊過程に於ける二つの型である。

　而してこの二個の型が、フランス及ドイツの歴史に於いて、代表的に出現した」(服部前掲書『明治維新史』二〇五頁)。

(29)「国家は階級対立を抑制しておく必要から生まれたものであるから、だが同時にこれらの階級の衝突のただなかで生まれたものであるから、それは、通例、最も勢力のある、経済的に支配する階級の国家である。……とはいえ、例外として、相たたかう諸階級の力がたがいにほとんど均衡しているため、国家権力が外見上の調停者として、一時的に両者にたいしてある程度の自主性をえる時期がある。たとえば、……ブルジョアジーに対してはプロレタリアートを、プロレタリアートに対してはブルジョアジーをけしかけたフランスの第一帝政、とくに第二帝政のボナパルティズムがそれである。この種の最新の作品で、支配者も支配される者も同じように滑稽に見えるのは、ビスマルク国民の新ドイツ帝国である。ここでは、資本家と労働者とがたがいに力の釣合をたもたせられ、零落したプロイセンの田舎貴族《ユンカー》の利益のために一様にだましとられているのである」(F. Engels, *Der Ursprung der Familie, des Privateigentums und des Staats*, 1884 in : Marx-Engels Werke, Bd. 21,《Dietz Verlag Berlin, 1962》S. 166-167. F・エンゲルス「家族、私有財産および国家の起源」、『マルクス＝エンゲルス全集』第二一巻、大月書店、一九七一年、一七〇〜一七一頁)。

三　後藤・大石論争の理論的問題点

（1）後藤靖「近代天皇制論」（歴史学研究会・日本史研究会編『講座日本史9　日本史学論争』東京大学出版会、一九七一年）。
（2）大石嘉一郎「戦後改革と日本資本主義の構造変化――その連続説と断絶説」（東京大学社会科学研究所編『戦後改革1　課題と視角』東京大学出版会、一九七四年、九五～九七頁）。
（3）「プロシャ＝ドイツ帝国の発展にその一典型がみられる後進資本主義国における『上からのブルジョア革命』という概念を軸として、第一次大戦・米騒動以後、とくに原敬内閣以後の天皇制国家権力構造の変質の開始を捉え、この時期以後、官僚と独占資本の結合を軸とする近代帝国主義的権力構造へのなしくずしの移行が、一九三六年以後の軍部・官僚と独占資本の結合した支配形態である日本ファシズムの成立を可能とした――ただし、『上からのブルジョア革命』は完成されなかった――という見解が、注目される」（同上書、九六頁）。
（4）原朗「階級構成の新推計」（安藤良雄編『両大戦間の日本資本主義』東京大学出版会、一九七九年、三三五～三四九頁）。
（5）「『上からのブルジョア革命』は端緒的には第一次護憲運動――第一次山本内閣の時期に、本格的には第一次大戦・米騒動――原内閣の時期に開始され、この時期以後、官僚と独占資本の結合を軸とする近代帝国主義的権力構造へのなしくずしの移行がおしすすめられ、それが、一九三一年『満州事変』以後の、一九三八年に完成する軍部と官僚と独占資本の結合した支配形態である『天皇制ファシズム』の前提となった――ただし『上からのブルジョア革命』は完成されなかった――」（大石嘉一郎「近代史序説」、『岩波講座　日本歴史14　近代I』岩波書店、一九七五年、二三一～二四頁）。
（6）後藤靖・佐々木隆爾・藤井松一著『日本資本主義発達史』（第一章、第二章　序説、第一節、補論）有斐閣、一九七九年。
（7）大石嘉一郎「国家と諸階級」（大石編『日本帝国主義史1　第一次大戦期』東京大学出版会、一九八五年）。
（8）「一九一〇～二〇年代の天皇制国家の変容は、『上からのブルジョア革命』の開始ではなくて、……官僚・政党（―独占ブルジョアジー）によって『上から』行われた『近代的絶対主義』の帝国主義的ブルジョア的再編であったということができよう」（同上書、四五一～四五二頁および四五四頁・注〈四二〉参照）。
（9）「筆者は前に……『〝上からのブルジョア革命〟は完成されなかった』と解した（大石嘉一郎「近代史序説」『岩波講座日本歴史14』近代1、一九七五年、二頁？【二三～二四頁の誤りかと思われる――筆者注記】、同「戦後改革と日本資本主義の構造変化」東京大学社会科学研究所編『戦後改革１　課題と視角』東京大学出版会、一九七四年、九六頁）が、誤解であったので訂正しておく」（同上書、四五二頁）。

(10)「この見解が、明治憲法体制によって（修正された）絶対主義天皇制が確立したとする点、日清─日露戦争期にこの絶対主義天皇制の基本性格が変らないとする点、『上からのブルジョア革命』の開始を第一次護憲運動─山本内閣に求めている点などには賛同しえない」（大石前掲論文「戦後改革と日本資本主義の構造変化」、前掲『戦後改革１』九六頁）。

(11)「天皇制国家の確立を、一九〇〇〜一〇年の日本資本主義の確立（自立）＝帝国主義への同時転化と結びつけて理解し、……それが日清戦争─戦後経営をへて、本格的には日露戦争─戦後経営期に、日本資本主義の確立＝帝国主義転化を基礎として特徴的な（絶対主義的要素を基本的にもつ）帝国主義国家として確立すると理解したい」（同上書、九六頁）。

(12)「そして、『上からのブルジョア革命』の端緒・開始についても、その端緒を天皇制国家の成立の起点となった一八七三（明治六）年の大久保政権の成立、ないし八一（明治一四）年政変（地租改正・殖産興業─松方財政）の頃に求め、その開始を天皇制国家の成立─確立期（とくに日清戦後経営期の一九〇〇年頃）に求めるべきである、というのが筆者の見解である」（同上書、九六〜九七頁）。

(13)服部之総『明治維新史　附絶対主義論』上野書店、一九二九年、九頁、一二二頁。

(14)服部之総『明治の思想家たち　下』岩波書店、一九五四年、一二六頁、一三一頁。

(15)中村政則『日本近代と民衆』校倉書房、一九八四年、二一四〜二二一頁。

(16)「日清・日露戦争をはさんで、日本の資本主義が急速な発展をとげつつあるにもかかわらず、なお半封建的な土地所有関係が優勢であるという経済構造……こうした経済構造と階級構成は、明治憲法によって確立した絶対主義天皇制のゆるぎもしない基底をなしていた」（後藤前掲論文、『講座日本史９』一九〇〜一九一頁）。

(17)「独占資本主義が成立してくるにともなって、一方では官僚と財閥＝独占資本との結合が強まり、近代帝国主義的権力構造ができ上がり、しかも同時に他方では、軍部・枢密院・元老・貴族院および内務省などの絶対主義勢力がいぜんとして強力な機構と支配権を維持していた……」（同上書、一八五頁）

(18)「われわれは日露戦争（一九〇四〜五年）の後に日本資本主義が確立したとみることができる」（同上書、七一頁）。

(19)中村政則「序説　近代天皇制国家論」（『体系・日本国家史４　近代１』東京大学出版会、一九七五年）。

(20) 「明治維新の始期を一八五三(嘉永三)年、終期を一八七七(明治一〇)年におき、これを天皇制絶対主義(どちらかといえば『古典的絶対主義』に近い。しかしそれは結局、未確立=未定着に終る。……)の成立過程と考えたい。ついで一八七七(明治一〇)年から九〇年(明治二三)年までを絶対主義的天皇制(これをわたくしは『日本型絶対主義』と規定する。……)の形成過程とみ、一八九〇年をもって絶対主義的天皇制の成立と規定する」(同上書、四一頁)。

(21) 「原内閣の成立を画期とする……新しい支配様式は特殊型絶対主義の本質そのものを保持しつつ、新しい状況にどのように上から対応するかという性質をもっていた。わたしたちは、これを『上からのブルジョア革命』と規定したい。この『上からのブルジョア革命』は完成されることなく、一九三〇年を画期として天皇制ファシズムに転化していく」(後藤前掲論文「国家権力の構造にかんする諸説」、前掲『日本資本主義発達史』一三二頁)。

(22) 「後藤の立論のなかで当面問題となるのは、次の三点である。すなわち第一に、第一次大戦以後の変化の前提とされている日清—日露戦争期の天皇制国家の性格、国家と諸階級の関連を、ほとんど古典的絶対王制と同じように把握している点」(大石前掲論文「国家と諸階級」、前掲『日本帝国主義史1』四三〇頁)。

(23) 「第二に、階級構成の変化について量的構成の変化→階級対立の進展→統治機構の変化、という機械的な論理展開を行っている点、第三に、第一次大戦以後の天皇制国家の変質を、ほとんどもっぱら官僚制と独占資本との癒着という観点から捉えている点」(同上、四三〇頁)。

(24) 「原のいうように、『総じて、基本的階級対立のあり方や独占段階への移行を、以上の如き量的な階級構成の数値のみから論断することは方法的に単純すぎ』、階級関係の質的変化が問題とされなければならないし、『同時にこの独占移行期の階級構成が実際には後藤氏が提示されたほど明確な量的変化を示していないこと自体を、日本における階級構成の変化のあり方としてあらためて考えなおすことが必要』なのである」(同上書、四三二頁。および、原朗前掲論文、前掲『両大戦間の日本資本主義』三四八〜三四九頁をみよ)。

(25) 「現実に絶対主義的国家機構のブルジョア民主主義的変革が課題となっていた一九一〇〜一九二〇年代の日本について、議会・政党の役割を無視して『上からのブルジョア革命』は語れないであろう。……後藤が『天皇制ファシズム』の成立をもって『上からのブルジョア革命』の完了としたのも、そうした一面的理解に基因するといえよう。独占ブルジョアジーと官僚の癒着は、ただちには国家形態のブルジョア的変化をもたらさないのである」(大石前掲論文「国家と諸階級」、前掲

『日本帝国主義史1』四三二頁)。

(26)「『上からのブルジョア革命』といえども、国家体制(統治と統合とを含む)の変革であると同時に社会変革(生産関係の変革)であること、またそれは帝国主義段階における変革であるために、異常な条件のもとでしか完成しえないことを、考慮すべきであろう」(大石前掲論文「近代史序説」、前掲『岩波講座　日本歴史14』二四〜二五頁)。

(27)「結論的にいって、戦後改革は、……敗戦・占領という特殊な条件のもとで、アメリカ占領軍の主導のもとにドラスティックな形で実現した、国家独占資本主義的再編の基礎過程としての『上からのブルジョア革命』の完成形態であった、ということである」(大石前掲論文「戦後改革と日本資本主義の構造変化」、前掲『戦後改革1』九二〜九三頁)。

(28)「土地所有が農業経営から分離されながら、資本主義的収奪のもとで農民の手に『資本』の蓄積される余地なく、農家経済および農村における『過剰人口』の潜在化と多かれすくなかれ農民から疎外された土地所有のもとでの『土地不足』が過小農制を規定しているとするならば、かかる過小農制そのものが、また『封建遺制』を支える地盤となっているのである。かくて、地主的土地所有と過小農制は対抗的でありながら、同時に相互規定的である」(小池基之『地主制の研究』有斐閣、一九五七年、五四〜五五頁)。

(29)「過小農制が存続せしめられている要因の一つは正に『土地不足』であった。地主的土地所有が農民に対する直接的対立の形態としての高率小作料の解消によって、地主的土地所有はもはや地主対小作の直接的関係においてはとらえがたくなったとはいえ、農地改革は、改革前の直接的対立におきかうるに、地主的土地所有と充分な土地を持たない農民との一般的・潜在的な対立をもってしたのである。それは農地改革そのものの性格に由来するところである」(同上書、二五〇頁)。

四　一九八〇年代の天皇制論再考

(1)「明治維新はブルジョア革命であり、資本家的生産様式の発展に即応した制度がこれによって形成された」(楫西光速・加藤俊彦・大島清・大内力『日本資本主義の成立Ⅰ』(『叢書　日本における資本主義の発達1』)東京大学出版会、一九五四年、二四七頁)。「明治維新がブルジョア革命であるとするならば、それによって生じた天皇制は絶対王政ではありえない」(同上書、二一二頁)。

(2)「明治維新政権は、その権力形態としては……絶対主義政権であるが、それは資本制生産の移植という世界史的に与えられた使命をもつ点で、世界に比類のない商人資本（→産業資本）＝寄生地主をその階級的基礎とする特徴的形態をもつ絶対主義政権であった」（大石嘉一郎『日本地方財政史序説』御茶の水書房、一九六一年、一二三頁）。

(3) 服部之総『明治維新史　附絶対主義論』上野書店、一九二九年、九～一〇頁。

(4) 服部之総『明治の政治家たち』下巻、岩波書店、一九五四年、一二六～一二七頁。

(5)「維新政権は絶対主義として確立しないうちに、あるいは絶対主義として成立した途端に、絶対王政の解消形態であると同時に、封建的土地所有の廃棄を前提とするボナパルチズムへ転換していくという奇妙な議論……何故、奇妙かといえば、……いくら過渡的国家形態だとはいいながらも、これではそもそも絶対主義それ自体が成立したことになるのかどうかさえあやうくなってしまうからである」（中村政則『日本近代と民衆』校倉書房、一九八四年、一九五頁）。

(6)「服部のようにボナパルチズム概念と軍・封帝国主義概念とを等置することはできるのか、……服部はレーニンの軍・封帝国主義を近代帝国主義の一種と規定し、それは第三国会以後のツァーリズムを指すと見ていた。だが、第三国会以後のツァーリズムを絶対主義の対立概念であるブルジョア王制と規定することは、レーニンの記述に即してみても疑問があるばかりでなく、それを日本に適用するさいの服部の適用の仕方にも問題がある……」（同上書、一二七頁）。

(7)「産業資本確立の過程……この過程は、ほぼ明治三〇年ないし四〇年を画期する所の、すなわち、正に日清日露両戦争の時期を貫串する所の、過程であって、これによって、日本資本主義の軍事的半農奴制的型制は終局的に決定せられる」（山田盛太郎『日本資本主義分析』岩波書店、一九三四年、ただし一九七七年版七頁による）。

(8)「一九〇〇年代の帝国主義成立期に、それは絶対主義的国家機構としての自己を確立し……国家類型としては、特殊後進国的構成をもつ帝国主義国家でありながら、機構が絶対主義的であるというこのズレが、確立期天皇制国家の非常に特徴的な点である」（中村政則「序説　近代天皇制国家論」、『体系・日本国家史4　近代1』東京大学出版会、一九七五年、五〇頁）。

(9) 大石嘉一郎「戦後改革と日本資本主義の構造変化」、『戦後改革1　課題と視角』東京大学出版会、一九七四年、九六～九七頁。

(10) 大石嘉一郎「国家と諸階級」、『日本帝国主義史1　第一次大戦期』東京大学出版会、一九八五年、四三六頁。

(11) 同上論文「国家と諸階級」、同上『日本帝国主義史1』四四九～四五四頁。

(12)　後藤靖「近代天皇制論」、歴史学研究会・日本史研究会編『講座日本史9　日本史学論争』東京大学出版会、一九七一年、二二一～二二四頁。

(13)　大石前掲論文「国家と諸階級」、前掲『日本帝国主義史1』四三〇～四三一頁。

(14)　同上書、四三三～四三六頁。

(15)　同上書、四三六頁。

(16)　同上書、四三四頁。

(17)　同上書、四三四～四三六頁。

(18)　同上書、四三五頁。

(19)　同上書、四五二頁。

(20)　同上、四三〇頁、四五二頁。

(21)　「天皇制ファシズムは、同時期のドイツのナチズム、イタリーのファシスモと共通の性格をもっていたが、『下からのファシズム』による権力奪取としてでなく、天皇制支配体制じたいのファッショ的再編成＝『上からのファシズム』として成立したこと、対内的危機感よりも対外的危機感が優位し、そのため軍部の主導下に推進されたことを特質としている」（大石嘉一郎「日本近代史概観」、高橋幸八郎・永原慶二・大石嘉一郎編『日本近代史要説』第二部第九章、一九八〇年、一六五頁）。

(22)　楫西光速・加藤俊彦・大島清・大内力『日本資本主義の没落Ⅳ』（『叢書　日本における資本主義の発達9』）東京大学出版会、一九六四年、一一八九～一二〇七頁。

(23)　「天皇制ファシズムというのは、……決して天皇個人のイニシアティヴなり責任なりのもとですすめられたファシズムではない。天皇制の機構のもとで天皇の名のもとにすすめられたファシズムにほかならないのである。天皇親政といいながら、実は天皇不在の機構がファシズムの成立を可能にしたのであった。……無責任体制ファシズムとでもいうべき、日本独自の体制がこうしてできあがったのである」（大内力『ファジズムへの道　日本の歴史24』中央公論社、一九六七年、四八二～四八五頁）。

(24)　「わたくしは、かつて故那須宏との共同執筆論文「日本近代史の時期区分」（名古屋大学法学部『法政論集』一三、一九五九年一二月）のなかで、『天皇制は、絶対主義としての限界からファッショ的再編成をとげたにとどまり、ファジズムへの移行は完了しない。……』と書いて以来、絶対主義説を守ってきたが、いまこの規定を撤回する」（木板順一郎「日本ファシズム国家論」、同編『体系・日本現代史3　日本ファシズムの確立と崩壊』日本評論社、一九七九年、四六～四七頁）。

(25)「三一年九月から大政翼賛会が成立した四〇年一〇月までを立憲君主制のなしくずし的崩壊にともなう天皇制ファジズムへの再編成過程＝『上からのファシズム化』、……と規定したい」（同上書、二二頁）。

(26)木板順一郎「大日本帝国の崩壊」（歴史学研究会・日本史研究会編『講座日本歴史10　近代4』東京大学出版会、一九八五年）。

(27)「三六年の二・二六事件以後は、軍部が一応主導権を掌握した……二・二六事件は、ファシズム体制成立への第一歩となった」（木坂前掲論文「日本ファシズム国家論」、前掲『体系・日本現代史3』二六頁、三三頁）。

(28)「二・二六事件後に軍部が主導権をにぎったと安易に主張する論者が多いが、一五年戦争期に一貫して国家権力の核心をにぎり、政治の主導権をにぎっていたのは天皇と宮中グループであり、軍部の主導権も天皇と宮中グループの暗黙または明示の同意と支持なしには確保できなかった」（木坂前掲論文「大日本帝国の崩壊」、前掲『講座日本歴史10』三〇五～三〇六頁）。

(29)「天皇の田中への辞職要求は、事前に宮廷グループ内部で討議されていた……だから、天星の非立憲的発言は、『若気の至り』の失言などではなく、天皇をふくむ宮廷グループが事前に協議したうえでのことだったのである。このことは、天皇が決して立憲君主ではなく、まさに専制君主であったことを示すものである」（藤原彰『昭和天皇の十五年戦争』青木書店、一九九一年、五三頁）。

(30)「一九四五年、アジア太平洋戦争降伏という最高の国家意思決定に際して、重大な役割を演じたのは、議会でもなかったのはもちろん、軍部でもなく、天皇・重臣・貴族政治家・一部の高級官僚などからなる宮中グループであったことを考えても、政治支配階級内に占める貴族政治家の地位は一般に予想される以上に大きなものであった」（中村政則「国家と諸階級」、大石嘉一郎編『日本帝国主義史3　第二次大戦期』東京大学出版会、一九九四年、四五〇頁）。

(31)「抑欧州ニ於テハ憲法政治ノ萌芽セル事千余年、独リ人民ノ此制度ニ習熟セルノミナラス、又タ宗教ナル者アリテ之カ機軸ヲ為シ、深ク人心ニ浸潤シテ、人心此ニ帰一セリ。然ルニ我国ニ在テハ宗教ナル者其力微弱ニシテ、一モ国家ノ機軸タルヘキモノナシ。佛教ハ一タヒ隆盛ノ勢ヲ張リ、上下ノ人心ヲ繋キタルモ今日ニ至リテハ已ニ衰替ニ傾キタリ。神道ハ祖宗ノ遺訓ニ基キ之ヲ祖述ストハ雖、宗教トシテ人心ヲ帰向セシムルノ力ニ乏シ。我国ニ在テ機軸トスヘキハ独リ皇室アルノミ。是ヲ以テ憲法草案ニ於テハ専ラ意ヲ此点ニ用ヒ、君権ヲ尊重シテ成ルヘク之ヲ束縛セサランコトヲ勉メタリ。……乃チ此草案ニ於テハ、君権ヲ機軸トシ、偏ニ之ヲ毀損セサランコトヲ期シ、敢テ彼ノ欧州ノ主権分割ノ精神ニ拠ラス。固ヨリ欧州数国ノ制度ニ於テ君権民権共同スルト其揆ヲ異ニセリ。是レ起案ノ大綱トス」（帝国憲法制定会議における議長伊藤博文演説、一九八八年六月一八日、『枢密院会議議事録』第一巻、東京大学出版会、一九八四年、一五七頁）。丸山真男は明治憲法の根本精神を論じた伊藤演説に照して、精神的権威でもある政治的権力がまさに神性を帯びることにより人為の制度の制約を排するものとみた（丸山真男『日本の思想』岩波書店、一九六一年、二九～三〇頁）。

(32) 木坂前掲論文「日本ファシズム国家論」、前掲『体系・日本現代史3』三〇～三二頁。

(33) 大石嘉一郎「農地改革の歴史的意義」一九七五年（大石『日本資本主義の構造と展開』東京大学出版会、一九九八年、三一七～三二五頁）。

(34) 「独裁政治トカ何トカ言ハレマシタガ、是ハ私一ツ明確ニシテ置キタイト思フ……私ハココニ総理大臣ト云フ職責ヲ与ヘラレテ居ル、是ニ於テ違フノデアリマス、是ハ、陛下ノ御光ヲ受ケテ初メテ光ルノデアリマス、陛下ノ御光ガナカッタナラバ、コンナモノハ石ツコロニモ等シイモノデアル、陛下ノ御信任ガアリ、其ノ地位ニ就イテ居ルガ故ニ光ツテ居ルノデアリマス、ソコガ所謂独裁者ト称スル『ヨーロッパ』ノ諸公トハ趣ヲ異ニシテ居ルノデアリマス、是ハ、陛下ノ御信任ガナクナレバ、モウ罷メロト仰セニナレバ、ソレカラ先ハ一ツモナイ、モウ石ツコロデアル、ソコノ所ノ本質ハ、……本質的ニ非常ニ違フ、日本ノ国体ハドウシテモサウデナケレバナラナイノデアリマス、何処マデモ私ハ、陛下ノ御光ノ下ニ於テ初メテ存在意義ガアリ、丁度月ミタイナモノデ、陛下ノ御光ヲ受ケテ光ツテ居ルダケノ話ナノデアリマス、ソレダケハ一ツ劈頭ニ申上ゲテ置キタイ」（「第八十一回帝国議会衆議院　戦時行政特例法案外二件委員会議録（速記）第三回」一九四三年二月五日、『帝国議会衆議院委員会議録　昭和篇』第一四八巻〔一九四二～一九四三年〕、東京大学出版会、一九九九年、九六頁）。上記の資料は、東條首相の議会答弁が、語るに落ちて帝政の権威と権力・統治と行政の関係に触れた一つの証例として重要である。いわゆる軍部独裁の東條政権にしても、君主の権威に基いて初めて首相の権力が行使されえたものと看做すべきであろう。総じて言えば、昭和帝政期の全体主義化は、絶対主義的な精神的権威が温存された結果として、精神的構造と経済的構造の総合的次元としての政治的構造における再編の過程も、新体制の確立をみずに崩壊にいたる不徹底な未完成の反革命に終らざるをえないものと解するほかにみちがない。

参考文献

日本帝国主義の「満州」支配史研究

井上晴丸・宇佐美誠次郎『危機における日本資本主義の構造』岩波書店、一九五一年
山辺健太郎「日本帝国主義と植民地」『岩波講座　日本歴史　一九　現代二』岩波書店、一九六三年
宇佐美誠次郎「満州侵略」『岩波講座　日本歴史　二〇　現代三』岩波書店、一九六三年
石田興平『満州における植民地経済の史的展開』ミネルヴァ書房、一九六四年
安藤彦太郎編『満鉄——日本帝国主義と中国』御茶の水書房、一九六五年
栗原健編『対満蒙政策史の一面』原書房、一九六六年
緒方貞子『満州事変と政策の形成過程』原書房、一九六六年
鈴木隆史「南満州鉄道株式会社（満鉄）の創立過程」『徳島大学教養部紀要　人文社会科学』四号、一九六九年三月
島田俊彦「東支鉄道をめぐる中ソ紛争」『国際政治』四三号、一九七〇年一二月
松村高夫「日本帝国主義下における『満州』への朝鮮人移動について」『三田学会雑誌』六三巻六号、一九七〇年六月
松沢哲成「満州事変と『民族協和』運動」『国際政治』四三号、一九七〇年一二月
平野健一郎「満州事変前における在満日本人の動向——満州国性格形成の一要因」『国際政治』四三号、一九七〇年
鈴木隆史「『満州国』の成立と経営」、歴史学研究会編『太平洋戦争一　満州事変』青木書店、一九七一年
鈴木隆史「『満州』研究の現状と課題」『アジア経済』一二巻四号、一九七一年四月
西村成雄「一九二〇年東三省地方権力の崩壊過程」『大阪外国語大学学報』二五号、一九七一年七月
満州史研究会編『日本帝国主義下の満州』御茶の水書房、一九七二年
臼井勝美『日本と中国——大正時代』原書房、一九七二年

中塚明「朝鮮支配の矛盾と『満州事変』」『季刊現代史』一号、一九七二年一一月
宇田正「日本資本主義の満州経営——南満州鉄道株式会社の役割を中心に」『社会経済史学』三九巻二号、一九七三年六月
槇田健介「一九三〇年代における満鉄改組問題」『歴史評論』二八九号、一九七四年五月
岡部牧夫「植民地ファシズム運動の成立と展開——満州青年連盟と満州協和党」『歴史学研究』四〇六号、一九七四年三月
石田武彦「中国東北における糧桟の動向——満州事変前における」『経済学研究』(北海道大学)二四巻一号、一九七四年三月
江口圭一「『日本帝国主義史論——満州事変前後』青木書店、一九七五年
鍛治邦雄「一九二〇年代における満州への中国人の移動について」、小野一一郎・吉信粛編『両大戦間期のアジアと日本』大月書店、一九七五年
松野周治「東北アジアの金融連関と対満州通貨金融政策」、小野一一郎・吉信粛編『両大戦間期のアジアと日本』大月書店、一九七五年
波形昭一「日本帝国主義の満州金融問題」『金融経済』一五三号、一九七五年八月
大谷正「満州金融機関問題」『待兼山論叢』(大阪大学、史学篇)九号、一九七五年一二月
満州移民史研究会編『日本帝国主義下の満州移民』龍溪書舎、一九七六年
大竹慎一「『満州』通貨工作と日本的一体化論」『社会経済史学』四一巻四号、一九七六年一月
原朗「『満州』における経済統制政策の展開——満鉄改組と満業設立をめぐって」、安藤良雄編『日本経済政策史論』下巻、東京大学出版会、一九七六年
尾形洋一「第二次『幣原外交』と『満蒙』鉄道交渉」『東洋学報』五七巻三・四号、一九七六年三月
坂本雅子「三井物産と『満州』・中国市場」、藤原彰・野沢豊編『日本ファシズムと東アジア——現代史シンポジウム——』青木書店、一九七七年
尾形洋一「東北交通委員会と所謂『満鉄包囲鉄道網計画』」『史学雑誌』八六巻八号、一九七七年八月
柴田善雅「日本の対『満州』通貨金融政策の形成とその機能の実態」『社会経済史学』四三巻二号、一九七七年八月
浅田喬二「満州移民史研究の課題について」『一橋論叢』七八巻三号、一九七七年九月
松縄善三郎「露支協定に至る東支鉄道の利権回収と日本の対応」『軍事史学』一三巻二号、一九七七年九月

岡部牧夫『満州国』三省堂、一九七八年
北岡伸一『日本陸軍と大陸政策――一九〇六～一九一八――』東京大学出版会、一九七八年
越沢明『植民地満州の都市計画』アジア経済研究所、一九七八年
岡部牧夫「日本帝国主義と満鉄」『日本史研究』一九五号、一九七八年一一月
小島麗逸編『日本帝国主義と東アジア』アジア経済研究所、一九七九年
藤井光男他編『日本多国籍企業の史的展開』上、大月書店、一九七九年
小野一一郎・吉信粛編『両大戦間のアジアと日本』大月書店、一九七九年
鈴木隆史「『満州国』論」、今井清一編『体系　日本現代史二　一五年戦争と東アジア』日本評論社、一九七九年
桜井徹「南満州鉄道の経営と財閥」、藤井光男他編『日本多国籍企業の史的展開』上巻、大月書店、一九七九年
竹内好「満州国研究の意義」『竹内好全集』第四巻、筑摩書房、一九八〇年
朴永錫『万宝山事件研究――日本帝国主義の大陸侵略政策の一環として』第一書房、一九八一年
柳沢遊「一九二〇年代『満州』における日本人中小商人の動向」『土地制度史学』九二号、一九八一年七月
金子文夫「一九二〇年代における日本帝国主義と『満州』」（一）（二）、『社会科学研究』（東京大学）三二巻四・六号、一九八一年二・三月
高橋泰隆「南満州鉄道株式会社における組織改組問題と邦人商工業者」『関東学園大学紀要』六号、一九八一年三月
久保亨「日本の侵略前夜の東北経済」『歴史評論』三七七号、一九八一年九月
柳沢遊「奉天における『奉天票暴落』問題と『不当課税』問題の展開過程――張作霖爆殺事件の歴史的前提」『経済学研究』（東京大学）二四号、一九八一年一二月
大倉財閥研究会編『大倉財閥の研究――大倉と大陸』近藤出版社、一九八二年
中兼和津次『旧満州農村社会経済構造の分析』アジア政経学会、一九八二年
高橋泰隆「南満州鉄道株式会社の改組計画について――軍部案と満鉄首脳部の対応を中心に」『社会科学討究』（早稲田大学）七八号、一九八二年五月
松沢哲成『日本ファシズムの対外侵略』三一書房、一九八三年

間宮国夫「日本資本主義と植民地商業会議所」『社研研究シリーズ』(早稲田大学)一六号、一九八三年六月
西村成雄『中国近代東北地域史研究』法律文化社、一九八四年
高嶋雅明「正隆銀行の分析——満洲における日清合弁銀行の設立をめぐって」『経済理論』(和歌山大学)一九八号、一九八四年三月
副島昭一「中国の不平等条約撤廃と『満州事変』」、古屋哲夫編『日中戦争史研究』吉川弘文館、一九八四年
村上勝彦「日本資本主義と植民地」、社会経済史学会編『社会経済史学の課題と展望』有斐閣、一九八四年
兒嶋俊郎「日本帝国主義下の『満州』鉄道問題——『納付金』をめぐる関東軍と『満鉄』」『三田学会雑誌』七七巻一号、一九八四年四月
波形昭一『日本植民地金融政策史の研究』早稲田大学出版部、一九八五年
小野一一郎『戦間期の日本帝国主義』世界思想社、一九八五年
国家資本輸出研究会編『日本の資本輸出——対中国借款の研究』多賀出版、一九八六年
浅田喬二・小林英夫編『日本帝国主義の満州支配』時潮社、一九八六年
兪辛焞『満洲事変期の中日外交史研究』東方書店、一九八六年
高綱博文「『満洲』における炭鉱労務管理体制」『経済科学研究所紀要』(日本大学)一〇号、一九八六年三月
芳井研一「『満蒙』鉄道問題の展開と田中内閣」『人文科学研究』(新潟大学)六九号、一九八六年七月
芳井研一「第一次大戦後の『満蒙』鉄道問題」『日本史研究』二四八号、一九八六年四月
高嶋雅明「第一次大戦前における海外在留日本人商工業者について」『経済理論』(和歌山大学)二一四号、一九八六年一一月
朝鮮銀行史研究会編『朝鮮銀行史』東洋経済新報社、一九八七年
桜本富雄『満蒙開拓青少年義勇軍』青木書店、一九八七年
松本俊郎『侵略と開発——日本資本主義と中国植民地化』御茶の水書房、一九八八年
越沢明『満州国の首都計画』日本経済評論社、一九八八年
王魁喜他著(志賀勝訳)『満州近現代史』現代企画室、一九八八年
小風秀雅「『満州』諸支店の経営動向」、山口和雄・加藤俊彦編『両大戦間の横浜正金銀行』日本経営史研究所、一九八八年

松野周治「一九二〇年代における日本の対『満州』関税政策」『経済論叢』四二巻四号、一九八八年一〇月
金子文夫「最近の『満州』社会経済史研究に関する文献目録（一九七九～一九八七）」『横浜市立大学論叢（人文科学系列）』三九巻二・三号、一九八八年三月
副島昭一「中国東北侵略と十五年戦争の開始」、藤原彰他編『十五年戦争史 一 満州事変』青木書店、一九八八年
井上勇一『東アジア鉄道国際関係史』慶應通信、一九八九年
越沢明『哈爾浜の都市計画』総和社、一九八九年
易顕石『日本の大陸政策と中国東北』六興出版、一九八九年
山田豪一「満州統制経済と三位一体制の発足」、安藤彦太郎編『近代日本と中国』汲古書院、一九八九年
金子文夫『近代日本における対満州投資の研究』近藤出版社、一九九一年
李盛煥『近代東アジアの政治力学』錦正社、一九九一年
小峰和夫『満洲――起源・植民・覇権――』御茶の水書房、一九九一年
疋田康行「十五年戦争期の日本の資本輸出――財閥資本の対『満州』株式投資を中心に」『日本植民地研究』四号、一九九一年
金静美『中国東北部における抗日朝鮮・中国民衆史序説』現代企画室、一九九二年
鈴木隆史『日本帝国主義と満州――一九〇〇～一九四五』上・下塙書房、一九九二年
山本有造『日本植民地経済史研究』名古屋大学出版会、一九九二年
山根幸夫他編『近代日中関係史研究入門』研文出版、一九九二年
春日豊「三井財閥と中国・満州投資」、中村政則編『日本の近代と資本主義――国際化と地域』東京大学出版会、一九九二年
黒瀬郁二「東洋拓殖会社の対『満州』投資」、中村政則編『日本の近代と資本主義――国際化と地域』東京大学出版会、一九九二年
山室信一『キメラ――満洲国の肖像』中公新書、一九九三年
塚瀬進『中国近代東北経済史研究――鉄道敷設と中国東北経済の変化』東方書店、一九九三年
風間秀人『満州民族資本の研究――日本帝国主義と土着流通資本』緑蔭書房、一九九三年
山本有造編『「満洲国」の研究』京都大学人文科学研究所、一九九三年
金子文夫編「戦後日本植民地研究史」『岩波講座 近代日本と植民地 四 統合と支配の論理』岩波書店、一九九三年

蘭信三『「満州移民」の歴史社会学』行路社、一九九四年
松本俊郎「『満州』研究の現状についての覚え書き――『満州国』期を中心に」『岡山大学経済学会雑誌』二五巻三号、一九九四年二月
高橋泰隆『日本植民地鉄道史論――台湾、朝鮮、満州、華北、華中鉄道の経営史的研究』日本経済評論社、一九九五年
浜口裕子『日本統治と東アジア――植民地期朝鮮と満州の比較研究』勁草書房、一九九六年
沈潔『「満州国」社会事業史』ミネルヴァ書房、一九九六年
相庭和彦他『満州「大陸の花嫁」はどうつくられたか』明石書房、一九九六年
井村哲郎編『満鉄調査部――関係者の証言』アジア経済研究所、一九九六年
西沢泰彦『海を渡った日本人建築家――二〇世紀前半の中国東北地方における建築活動』彰国社、一九九六年
田中恒次郎『「満州」における反満抗日運動の研究』緑蔭書房、一九九七年
高橋泰隆『昭和戦前期の農村と満州移民』吉川弘文館、一九九七年
安富歩『「満洲国」の金融』創文社、一九九七年
柳沢遊「『満州』における商業会議所連合会の活動」、波形昭一編著『近代アジアの日本人経済団体』同文舘、一九九七年
平井廣一「関東州の財政構造」、同著『日本植民地財政史研究』ミネルヴァ書房、一九九七年
飯島渉「近代中国における『衛生』の問題――二〇世紀初頭『満州』を中心に」『歴史学研究』七〇三号、一九九七年一〇月
塚瀬進「奉天における日本人商人と奉天商業会議所」、波形昭一編著『近代アジアの日本人経済団体』同文舘、一九九七年
塚瀬進「一九四〇年代における満州国統治の社会への浸透」『アジア経済』三九巻七号、一九九八年七月
柳沢遊『日本人の植民地経験――大連日本人商工業者の歴史』青木書店、一九九九年
柴田善雅『占領地通貨金融政策の展開』日本経済評論社、一九九九年
塚瀬進「満州事変前、大豆取引における大連取引所の機能と特徴」『東洋学報』八一巻三号、一九九九年一二月
松本俊郎『「満洲国」から新中国へ――鞍山鉄鋼業からみた中国東北の再編過程　一九四〇～一九五四』名古屋大学出版会、二〇〇〇年
岸田真「南満州鉄道外債交渉と日本の対外金融政策　一九二七～一九二八」『社会経済史学』六五巻五号、二〇〇〇年一月

平山勉「満鉄社員会の設立と活動――会社経営への参画問題を中心に」『三田学会雑誌』九三巻二号、二〇〇〇年七月
L・ヤング（加藤陽子他訳）『総動員帝国――満州と戦時帝国主義の文化』岩波書店、二〇〇一年
竹中憲一「関東州における対中国人中等教育――旅順第二中学校」、宇野重昭編『深まる侵略　屈折する抵抗――一九三〇～四〇年代の日・中のはざま』研文出版、二〇〇一年
柴田善雅「初期『満州国』における財政制度の構築」、宇野重昭編『深まる侵略　屈折する抵抗――一九三〇～四〇年代の日・中のはざま』研文出版、二〇〇一年
太田勝洪「東北における初期の抗日闘争――馬占山抗日戦記」、宇野重昭編『深まる侵略　屈折する抵抗――一九三〇～四〇年代の日・中のはざま』研文出版、二〇〇一年
松重充浩「植民地大連における華人社会の展開――一九二〇年代初頭大連華商団体の活動を中心に」、曽田三郎編著『近代中国と日本――提携と敵対の半世紀』御茶の水書房、二〇〇一年

「満州」日系企業研究史

鈴木隆史「満州経済開発と満州重工業の成立」『学芸紀要』（徳島大学学芸学部）一三号、一九六四年三月
安藤彦太郎編『満鉄――日本帝国主義と中国』御茶の水書房、一九六五年
鈴木隆史「南満州鉄道株式会社（満鉄）の創立過程」『徳島大学教養部紀要　人文社会科学』四号、一九六九年三月
石田武彦「二〇世紀初頭中国東北における油坊業の展開過程」『北大史学』一三号、一九七一年八月
鈴木隆史「『満州』研究の現状と課題」『アジア経済』一二巻四号、一九七一年四月
原朗「一九三〇年代の満州経済統制政策」、満州史研究会編『日本帝国主義下の満州』御茶の水書房、一九七二年
宇田正「日本資本主義の満州経営――南満州鉄道株式会社の役割を中心に」『社会経済史学』三九巻二号、一九七三年六月
石田武彦「中国東北における糧桟の動向――満州事変前における」『経済学研究』（北海道大学）二四巻一号、一九七四年三月
槙田健介「一九三〇年代における満鉄改組問題」『歴史評論』二八九号、一九七四年五月
小林英夫『「大東亜共栄圏」の形成と崩壊』御茶の水書房、一九七五年

原朗「『満州』における経済統制政策の展開――満鉄改組と満業設立をめぐって」、安藤良雄編『日本経済政策史論』下巻、東京大学出版会、一九七六年
宇田川勝「日産財閥の満州進出」『経営史学』一一巻一号、一九七六年七月
坂本雅子「三井物産と『満州』・中国市場」、藤原彰・野沢豊編『日本ファシズムと東アジア――現代史シンポジウム』青木書店、一九七七年
大竹慎一「鉄鋼増産計画と企業金融――産業開発五ヵ年計画期の昭和製鋼所」『経営史学』一三巻三号、一九七八年六月
岡部牧夫「日本帝国主義と満鉄」『日本史研究』一九五号、一九七八年一一月
坂本雅子「戦争と財閥」、中村政則編『体系　日本現代史　四　戦争と国家独占資本主義』日本評論社、一九七九年
桜井徹「南満州鉄道の経営と財閥」、藤井光男他編『日本多国籍企業の史的展開』上巻、大月書店、一九七九年
山村睦夫「第一次大戦後における三井物産の海外進出」、藤井光男他編『日本多国籍企業の史的展開』上巻、大月書店、一九七九年
石田興平「植民地開発主体としての満鉄」『経済経営論叢』（京都産業大学）一四巻一号、一九七九年六月
金子文夫「一九七〇年代における『満州』研究の現状」（一）（二）、『アジア経済』二〇巻三・一一号、一九七九年三・一一月
武田晴人「古河商事と『大連事件』」『社会科学研究』（東京大学）三二巻二号、一九八〇年八月
原沢芳太郎「王子製紙の満州（中国東北部）進出――『余裕』あっての戦略の失敗」、土屋守章・森川英正編『企業者活動の史的研究』日本経済新聞社、一九八一年
原田勝正『満鉄』岩波新書、一九八一年
高橋泰隆「南満州鉄道株式会社における組織改組問題と邦人商工業者」『関東学園大学紀要』六集、一九八一年三月
大倉財閥研究会編『大倉財閥の研究――大倉と大陸』近藤出版社、一九八二年
春日豊「一九三〇年代における三井物産会社の展開過程（上）――商品取引と社外投資を中心に」『三井文庫論叢』一六号、一九八二年一二月
高橋泰隆「南満州鉄道株式会社の改組計画について――軍部案と満鉄首脳部の対応を中心に」『社会科学討究』（早稲田大学）七八号、一九八二年五月
武田晴人「最近の財閥研究をめぐって――『大倉財閥の研究』を中心に」『経済評論』三一巻一〇号、一九八二年九月

加藤俊彦編『日本金融論の史的研究』東京大学出版会、一九八三年
中村隆英『戦時日本の華北経済支配』山川出版社、一九八三年
西村成雄『中国近代東北地域史研究』法律文化社、一九八四年
兒嶋俊郎「日本帝国主義下の『満州』鉄道問題――『納付金』をめぐる関東軍と『満鉄』」『三田学会雑誌』七七巻一号、一九八四年四月
四宮正親「豊田自動織機製作所自動車部の満州進出――豊田と同和の提携とその破綻をめぐって」『経営学研究論集』(西南学院大学) 四号、一九八四年一二月
高嶋雅明「正隆銀行の分析――満洲における日清合弁銀行の設立をめぐって」『経済理論』(和歌山大学) 一九八号、一九八四年三月
高橋泰隆「南満州鉄道株式会社(満鉄)史研究の現状と課題」『鉄道史学』二号、一九八五年八月
浅田喬二・小林英夫編『日本帝国主義の満州支配』時潮社、一九八六年
国家資本輸出研究会編『日本の資本輸出――対中国借款の研究』多賀出版、一九八六年
四宮正親「満州における自動車工業の展開――同和自動車と満州自動車の企業活動と業績をめぐって」(一)(二)、『経営学研究論集』(西南学院大学) 七・八号、一九八六年七月・八七年一月
金子文夫「資本輸出と植民地」、大石嘉一郎編『日本帝国主義史　二』東京大学出版会、一九八七年
堀和生「『満州国』における電力業と統制政策」『歴史学研究』五六四号、一九八七年二月
小風秀雅「『満州』諸支店の経営動向」、山口和雄・加藤俊彦編『両大戦間の横浜正金銀行』日本経営史研究所、一九八八年
松本俊郎『侵略と開発――日本資本主義と中国植民地化』御茶の水書房、一九八八年
溝口敏行・梅村又次編『旧日本植民地経済統計』東洋経済出版社、一九八八年
鈴木邦夫「『満州国』における三井財閥――三井物産の活動を中心として」(一)(二)、『電気通信大学紀要』一巻二号・二巻一号、一九八八年一二月・八九年六月
疋田康行「日本の対中国電気通信事業投資について――満州事変期を中心に」『立教経済学研究』四一巻四号、一九八八年三月
塚瀬進「日中合弁鴨緑江採木公司の分析――中国東北地域における日本資本による林業支配の特質」『アジア経済』三一巻一〇号、

一九九〇年一〇月
金子文夫『近代日本における対満州投資の研究』近藤出版社、一九九一年
丁振聲「昭和恐慌期の石炭独占組織の動揺――中小炭業者による撫順炭輸入阻止運動とその帰結」、近代日本研究会編『年報・近代日本研究　一三　経済政策と産業』山川出版社、一九九一年
春日豊「三井財閥と中国・満州投資」、中村政則編『日本の近代と資本主義――国際化と地域』東京大学出版会、一九九二年
黒瀬郁二「東洋拓殖会社の対『満州』投資」、中村政則編『日本の近代と資本主義――国際化と地域』東京大学出版会、一九九二年
沢井実「鉄道車両工業と『満州』市場――一九三〇年代を中心に」、大石嘉一郎編『戦間期日本の対外経済関係』日本経済評論社、一九九二年
平智之「一九二〇年代の銀貨圏における横浜正金銀行」、大石嘉一郎編『戦間期日本の対外経済関係』日本経済評論社、一九九二年
四宮正親「戦前の自動車産業と『満洲』――戦前の自動車産業に占める『満洲』の位置をめぐって」『経営史学』二七巻二号、一九九二年七月
風間秀人『満州民族資本の研究――日本帝国主義と土着流通資本』緑蔭書房、一九九三年
塚瀬進『中国近代東北経済史研究――鉄道敷設と中国東北経済の変化』東方書店、一九九三年
金子文夫「植民地投資と工業化」『岩波講座　近代日本と植民地　三　植民地化と産業化』岩波書店、一九九三年
菊池一徳「満洲大豆と満鉄の大豆研究」、同著『大豆産業の歩み』光琳、一九九四年
松本俊郎「『満洲』研究の現状についての覚え書き――『満洲国』期を中心に」『岡山大学経済学会雑誌』二五巻三号、一九九四年二月
高橋泰隆『日本植民地鉄道史論――台湾、朝鮮、満州、華北、華中鉄道の経営史的研究』日本経済評論社、一九九五年
金子文夫「日本の植民地主義　台湾・朝鮮・満州――一九八〇年代後半から九〇年代前半の研究動向」『横浜市立大学論叢（人文科学系列）』四六巻一・二・三号、一九九五年三月
小林英夫『満鉄――「知の集団」の誕生と死』吉川弘文館、一九九六年
田中則雄「キッコーマンの満州進出と満州における醬油事情について」『野田市史研究』七号、一九九六年三月
柳沢遊「榊谷仙次郎――『満州』土木請負業者の世代交代」、竹内常善・阿部武司・沢井実編『近代日本における企業家の諸系譜』

大阪大学出版会、一九九六年
安富歩『「満洲国」の金融』創文社、一九九七年
宇田川勝「満業コンツェルンをめぐる国際関係」『グノーシス』（法政大学産業情報センター）六号、一九九七年三月
老川慶喜「『満州』の自動車市場と同和自動車工業の設立」『立教経済学研究』五一巻二号、一九九七年一〇月
塚瀬進「中国東北地域における日本商人の存在形態」『紀要　史学科』（中央大学文学部）四二号、一九九七年三月
沢井実『日本鉄道車輌工業史』日本経済評論社、一九九八年
解学詩「盧溝橋事件と華北石炭・鉄鋼産業」『三田学会雑誌』九一巻二号、一九九八年七月
柴田善雅『占領地通貨金融政策の展開』日本経済評論社、一九九九年
蘇崇民（山下睦男・和田正広・王勇訳）『満鉄史』葦書房、一九九九年（原著、中華書局、一九九〇年）
柳沢遊『日本人の植民地経験――大連日本人商工業者の歴史』青木書店、一九九九年
木村隆俊「一九二〇年代日本の対満州貿易分析」『経済集志』（日本大学）六九巻三号、一九九九年一〇月
小林英夫編『近代日本と満鉄』吉川弘文館、二〇〇〇年
松本俊郎『「満洲国」から新中国へ――鞍山鉄鋼業からみた中国東北の再編過程　一九四〇～一九五四』名古屋大学出版会、二〇〇〇年
張乃麗「昭和製鋼所の設備・機械に関する一考察」『経済集志』（日本大学）六九巻四号、二〇〇〇年一月
張乃麗「本渓湖煤鉄公司設備・機械の内外製造別分析」『経済集志』（日本大学）七〇巻三号、二〇〇〇年一〇月
平山勉「満鉄社員会の設立と活動――会社経営への参画問題を中心に」『三田学会雑誌』九三巻二号、二〇〇〇年七月
伊牟田敏充「旧満州における銀行合同」、石井寛治・杉山和雄編『金融危機と地方銀行――戦間期の分析』東京大学出版会、二〇〇一年
金子文夫「日本企業による経済侵略」、宇野重昭編『深まる侵略　屈折する抵抗――一九三〇－四〇年代の日中のはざま』研文出版、二〇〇一年
張乃麗「昭和製鋼所の内外製造設備・機械の分析――一九三〇年代後半期を中心として」『経世論集』（日本大学）二七号、二〇〇一年三月

老川慶喜「『満洲国』の自動車産業——同和自動車工業の経営　一九三五年七月～三七年一二月」『立教経済学研究』五五巻三号、二〇〇二年一月

日本における満鉄調査部論

北条秀一『道は六百八十里——満州から日本へ』引揚者団体全国連合会出版部、一九四八年
福島正夫「岡松参太郎博士の台湾旧慣調査と華北農村慣行調査における末広厳太郎博士」『東洋文化』二五号、一九五八年六月
東洋文化研究所「中国旧慣の調査について——天海謙三郎氏をめぐる座談会」『東洋文化』二五号、一九五八年六月
野中時雄「私の満鉄での調査の跡」『農業経済』（兵庫農科大学）三号、一九五八年一二月
児玉大三「秘録　満鉄調査部」『中央公論』七五巻一二号、一九六〇年一二月
安藤彦太郎・山田豪一「近代中国研究と満鉄調査部」『歴史学研究』二七〇号、一九六二年一一月
伊藤武雄『満鉄に生きて』勁草書房、一九六四年
伊藤武雄『黄龍と東風』国際日本協会、一九六四年
和田耕作『私の昭和史』新世紀出版社、一九六四年
満史会「満鉄調査研究年表概略」『満州開発四十年史』補巻、満州開発四十年史刊行会、一九六四年
野間清「満鉄経済調査会設置前後」『歴史評論』一六九号、一九六四年九月
野間清「中国農村慣行調査の企画と実績——中国問題研究における主観的『善意』とその限界」『歴史評論』一七〇号、一九六四年一〇月
宮坂宏「満鉄調査部」、安藤彦太郎編『満鉄——日本帝国主義と中国』御茶の水書房、一九六五年
伊藤武雄「北京満鉄調査月報補説」『アジア経済旬報』六一五号、一九六五年六月
小林英夫「一九三〇年代『満州工業化』政策の展開過程——『満州産業開発五ヵ年計画』実施過程を中心に」『土地制度史学』四四号、一九六九年七月
野沢豊『「中国統一化」論争の研究』アジア経済研究所、一九七一年

中西功『死の壁の中から――妻への手紙』岩波書店、一九七一年
原朗「一九三〇年代の満州経済統制政策」、満州史研究会編『日本帝国主義下の満州』御茶の水書房、一九七二年
小島麗逸「満鉄支那月誌」「北京満鉄月報」「上海満鉄季刊」『アジア経済資料月報』一九七二年臨時増刊、一九七二年三月
笹倉正夫『人民服日記――ある科学者の証言』番町書房、一九七三年
野間清「満鉄調査部回想――調査部の綜合調査の企画と性質」『龍溪』七号、一九七三年九月
中西功『中国革命の嵐の中で』青木書店、一九七四年
松本重治『上海時代――ジャーナリストの回想』上・中・下、中公新書、一九七四・七五年
枝吉勇「消えた至宝〝満鉄調査部〟」『昭和史探訪』番町書房、一九七五年
松本健一「満鉄調査部論」『思想としての右翼』第三文明社、一九七五年
野間清「満鉄経済調査会の設立とその役割――満鉄調査回想」『国際問題研究所紀要』（愛知大学）五六号、一九七五年一月
天野元之助「私の学問的遍歴」『UP』一～八、東京大学出版会、一九七五年一～八月
野間清「『満州』農村実態調査の企画と業績――満鉄調査回想の二」『国際問題研究所紀要』（愛知大学）五八号、一九七六年一月
山田豪一『満鉄調査部――栄光と挫折の四十年』日経新書、一九七七年
原朗「解題」『満州関係立案計画書類目録』現代史研究会、一九七七年
野間清「中国慣行調査、その主題的意図と客観的現実」『国際問題研究所紀要』（愛知大学）六〇号、一九七七年一月
井村哲郎「『北支経済調査班報告書』目録」『アジア経済資料月報』一九巻一〇号、一九七七年一〇月
小林英夫「華北占領政策の展開過程――乙嘱託班の結成と活動を中心に」『経済学論集』（駒沢大学）九巻三号、一九七七年一二月
小泉吉雄『愚かな者の歩み――ある満鉄社員の手記』私家版、一九七八年
小島麗逸「解題」『北京満鉄月報』一巻、復刻版、龍溪書舎、一九七八年
中村智子「横浜事件の人びと（四）――満鉄調査部の平館利雄氏」『思想の科学』第六次八九号、一九七八年四月
石堂清倫「満鉄調査部と『マルクス主義』」『運動史研究』二号、三一書房、一九七八年八月
花野吉平『歴史の証言――満州に生きて』龍溪書舎、一九七九年
丸沢常哉『新中国建設と満鉄中央試験所』二月社、一九七九年

草柳大蔵『実録・満鉄調査部』上・下、朝日新聞社、一九七九年
上海満鉄回想録編集委員会『長江の流れと共に――上海満鉄回想録』一九八〇年
具島兼三郎『どん底のたたかい――わたしの満鉄時代』九州大学出版会、一九八〇年
原朗「解題」『満州・五箇年計画立案書類』龍溪書舎、一九八〇年
野間清「満鉄調査部改組・拡充の意義とその統一調査企画」『国際問題研究所紀要』（愛知大学）六六号、一九八〇年一月
井村哲郎「満鉄調査機関とその刊行物――米国議会図書館所蔵資料を中心にみる」『参考書誌研究』一九号、一九八〇年二月
熊谷康（記録・甲斐田寛）「上海・満鉄調査部八月十五日」『海外事情』（拓殖大学）五五巻八号、一九八〇年八月
内山雅生「『中国農村慣行調査』と中国史研究」『歴史学研究』四八四号、一九八〇年九月
具島兼三郎『奔流――わたしの歩いた道』九州大学出版会、一九八一年
枝吉勇『調査屋流転』文化社、一九八一年
加藤敬二『激流に生きる――濱正雄』西日本新聞社、一九八一年
尾崎庄太郎『徘徊――中国研究家の回想』日中出版、一九八一年
野間清「解説」、野間清・下條英男・三輪武・宮西義雄『満鉄調査部　綜合調査報告集』亜紀書房、一九八二年
末次玲子「『中国農村慣行調査』の女性史をさぐる」『中国近代史研究会通信』一五・一六号、一九八二年
天野元之助（校訂・和田祐一、注記・江田憲治）「南山書屋雑筆――満鉄時代の中国農村調査随想」Ⅰ・Ⅱ、『季刊　人類学』一三巻一・二号、一九八二年三・六月
岡崎次郎『マルクスに凭れて六十年――自嘲生涯記』青土社、一九八三年
伊藤武雄・岡崎嘉平太・松本重治『われらの生涯のなかの中国――六十年の回顧』みすず書房、一九八三年
宮西義雄『満鉄調査部と尾崎秀美』亜紀書房、一九八三年
原覚天『現代アジア研究成立史論――満鉄調査部・東亜研究所・IPRの研究』勁草書房、一九八四年
原覚天『ある老学徒の遍歴』日経事業出版社、一九八四年
満鉄会・嶋野三郎伝記刊行会『嶋野三郎――満鉄ソ連情報家の生涯』原書房、一九八四年
千代由利「国立国会図書館の満鉄資料――LC所蔵満鉄資料の収集プロジェクトを終えて」『びぶろす』三五巻六号、一九八四年六

月
浅田喬二『日本知識人の植民地認識』校倉書房、一九八五年
石堂清倫『異端の視点——変革と人間と』勁草書房、一九八六年
石堂清倫『わが異端の昭和史』勁草書房、一九八六年
石堂清倫・野間清・野々村一雄・小林庄一『十五年戦争と満鉄調査部』原書房、一九八六年
野々村一雄『回想　満鉄調査部』勁草書房、一九八六年
原覚天『満鉄調査部とアジア』世界書院、一九八六年
川島重吉『南半球の満鉄調査団』私家版、一九八六年
小林文男「満鉄調査部の中国研究——具島兼三郎氏に聞く」、同著『中国現代史の断章』谷沢書房、一九八六年
中村孝志「私説『満鉄東亜経済調査局』」『南方文化』（天理南方文化研究会）一三号、一九八六年一一月
飯田和子「〝くずのようなもの〟から——満鉄調査資料受け入れ覚書」『国立国会図書館月報』三二二号、一九八七年二月
中生勝美「『中国農村慣行調査』の限界と有効性——山東省歴城県冷水溝荘再調査を通じて」『アジア経済』二八巻六号、一九八七年六月
関口猛夫「満鉄調査部時代の回想」『社会科学研究』（中京大学）九巻一号、一九八八年七月
中村孝志「補遺　満鉄派遣ビルマ班員について」『南方文化』（天理南方文化研究会）一五号、一九八八年一一月
野間清「満鉄経済調査会の組織的変遷——関東軍とのかかわりあいを中心として」『経済論集』（愛知大学）一二〇・一二一号、一九八九年一二月
広田鋼蔵『満鉄の終焉とその後——ある中央試験所員の報告』青玄社、一九九〇年
杉田望『満鉄中央試験所』講談社、一九九〇年
松田亀三『満鉄地質調査所私記』博栄社、一九九〇年
伊藤一彦「日本の中国研究」『岩波講座　現代中国　別巻二』岩波書店、一九九〇年
祁建民「十五年戦争と満鉄調査部——華北分離工作時期を中心として」『国際問題研究所紀要』（愛知大学）九四号、一九九一年五月

満鉄会監修『南満州鉄道株式会社課級以上組織機構変遷並に人事異動一覧表』満鉄史料叢書一二、復刻版、龍溪書舎、一九九二年
内山雅生「『中国農村慣行調査』と中国農民」『岩波講座　近代日本と植民地　四』岩波書店、一九九三年
小林英夫「満鉄経済調査会小史」、遼寧省檔案館・小林英夫編『満鉄経済調査会史料』柏書房、一九九五年
米重文樹「精神の旅人・嶋野三郎」一～一七、『窓』（ナウカ株式会社）九二～一一〇号、一九九五年三月～一九九九年一〇月
井村哲郎編『満鉄調査部——関係者の証言』アジア経済研究所、一九九六年
小林英夫『満鉄——「知の集団」の誕生と死』吉川弘文館、一九九六年
石堂清倫・小林庄一・小林英夫「座談会　満鉄と日中戦争」『世界』六三八号、一九九七年九月
井村哲郎「『満鉄調査彙報』解題」『満鉄調査彙報』一巻一号、復刻版、本の友社、一九九八年
内山雅生「『華北農村慣行調査』と中国社会認識——二〇世紀における日本の中国研究と中国認識（三）」『中国研究月報』五九九号、一九九八年一月
祁建民「中共北方局と『中国農村慣行調査』」『近きに在りて』三三号、一九九八年五月
小林英夫「満鉄調査部と旧ソ連調査」『大畑篤四郎教授古稀記念　国際社会の変容と行為体』成文堂、一九九九年
小林英夫「後藤新平と満鉄調査部」、小林英夫編『近代日本と満鉄』吉川弘文館、二〇〇〇年
小林英夫「日中戦争と満鉄」、小林英夫編『近代日本と満鉄』吉川弘文館、二〇〇〇年
井村哲郎「解題」『満鉄調査部報』一巻一号、復刻版、龍溪書舎、二〇〇〇年
井村哲郎「拡充前後の満鉄調査組織——日中戦争下の満鉄調査活動をめぐる諸問題」（一）（二）、『アジア経済』四二巻八・九号、二〇〇一年八・九月

中国人強制連行・強制労働

〔資料〕

《日本語》

外務省管理局『華人労務者就労事情調査報告書』一九四六年（復刻収録：田中宏・松沢哲成編著『中国人強制連行資料——「外務

省報告書」全五分冊他――』現代書館、一九九五年）
日本海運業会神戸華工管理事務所・神戸船舶荷役株式会社『華人労務者就労顛末報告書』一九四六年（復刻版：神戸・南京をむすぶ会、一九九九年）
劉智渠述、劉永鑫・陳蕚芳記『花岡事件――日本に俘虜となった一中国人の手記』中国人俘虜犠牲者善後委員会、一九五一年（再版：岩波同時代ライブラリー、一九九五年）
大木仲治「労工狩り――強制労働のための農民拉致――」、中国帰還者連絡会編『三光――日本人の中国における戦争犯罪の告白』光文社カッパブックス、一九五七年（再版、中国帰還者連絡会・新読書社編『侵略　中国における日本戦犯の告白』新読書社、一九五八年）
『中国人強制連行事件に関する報告書』全四篇、中国人殉難者名簿共同作成実行委員会、一九六〇―一九六四年（復刻版：田中宏他編『資料　中国人強制連行』明石書店、一九八七年）
宇佐美誠次郎「戦時労働力としての中国人捕虜の資料」『資料室報』（大原社会問題研究所）八九・九〇号、一九六三年
中国人強制連行事件資料編纂委員会編『草の墓標』新日本出版社、一九六四年
大沢剛「軍需工場――強制労働の実体――」、中国帰還者連絡会編『新編　三光――中国で、日本人はなにをしたか』第一集、光文社、一九八二年
田中宏・内海愛子・石飛仁『資料中国人強制連行』明石書店、一九八七年
田中宏・内海愛子・新美隆『資料中国人強制連行の記録』明石書店、一九九〇年
金英達・飛田雄一『朝鮮人・中国人強制連行・強制労働資料集　一九九〇』神戸学生青年センター出版部、一九九〇年
金英達・飛田雄一『朝鮮人・中国人強制連行・強制労働資料集　一九九一』神戸学生青年センター出版部、一九九一年
花岡問題全国連絡会（準）編『中国人強制連行・暗闇の記録』花岡問題全国連絡会（準）、一九九一年
林えいだい『戦時外国人強制連行関係史料集　四』明石書店、一九九一年
長沢秀『戦時下朝鮮人中国人連合軍俘虜強制連行資料集』緑蔭書房、一九九二年
金英達・飛田雄一『朝鮮人・中国人強制連行・強制労働資料集　一九九二』神戸学生青年センター出版部、一九九二年
金英達・飛田雄一『朝鮮人・中国人強制連行・強制労働資料集　一九九三』神戸学生青年センター出版部、一九九三年

金英達・飛田雄一『朝鮮人・中国人強制連行・強制労働資料集　一九九四』神戸学生青年センター出版部、一九九四年
田中宏・松沢哲成編著『中国人強制連行資料――「外務省報告書」全五分冊ほか――』現代書館、一九九五年
『鹿島花岡中国人強制連行損害賠償請求事件　訴状』一九九五年
鈴木啓久等「供述筆記・三光政策関係」、新井利男・藤原彰編『侵略の証言　中国における日本人戦犯自筆供述書』岩波書店、一九九九年
古海忠之「満州労工ニ関スル罪行」、新井利男・藤原彰編『侵略の証言　中国における日本人戦犯自筆供述書』岩波書店、一九九九年
老田裕美「『特殊工人』と『万人坑』」、日本寄せ場学会『寄せ場』一一号、一九九八年（再録、「中国人強制連行の実態と背景」研究会編『日中にまたがる労務支配――中国人強制連行の背景と実相―九七年秋季国際シンポジウム東京集会報告集』一九九八年）
『中国人強制連行事件福岡訴訟訴状』中国人強制連行事件福岡訴訟弁護団、二〇〇〇年
野添憲治『中国人強制連行・花岡事件関係文献目録』能代文化出版社、二〇〇〇年
《中国語》
「特殊工人／対特殊工人的法西斯統治」、吉林省社会科学院《満鉄史資料》編集組編『満鉄史資料　第四巻　煤鉄篇』中華書局、一九八七年
「第七部分　強制徴集和奴役労工」、中央檔案館・中国第二歴史檔案館・吉林省社会科学院合編『東北経済侵略』日本帝国主義侵華檔案館資料選編一四、中華書局、一九九一年
「残害、屠殺工人的惨案」、孫邦主編『日偽暴行』偽満史料叢書、吉林人民出版社、一九九三年
「労工的苦難」、孫邦主編『偽満州社会』偽満史料叢書、吉林人民出版社、一九九三年
「抓浮浪　輔導院」、孫邦主編『偽満州社会』偽満史料叢書、吉林人民出版社、一九九三年
「労働資源的掠奪」、孫邦主編『経済掠奪』偽満史料叢書、吉林人民出版社、一九九三年
「日本対華北労工的掠奪和与摧残」、中国抗日戦争史学会・中国人民抗日戦争紀念館編『日本対華北経済的掠奪和統制――華北淪陥区資料選編』中国抗日戦争史叢書、北京出版社、一九九五年
中央檔案館・中国第二歴史檔案館・吉林省社会科学院合編『日汪的清郷』日本帝国主義侵華檔案資料選編一三、中華書局、一九九

五年
「抓夫抓役和強募騙募華工」、上海市檔案館編『日本帝国主義侵略上海罪行史料彙編 上編』上海市檔案史料、上海人民出版社、一九九七年
吉林省檔案館・魏顕州等編「日本関東軍奴役、残害〝特殊工人〟的檔案史料」(一)、『東北淪陥史研究』一九九九年二期

〔研究その他〕

《日本語》

前田一『特殊労務者の労務管理』産業能率増進叢書、山海堂、一九四三年
高橋実「ひとつの事実――花岡鉱山の中国人労働者に関する一医師の報告」『社会評論』一九四六年七月号
中日友好協会編『花岡ものがたり』(版画集)一九五一年
松田解子「花岡鉱山をたずねて」、日本共産党機関紙経営局『新しい世界』一九五一年一月号
松田解子『地底の人々』世界文化社、一九五三年(再版:民衆社、一九七二年)
欧陽文彬(三好一訳)『穴にかくれて十四年――強制連行された中国人の記録――』新読書社、一九五九年(改訳版:三省堂、一九七二年)
「報告:戦時下における中国人強制連行の記録」『世界』一九六〇年五月号
『四〇、〇〇〇人の中国人強制連行の真相』中国人俘虜殉難者名簿共同作成実行委員会、一九六一年
松村高夫「日本帝国主義下における植民地労働者――在日朝鮮人・中国人労働者を中心にして――」『経済学年報』(慶應義塾大学)一〇、一九六七年
松村高夫「満洲国成立以降における移民・労働政策の形成と展開」、満州史研究会編『日本帝国主義下の満州』御茶の水書房、一九七二年
本多勝一『中国の旅』朝日新聞社、一九七二年(再版、朝日文庫、一九八一年他)
平岡正明『日本人は中国で何をしたか――中国人大量虐殺の記録』潮出版社、一九七二年
平岡正明編『中国人は日本で何をされたか――中国人強制連行の記録』潮出版社、一九七三年

赤津益造『花岡暴動』三省堂新書、一九七三年
石飛仁『中国人強制連行の記録』太平出版社、一九七三年
野添憲治『花岡事件の人たち』評論社、一九七五年
金巻鎮雄『中国人強制連行事件――東川事業場の記録』旭川富貴堂書店、一九七五年（増補版：札幌・みやま書房、一九七六年）
清水弟『花岡事件ノート』秋田書房、一九七六年
舟田次郎『異郷の虹』たいまつ社、一九七六年
依田憙家「強制連行された中国人の抵抗」、同著『戦前の日本と中国』三省堂、一九七六年
依田憙家「日本帝国主義の中国東北における労働統制」『社会科学討究』（早稲田大学）六五号、一九七七年（再録：依田『日本帝国主義と日本』龍溪書舎、一九八八年）
猪瀬建造『痛恨の山河』自費出版、一九七三年（改訂増補版、随想社、一九九四年）
高橋正博「豊満ダム万人坑」、森正孝編著『中国の大地は忘れない――侵略・語られなかった戦争――』社会評論社、一九八六年
石飛仁『悪魔の証明』経林書房、一九八七年
指紋なんてみんなで〝不〟の会編『抗日こそ誇り――訪中報告書――』中国東北地区における指紋実態調査団、一九八八年
田中恒次郎「『満洲国』における労働問題について」、安藤彦太郎編『近代日本と中国』汲古書院、一九八九年
中国人強制連行を考える会『花岡　鉱泥の底から』一九九〇年
中国人強制連行を考える会『花岡　鉱泥の底から』第二集、一九九二年
中国人強制連行・西松建設裁判を支援する会『地底の響き　一九九二年訪中聞き取り証言集』
中国人強制連行・西松建設裁判を支援する会『地底の響き　一九九三年訪中聞き取り証言集』
上羽修『中国人強制連行の軌跡「聖戦の墓標」』青木書店、一九九三年
中国人強制連行を考える会『花岡　鉱泥の底から』第三集、一九九三年
松沢哲成「隠された資料の山々――中国人強制連行について――」『東京女子大学学会ニュース』八一号、一九九三年
NHK取材班『幻の外務省報告書』日本放送出版協会、一九九四年
田中宏『検証　中国人強制連行』歴史を知るシリーズ、日本中国友好協会全国本部、一九九四年

中国人強制連行を考える会『花岡　鉱泥の底から』第四集、一九九四年
庄司時二・藤島正行『大館市史　花岡事件五十年——歴史を風化させぬために——』一九九五年
上羽修『鎖された大地　満ソ国境の巨大地下要塞』青木書店、一九九五年
老田裕美「日本の中国侵略における華北および強制連行と万人坑について」、戦争犠牲者を心に刻む南京集会編『中国人強制連行』東方出版、一九九五年
猪八戒「中国人強制連行が積み残した課題」、戦争犠牲者を心に刻む南京集会編『中国人強制連行』東方出版、一九九五年
中国人強制連行・西松建設裁判を支援する会『中国人被爆者・癒えない痛苦』明石書店、一九九五年
石飛仁他『花岡事件 FOR BEGINNERS』現代書館、一九九六年
山田昭次・田中宏編『隣国からの告発——強制連行の企業責任　二』八月書館、一九九六年
松沢哲成「日本帝国主義の労務政策」『比較文化研究所紀要』（東京女子大学）五七号、一九九六年
川野幸男「中国人の東北（旧満州）移民を再考する」『経済学研究』（東京大学）三八号、一九九六年
中国人強制連行国際シンポジウム大阪集会報告集編集委員会編『報告集　中国人強制連行国際シンポジウム大阪集会』同実行委員会、一九九七年
日中友好協会山形支部『酒田港における中国人強制連行・強制労働の記録』一九九七年
石飛仁『中国人強制連行の記録』三一書房、一九九七年
『中国人強制連行国際シンポジウム広島集会報告集』西松建設裁判を支援する会、一九九七年
平和へのうねり・いしかわ友好訪中団編『痛苦の証言・五〇年を越えて——七尾強制連行の生存者を訪ねて——』平和へのうねり・いしかわ友好訪中団報告集、一九九七年
蘇崇民「撫順炭鉱の把頭制度」日本寄せ場学会『寄せ場』一一号、一九九八年五月（再録：「中国人強制連行の実態と背景」研究会編『日中にまたがる労務支配——中国人強制連行の背景と実相―九七年秋季国際シンポジウム東京集会報告集』一九九八年）
傅波「撫順鉱務局館蔵の日本の中国侵略時期の檔案資料の研究」日本寄せ場学会『寄せ場』一一号、一九九八年五月（再録：「中国人強制連行の実態と背景」研究会編『日中にまたがる労務支配——中国人強制連行の背景と実相―九七年秋季国際シンポジウム東京集会報告集』一九九八年）

老田裕美「『特殊工人』と『万人坑』――日本への『中国人強制連行の原型』として」日本寄せ場学会『寄せ場』一一号、一九九八年五月（再録：「中国人強制連行の実態と背景」研究会編『日中にまたがる労務支配――中国人強制連行の背景と実相―九七年秋季国際シンポジウム東京集会報告集』一九九八年）
松沢哲成「親方制度と把頭制――中国人強制連行の背景」、日本寄せ場学会『寄せ場』一一号、一九九八年五月（再録：「中国人強制連行の実態と背景」研究会編『日中にまたがる労務支配――中国人強制連行の背景と実相―九七年秋季国際シンポジウム東京集会報告集』一九九八年）
中国人強制連行国際シンポジウム広島集会実行委員会編『中国人強制連行国際シンポジウム　広島集会報告集』
『中国人強制連行・西松建設裁判――歴史に正義と公道を――』中国人強制連行・西松建設裁判を支援する会、一九九八年
花岡事件を記録する会編『甦生する六月――九七花岡事件六・三〇行動記録集――』花岡六・三〇実行委員会、一九九八年
『水豊ダム現地調査報告集　戦前の「水豊」から「安野」の今へ――西松建設の戦争責任――』中国人強制連行・西松建設裁判を支援する会、一九九九年
第二次平和の旅訪中団『酒田港における中国人強制連行の記録・第二次中国平和の旅報告集』一九九九年
王紅艷「『満州国』における特殊工人に関する一考察」（上）（下）、『中国研究月報』一九九九年三・四月号
西成田豊「中国人強制連行政策の成立過程」『一橋大学研究年報　経済学研究』四二号、二〇〇〇年
古庄正・田中宏・佐藤健生他『日本企業の戦争犯罪――強制連行の企業責任　三』八月書館、二〇〇〇年
中国人強制連行を考える会『花岡　鉱泥の底から』第八集、二〇〇一年
松尾章一「戦争責任と戦後補償――中国人強制連行「劉連仁事件」東京地裁判決に寄せて――」、『季刊　戦争責任研究』三三号（特集　日独における強制連行・強制労働）、二〇〇一年秋季号
森田太三「中国人強制連行・強制労働についての法律問題」『季刊　戦争責任研究』三三号、二〇〇一年秋季号
矢野久「強制連行・強制労働の日独比較」『季刊　戦争責任研究』三三号、二〇〇一年秋季号
解学詩「満州国末期の強制労働」、松村高夫・解学詩・江田憲治編『満鉄労働史の研究』日本経済評論社、二〇〇二年

《中国語》

李平凡訳編『花岡惨案』人民美術出版社、一九五六年（原書、中日友好協会編『花岡ものがたり』）

洛沢『花岡河的風暴』上海・新文芸出版社、一九五七年
「奴役労働」、姜念東・伊文成・解学詩・呂元明・張輔麟『偽満州国史』吉林人民出版社、一九八〇年
「九万鋼鉄、鉱山工人的苦難」、解学詩・張克良編『鞍鋼史（一九〇九～一九四八年）』冶金工業出版社、一九八四年
「労工血泪」、軍事科学院外国軍事研究部編著『日本侵略軍在中国的暴行』解放軍出版社、一九八六年
斉武『抗日戦争時期中国工人運動史稿』人民出版社、一九八六年
劉世沢「東北淪陥期間日偽対関内労工的〝限制〟和掠奪」『東北地方史研究』一九八七年一期
座樹林・李伝国「本渓湖煤鉄工人〝八・二三〟大罷工概況」『東北地方史研究』一九八九年二期
蘇崇民『満鉄史』東北淪陥十四年史叢書、中華書局、一九九〇年
李伝国「東北〝特殊工人〟及其抗日闘争」『東北地方史研究』一九九一年二期
滕利貴「人力掠奪与労工奴役」、同『偽満経済統治』偽満史叢書、吉林教育出版社、一九九二年
陳理昂・朱鉄英編『花岡暴動回憶録』中国青年出版社、一九九二年
李生占「弓長嶺矯正輔導院紀実」『東北地方史研究』一九九二年二／三期
解学詩「緊急劫掠」、同『歴史的毒瘤―偽満政権興亡』抗日戦争史叢書、広西師範大学出版社、一九九三年
劉宝辰『花岡暴動――中国〝労工〟在日本的抗日壮挙』人民出版社、一九九三年
張国通『花岡事件』河南省人民出版社、一九九三年
「労働統制与工人生活悪化」、李茂杰・孫継英主編『苦難与闘争十四年』中巻、東北淪陥十四年史叢書、中国大百科全書出版社、一九九五年
「労工血泪」、歩平・辛培林主編『苦難与闘争十四年』下巻
「〝特殊工人〟的英勇闘争」、歩平・辛培林主編『苦難与闘争十四年』下巻
解学詩「〝国民皆労〟政策」、同『偽満州国史新編』人民出版社、一九九五年
何天義主編『石家荘集中営』『偽満労工血泪史』『華北労工協会罪悪史』『中国労工在日本』日軍槍刺下的中国労工資料及研究叢書之一～四、新華出版社、一九九五年
傅波主編『罪行罪証罪責、第一集　二戦時期日本侵略者在我国東北地区残害被俘人員専題』遼寧省人民出版社、一九九五年

蘇崇民・李作権・姜壁潔主編『労工的血与泪』東北淪陥十四年史叢書、中国大百科全書出版社、一九九五年
孫玉玲『日軍暴行録　遼寧分巻』東北淪陥十四年史叢書、中国大百科全書出版社、一九九五年
趙聆実主編『日軍暴行録　吉林分巻』東北淪陥十四年史叢書、中国大百科全書出版社、一九九五年
「日偽当局対労工的迫害」、郭素美・車霽虹主編『日軍暴行録　黒龍江分巻』東北淪陥十四年史叢書、中国大百科全書出版社、一九九五年
孫果達主編『太陽旗下的撒旦《サタン》――侵華日軍暴行紀実』上海遠東出版社、一九九五年
中共石家荘市委員会党史研究室・石家荘市党史研究会編『日軍侵華暴行（国際）学術研討会』新華出版社、一九九六年
林伯燿「日本強擄中国人的真相」『抗日戦争研究』一九九八年一期
陳景彦「二戦期間在日本的中国労工」『歴史研究』一九九八年二期
劉宝辰「日本侵華期間迫害労工問題国際学術研討会綜述」『抗日戦争研究』一九九八年第四期
陳景彦『二戦期間在日中国労工問題研究』吉林人民出版社、一九九九年
何天義「大型画冊《花岡事件》」『抗日戦争研究』一九九九年二期
居之芬「対日本強擄輸出華北強制労工人数考証問題的一点看法」一九九九年二期
趙玉潔・陳加栄「関東軍対特殊工人的奴役和鎮圧」『東北淪陥史研究』一九九九年二期
何天義「日本設在華北的戦俘集中営与押往来東北各地的特殊工人」『東北淪陥史研究』一九九九年三期
「強徴労工」、張銓・荘志齢・陳正卿『日本軍在上海的罪行与統治』上海人民出版社、二〇〇〇年
呉天威「日本在侵華戦争期間迫害致死中国労工近千万」『抗日戦争研究』二〇〇〇年一期
陳景彦・李霞「在日中国労工研究中的日文資料使用問題」『東北亜論壇』二〇〇〇年四期
居之芬「二次大戦期間日本使用中国強制労工数初考」『抗日戦争研究』二〇〇一年一期

日本における七三一部隊の解明

『細菌戦用兵器ノ準備及ビ使用ノ廉デ起訴サレタ元日本軍軍人ノ事件ニ関スル公判書類』モスクワ　外国語図書出版所、一九五〇年

（復刻版、不二出版、一九八二年／海燕書房、一九八二年）
秋山浩『特殊部隊七三一』三一書房、一九五六年
島村喬『三千人の人体実験――関東軍謎の細菌秘密兵器研究所』原書房、一九六七年
家永三郎『太平洋戦争』岩波書店、一九六八年
高杉晋吾『日本医療の原罪――人体実験と戦争責任』亜紀書房、一九七三年
山田清三郎『細菌戦軍事裁判』東邦出版社、一九七四年
常石敬一『消えた細菌戦部隊――関東軍第七三一部隊』海鳴社、一九八一年（増補版、一九八九年）
森村誠一『悪魔の飽食――「関東軍細菌戦部隊」恐怖の全貌！』光文社、一九八一年
John W. Powell Jr., A Hidden Chapter in History, *Bulletin of the Atomic Scientists*, October, 1981
森村誠一『〈悪魔の飽食〉ノート』晩聲社、一九八二年
森村誠一『続・悪魔の飽食――「関東軍細菌戦部隊」謎の戦後史』光文社、一九八二年（『改訂新版　続・悪魔の飽食』角川文庫、一九九一年）
石田新作『悪魔の日本軍医』山手書房、一九八二年
常石敬一・朝野富三『細菌戦部隊と自決した二人の医学者』新潮社、一九八二年
郡司陽子編『真相　石井細菌部隊――極秘任務を遂行した隊員たちの証言』徳間書店、一九八二年
郡司陽子『証言七三一石井部隊――今、初めて明かす女子隊員の記録』徳間書店、一九八二年
森村誠一『悪魔の飽食　第三部』角川書店、一九八三年
越定男『日の丸は紅い泪に――第七三一部隊員告白記』教育史料出版会、一九八三年
秋元寿恵夫『医の倫理を問う――第七三一部隊での体験から』勁草書房、一九八三年
森村誠一『ノーモア〈悪魔の飽食〉』晩聲社、一九八四年
常石敬一編訳『標的・イシイ――七三一部隊と米軍諜報活動』大月書店、一九八四年
三友一男『細菌戦の罪――イワノボ将官収容所虜囚記』泰流社、一九八七年
滝谷二郎『殺戮工廠・七三一部隊――発見された細菌部隊の告白調書』新森書房、一九八九年

Peter Williams and David Wallace, *Unit 731: The Japanese army's secret of secrets*, Hodder & Stoughton, 1989

森村誠一編『裁かれた七三一部隊』晩聲社、一九九〇年

森正孝・糟川良谷・高橋正博・大石恒雄編著『中国側資料　日本の中国侵略』明石書店、一九九一年

田中明・松村高夫編『七三一部隊作成資料』不二出版、一九九一年

中央檔案館・中国第二歴史檔案館・吉林省社会科学院編（江田憲治・兒嶋俊郎・松村高夫編訳）『証言　人体実験――七三一部隊とその周辺』同文舘、一九九一年

中央檔案館・中国第二歴史檔案館・吉林省社会科学院編（江田いづみ・小林英夫・田中明・和気朗編訳）『証言　細菌作戦――BC兵器の原点』同文舘、一九九二年

韓暁（山辺悠喜子訳）『七三一部隊の犯罪』三一書房、一九九三年

木下健蔵『消された秘密戦研究所』信濃毎日新聞社、一九九四年

松村高夫編『論争　七三一部隊』晩聲社、一九九四年

「心に刻む集会」実行委員会『七三一部隊〈アジアの声第八集〉』東方出版、一九九四年

常石敬一『医学者たちの組織犯罪――関東軍第七三一部隊』朝日新聞社、一九九四年

Sheldon H. Harris, *Factories of Death—Japanese biological warfare 1932-45 and the American cover-up*, Routledge, 1994（近藤昭二訳『死の工場――隠蔽された七三一部隊』柏書房、一九九九年）

森正孝・糟川良谷編『中国側史料　七三一部隊の細菌戦――日本軍の細菌攻撃は中国人民に何をもたらしたか』明石書店、一九九五年

小林英夫・兒嶋俊郎編（林道夫訳）『七三一細菌戦部隊・中国新資料』不二出版、一九九五年

吉見義明・伊香俊哉編『七三一部隊と天皇・陸軍中央』岩波書店、一九九五年

七三一部隊国際シンポジウム実行委員会編『日本軍の細菌戦・毒ガス戦――日本の中国侵略と戦争犯罪』明石書店、一九九六年

埼玉県立庄和高校地理歴史研究部＋遠藤光司『高校生が追う――ネズミ村と七三一部隊』教育史出版会、一九九六年

七三一部隊研究会編『細菌戦部隊』晩聲社、一九九六年

Hal Gold, *Unit 731—Testimony*, Yenbook, 1996（浜田徹訳『証言・七三一部隊の真相――生体実験の全貌と戦後謀略の軌跡』広済堂

出版、一九九七年）
松村高夫・解学詩・郭洪茂・李力・江田いづみ・江田憲治『戦争と疫病――七三一部隊のもたらしたもの』本の友社、一九九七年（中国語版、『戦争与悪疫―七三一部隊罪行考』北京、人民出版社、一九九八年）
「明らかにする会」編著『細菌戦が中国人民にもたらしたもの――一九四〇年の寧波』明石書店、一九九八年
松村高夫「七三一部隊と細菌戦――日本現代史の汚点」『三田学会雑誌』九一巻二号、一九九八年七月
太田昌克『七三一免責の系譜』日本評論社、一九九九年
関成和（松村高夫・江田いづみ・江田憲治編訳）『七三一部隊がやってきた村――平房の社会史』こうち書房、二〇〇〇年
中国黒龍江省檔案館・中国黒龍江省人民対外友好協会・日本ＡＢＣ企画委員会編『「七三一部隊」罪行鉄証――関東憲兵隊「特移扱」文書』中国、黒龍江人民出版社、二〇〇一年
吉永春子『七三一――追撃・そのとき幹部達は……』筑摩書房、二〇〇一年
『裁かれる細菌戦――七三一・細菌戦パネル展』資料集シリーズ№7、ＡＢＣ企画委員会、二〇〇二年

中国における七三一部隊認識

韓暁・鄒得里「日本関東軍平房細菌工場紀実」『黒龍江文史資料』一九八三年
許介鱗「在中国的日本化学細菌戦部隊」、中央研究院近代史研究所『抗戦前十年国家建設研討会論文集』一九八四年
韓暁「日軍七三一部隊法西斯暴行輯録」『黒龍江文史資料』一九輯、一九八五年
軍事科学院外国軍事研究部『日本侵略軍在中国的暴行』解放軍出版社、一九八六年
韓国・尹慶芳「侵華日軍第七三一部隊里的労工」『黒龍江文史資料』二二輯、一九八六年
姜書益「抗戦期間日軍在華之細菌作戦」『近代中国』五九期、一九八七年
中央檔案館等編『細菌戦与毒気戦』日本帝国主義侵華檔案資料選編第五巻、中華書局、一九八九年
韓暁・辛培林『日軍七三一部隊罪悪史』黒龍江人民出版社、一九九一年
侵華日軍第七三一部隊罪証陳列館編『侵華日軍細菌部隊罪証図片集』黒龍江人民出版社、一九九一年

高興祖「侵華日軍細菌戦和用活人実験的罪行」『民国春秋』一九九二年一二月
黄可泰・呉元章『惨絶人寰的細菌戦——一九四〇年寧波鼠疫史実』東南大学出版社、一九九四年
韓暁・金成民『日軍七三一部隊罪行見証』黒龍江人民出版社、一九九五年
遼寧省檔案館編『罪悪的「七三一」「一〇〇」——侵華日軍細菌部隊檔案資料選編』遼寧民族出版社、一九九五年
邢祁・陳大雅『辛巳劫難——一九四一年常徳細菌戦紀実』中共中央党校出版社、一九九五年
沙東迅『掲開「八六〇四」之謎』花城出版社、一九九五年
韓暁「日軍七三一部隊『特別輸送』的部分案例」『日本侵華研究』二一・二二期、一九九五年
呉天威「『七三一部隊——第二次世界大戦中日本的細菌戦』美国版遺漏的一章」『日本侵華研究』二一・二二期、一九九五年
高興祖「第七三一部隊和日本軍部——準備対蘇動用細菌武器真相」『日本侵華研究』二一・二二期、一九九五年
藤井志津枝「関東軍第七三一部隊的細菌毒気実験」『日本侵華研究』二一・二二期、一九九五年
藤井志津枝「日軍七三一部隊在戦後如何脱逃東京審判」『日本侵華研究』二五期、一九九六年
解学詩「東北鼠疫猖獗与七三一部隊之細菌謀略」『日本侵華研究』二五期、一九九六年
沙東迅「侵華日軍在粤進行細菌戦之概況」『抗日戦争研究』一九九六年二期
郭成周・廖応昌『侵華日軍細菌戦紀実』北京燕山出版社、一九九七年
藤井志津枝『七三一部隊——日本魔鬼生化的恐怖』文英堂、一九九七年
解学詩・松村高夫等『戦争与悪疫——七三一部隊罪行考』人民出版社、一九九八年
黄可泰・邱華士・夏素琴『寧波鼠疫史実——侵華日軍細菌戦罪証』中国文聯出版公司、一九九九年
邱明軒『罪証——侵華日軍衢州細菌戦史実』中国三峡出版社、一九九九年
張世欣『浙江省崇山村・侵華日軍細菌戦罪行史実——受害索賠、崇山村人的正当権利』浙江教育出版社、一九九九年
関成和（松村高夫・江田いづみ・江田憲治編訳）『七三一部隊がやってきた村——平房の社会史』こうち書房、二〇〇〇年（日本語版のみ）

抗日民族統一戦線形成史

丁雍年「関於我党和平解決西安事変方針問題」『党史研究資料』一九八二年一一期
楊奎松「中国共産党抗日民族統一戦線政策的形成与共産国際」『近代史研究』一九八二年四期
水羽信男「近年日本における抗日民族統一戦線史研究について」『広島大学東洋史研究室報告』五、一九八三年
田中仁「王明（陳紹禹）における抗日民族統一戦線論の形成について」『史学研究』一五八号、一九八三年
李鴻文「論中共中央《〃一・二六〃指示信》対東北抗日闘争的影響」『東北師大学報』一九八三年五期
顧小平「抗日民族統一戦線策略方針与第二次国共合作的形成研究綜述」『党史研究』一九八四年二期
中央統戦部・中央檔案館編『中共中央抗日民族統一戦線文件選編』上・中・下、檔案出版社、一九八四年〜一九八六年
郭大鈞「従〃九・一八〃到〃八・一三〃国民党政府対日政策的演変」『歴史研究』一九八四年六期
向青「共産国際和中国共産党関於建立抗日民族統一戦線的策略」『共産国際与中国革命関係論文集』上海人民出版社、一九八五年
福本勝清「一二・九運動――中国一九三五年の歴史選択――」『中国研究月報』四五二号、一九八五年
郭緒印・盛慕真「評価『救国会』抗日救国的政治主張」『上海師範大学学報』一九八五年二期
田中仁「抗日民族統一戦線をめぐる王明と中国共産党」『歴史評論』四二三号、一九八五年
金再及「関於党的抗日民族統一戦線形成的幾箇問題」『近代史研究』一九八六年一期
孫思白「〃九一八〃与〃一二九〃学生運動比較研究」『歴史研究』一九八六年三期
李良志「抗日民族統一戦線形成問題研究述評」『教学与研究』一九八六年四・五期
井上久士「国民政府と抗日民族統一戦線の形成――第二次国共合作論への一視角」、中国現代史研究会編『中国国民政府史の研究』汲古書院、一九八六年
中共北京市委党史資料徴集委員会編『一二九運動』中共党史資料出版社、一九八七年
青柳純一「救国会派と第二次国共合作――『団結禦侮』声明を中心として」『歴史研究』二四号、一九八七年
池田誠編『抗日戦争と中国民衆――中国ナショナリズムと民主主義――』法律文化社、一九八七年
西村成雄「概観――中国ナショナリズムとしての『抗日救亡』論――」、『抗日戦争と中国民衆――中国ナショナリズムと民主主義

――』法律文化社、一九八七年
石島紀之「国民政府の『安内攘外政策』とその破産」、『抗日戦争と中国民衆――中国ナショナリズムと民主主義――』法律文化社、一九八七年
田中仁「中国共産党における抗日民族統一戦線理論の確立」、『抗日戦争と中国民衆――中国ナショナリズムと民主主義――』法律文化社、一九八七年
水羽信男「抗日民衆運動の展開とその思想」、『抗日戦争と中国民衆――中国ナショナリズムと民主主義――』法律文化社、一九八七年
李海文「周恩来対和平解決西安事変的貢献」『紅旗』一九八七年一期
李勇・張仲田編『抗日民族統一戦線大事記』中国経済出版社、一九八八年
平野正『北京一二・九学生運動――救国運動から民族統一戦線へ――』研文出版、一九八八年
平野正「抗日民族統一戦線への視角をめぐって――中国共産党の指導性に関連して――」『中国―社会と文化』三号、一九八八年
張培森・程中原・曽彦修「張聞天与西安事変」『党的文献』一九八八年三期
黄啓鈞「中共駐共産国際代表団与抗日民族統一戦線的形成」『中共党史研究』一九八八年六期
宇野重昭「西安事変研究とその意義――日中戦争との関連において――」『成蹊法学』二八号、一九八八年
金冲及主編『周恩来伝　一八九八―一九四九』人民出版社・中央文献出版社、一九八九年
中共中央党史資料徴集委員会編『第二次国共合作的形成』中央党史資料出版社、一九八九年
水羽信男「抗日民族統一戦線史研究の課題――平野正『北京一二・九学生運動――救国運動から民族統一戦線へ――』をめぐって」『近きに在りて』一六号、一九八九年
楊奎松「王明在抗日民族統一戦線策略方針形成過程中的作用」『近代史研究』一九八九年一期
王栄先「中国共産党関於抗日民族統一戦線策略的演変」『歴史檔案』一九八九年三期
李義彬「関於〝逼蔣抗日〟方針形成問題」『近代史研究』一九八九年四期
李良志著・田中仁訳「抗日民族統一戦線樹立における王明の役割について」『大阪外国語大学論集』二号、一九九〇年
殷子賢・曹雁行「一九三五年一〇月《秘密指示信》作者考」『近代史研究』一九九〇年三期

殷子賢「西安事変的平和解決和張国燾的謬説」、中共中央文献研究室・中央檔案館『党的文献』編輯部『中共党史風雲録』人民出版社、一九九〇年
廖蓋隆主編『中国共産党歴史大辞典』（新民主主義革命時期）中共中央党校出版社、一九九一年（増訂版、二〇〇一年）
中共中央党史研究室『中国共産党歴史』人民出版社、一九九一年
劉吉主編『中国共産党七十年』上海人民出版社、一九九一年
西村成雄『中国ナショナリズムと民主主義――二〇紀中国政治の新たな視界――』研文出版、一九九一年
張大軍「浅談中国共産党抗日民族統一戦線策略方針的確立」『河北師院学報（社会科学版）』一九九一年二期
楊奎松『失去的機会？――抗戦前後国共談判実録』広西師範大学出版社、一九九二年
方敏「再論抗日民族統一戦線的形成」『中州学刊』一九九二年六期
金冲及主編・狹間直樹監訳『周恩来伝』上・中・下、阿吽社、一九九二年～一九九三年
申言「党的抗日統一戦線政策与東北抗日連軍」『社会科学輯刊』一九九三年一期
安藤正士「西安事件と中国共産党――政策決定過程におけるいくつかの問題」『近代中国研究彙報』一五号、一九九三年
李雲漢『中国国民党史述』第三編、中国国民党中央委員会党史委員会、一九九四年
賀新城「論九一八事変後的中国統一問題」『抗日戦争研究』一九九四年一期
田中仁「楊奎松『失われし機会？――抗戦前夜における国共交渉実録――』」『大阪外国語大学アジア学論叢』四号、一九九四年
楊奎松『西安事変新探――張学良与中共関係之研究』東大出版公司、一九九五年
李義彬主編『従内戦到抗戦　一九三五－一九三七』上海人民出版社、一九九五年
西村成雄『張学良――日中の覇権と「満洲」』岩波書店、一九九六年
劉俊民等「論王明在抗日民族統一戦線策略制定中的歴史作用」『斉斉哈爾師範学院学報（哲社版）』一九九六年一期
横山宏章「『安内攘外』策と蔣介石の危機意識」『法学研究』六〇号、一九九六年
李雲峰・葉揚兵「蔣介石〝安内攘外〟理論的両箇層次及其関係」『史学月刊』一九九六年三期
今井駿『中国革命と対日抗戦――抗日民族統一戦線史研究序説』汲古書院、一九九七年
沙健遜主編『中国共産党通史　第三巻　掀起土地革命的風暴』湖南教育出版社、一九九七年

蔣永敬「評楊奎松《西安事変新探——張学良与中共関係之研究》」『国史館館刊』復刊二三期、一九九七年
陳鉄健「西安事変簡論——読《西安事変新探》札記」『歴史研究』一九九七年一期
光田剛「東征と中国共産党の『統一戦線』政策——『毛沢東年譜』所収の史料を中心として——」『立教法学』四八号、一九九八年
光田剛「『逼蔣抗日』政策への転換過程——中国共産党一九三六年五～八月——」『立教法学』五〇号、一九九八年
樹中毅「安内攘外政策と中国国民党の政策決定過程」『法律政治学論究』三九号、一九九八年
黄道炫「蔣介石〝攘外必先安内〟方針研究」『抗日戦争研究』二〇〇〇年二期
李良志「関於中共駐共産国際代表団対建立抗日民族統一戦線的作用問題」『北京檔案史料』二〇〇〇年四期
余子道「敵乎？　友乎？——三十年代関於中日関係的一場論争」『共生から敵対へ——第四回日中関係史国際シンポジウム論集』東方書店、二〇〇〇年
楊天石「盧溝橋事変前蔣介石的対日謀略——以蔣氏日記為中心的所做的考察」『近代史研究』二〇〇一年二期

あとがき

二〇世紀から二一世紀への転換の時期に、日中の経済的な交流の緊密化は、経済的な摩擦の増大の可能性と、軍事的ないしは政治的な別次元における諸矛盾を潜行せしめる危険をはらみ、わけても両国民間の約半世紀にわたる歴史認識の隔絶状況をみれば、精神文化と歴史科学の領域における両国民間の相互理解の深化なしには、両国民間の友好も両国家間の協調も殆んど絶望的に思える悲観的な前途しかないことが懸念されるのである。

たとえば小泉純一郎君の「靖国」参拝問題にしても、日中戦争期における日本「帝国」と昭和帝政の原理的否認なくして、これを戦犯の分祀などの技術的な手段の問題に矮小化することが許されるべき筋のことがらであろうか。われわれは、日中両国の和解を妨げる歴史認識の現状に鑑みて、「大日本帝国」の帝国主義的な侵略と支配の機構を究明し、帝政日本の国家権力の発動の主要な形態をなした戦争ならびに戦争犯罪に関する研究成果を閲して、強制連行や細菌作戦などにみられる諸犯罪についてもその研究史を紹介し読者の更なる糾明の参考に供する。そのさいに、本書の論述が、孫文革命後の中国東北部に関係のある研究に重点をおく所以は、昭和帝政期の中国東北部に対する侵略と支配の試みが、中国革命に対する干渉戦争を支える軍事的拠点と経済的基盤の構築をも意図した戦略の基礎または原点と看做される、からである。

われわれは、上述の論点の外に別して以下の二点に意を用いた。第一に日本の研究の動向に則して各章の主題に関する史実の真相に近接すべく努力するが、第二に中国における研究の視点よりみて、日本側では定説化した事実の認識に反する事象を史実と認める解釈の文脈を理解することも必要なのである。この論点に関連して、本書巻末の田中論稿は、一見したところ純学術的な経済史家の著述にあっても、特定の理論的仮説の選択が歴史的事実の「認識」を制約して「隔絶」を醸生する問題について論及している。

ところで、本書の執筆者は下記の研究会に、すなわち、八四年夏に成立発足し研究課題に応じて会員構成を変ずる、仮りに慶應義塾大学太平洋戦争史研究会と称した、会員の名簿などは存在しない組織に参画してこれを構成しているが、研究会成立の前提はつとに八三年中秋の神田における兒嶋俊郎君の七三一部隊に関りのある文書の発見に求められる。この部隊に所属する軍医少佐が著した人体実験を伝える史料の一部は、翌八四年の八月一五日に、『毎日新聞』朝刊により公表されて『人民日報』も直ちに発見の事実を報じた。翌八五年の三月下旬に、中日友好協会の招聘による研究会員訪中が実現するが、当該問題に関する学術交流を促した上記訪中の企画実現は、朝日新聞社・調査研究室の古川万太郎・西園寺一晃の両氏による支援と協助の所産である。七三一問題に関しては先駆的な研究者と目される吉永春子氏の教示と援助に対しても敬意と謝意を表したい。

八五年の訪中時に、研究会の訪中団が、中国の歴史学者や軍医学者と直接に意見を交換して見出した課題は、以後の研究とその方途を基礎づける重要な契機をはらむものであった。ちなみに筆者の観点によれば、七三一部隊関係の研究は中国東北部拠点の施設が、生体実験を通じて犯した密室殺人の告発に限定されうるものではなく、東北部以外の地域に波及した細菌戦部隊の作戦を跡付ける、実証的な研究に従事する局面では中国の研究者の賛助と協力を要すると思われた。一九八九年九月に『細菌戦与毒気戦』を中国が公刊した機会に会員も編訳に着手して、九一年より九二年におよぶ一年半にわたり同文舘から三巻に分けて原著の訳書の刊行を試みた。同書の編訳の作業を前提に、「七三一」関与の『細菌戦』研究を推進する場合には、原著の編纂者こそが共同の研究者として最適の人材であると確信していた筆者は、吉林省社会科学院教授・解学詩先生を共同研究者に迎える好機を掴んだ。

吉林省社会科学院との共同の研究は一九九〇年代初頭から三次にわたり展開されるが、一次の企画は、「十五年戦争期の中国における疫病の社会史的研究」(一九九二～九五)、主要な成果は、松村高夫・解学詩・郭洪茂・李力・江田いづみ・江田憲治著『戦争と疫病―七三一部隊のもたらしたもの』(本の友社、一九九七年)。この企画に先行し同時に併進した、黒龍江省を拠点とする共同研究の所産として、関成和著、松村高夫・江田いづみ・江田憲治編訳『七三一部隊がやってきた村――平房の社会史』(こうち書房、二〇〇〇年)、が『戦争と疫病』よりも年次は少しく遅れて上梓される。上記の二著は、それぞれに、解先生と松村君の、そしてまた、関先生と松村君の、全人格的な信頼関係に基いて生れた日中の合作による研究の成果である。この二つの比類なく優れた著作は、七三一部隊の謎に迫り日中関係史の闇を照す灯としてのその名を永く留めるであろう。

満鉄資料館の館長解先生との共同研究は満鉄研究へと発展して二次と三次の研究の企画に具現する。九七年度以降に慶應義塾大学は、大学院の研究科に「満州の経済と社会」に関する新規の講座の開設を試みた。特別招聘客員教授・解学詩氏は九七年度の秋期におよび来講されるが、義塾に在籍の田中明・柳沢遊の両名が司会し、東京大学の原朗教授を筆頭に松村高夫・伊藤一彦・兒嶋俊郎の諸兄、通訳兼任の江田泉君も講師として参加された。中国語の講義はもとより出講者の多彩さによって、上記の講座はおそらく塾史においても記録に価するものと評せられよう。それ以後も現在まで、講座の成員は夏期と春期の休暇を利用し、吉林省長春の満鉄資料館を訪問しながら資料の吟味と共同の研究に従事してきた。二次と三次の企画の成果は、『満鉄労働史の研究』(一九九五～九八年)、および『満鉄の調査・研究(仮題)』(一九九八～〇二年)として二冊の著書に収められる運びである。ちなみに、慶應義塾の経済学会は、筆者が義塾より退職する機会に、本書を刊行しうるよう出版の助成をなしたが、上記の二著と本書の編集が重複して公刊は大幅に遅延した。それゆえ、刊行の実現は、経済学会の新・旧の両委員長、長名寛明・飯野靖四の両君の寛容および明断の賜物である。末筆ながら特に記して両君に謝恩の意を表する次第である。

筆を擱くに当り改めて解学詩先生と執筆者各位の寄稿に深謝し、併せて編纂の実務に対する柳沢遊君と平山勉君の献身に心より敬意を表する。

二〇〇一年一二月二一日

編者　田中　明

【執筆者紹介】（執筆順）

解学詩（かい・がくし， Xie Xueshi）

1928年生。吉林大学大学院（政治経済学）。吉林省社会科学院満鉄資料館名誉館長。

柳沢遊（やなぎさわ・あそぶ）

1951年生。東京大学大学院（経済学）。慶應義塾大学経済学部教授。

山本裕（やまもと・ゆう）

1974年生。慶應義塾大学大学院経済学研究科後期博士課程。

平山勉（ひらやま・つとむ）

1971年生。慶應義塾大学大学院経済学研究科後期博士課程。

伊藤一彦（いとう・かずひこ）

1946年生。東京大学大学院（国際関係論）。宇都宮大学国際学部教授。

松村高夫（まつむら・たかお）

1942年生。慶應義塾大学大学院（経済学）。慶應義塾大学経済学部教授。

江田いづみ（えだ・いづみ）

1957年生。慶應義塾大学文学部（国史学）。慶應義塾大学非常勤講師。

江田憲治（えだ・けんじ）

1955年生。京都大学大学院（東洋史）。京都産業大学外国語学部教授。

【編著者略歴】

田中　明（たなか　あきら）

1934年　東京に生る
1962年　慶應義塾大学大学院経済学研究科修了（経済学・政策論）
2000年　慶應義塾大学名誉教授（日本近代史・近代思想史）
『七三一部隊作成資料』（共編，不二出版，1991年）
『証言　細菌作戦――BC兵器の原点』（共同編訳，同文館，1992年）

近代日中関係史再考

2002年3月31日　第1刷発行　定価（本体3500円＋税）

編著者　田　中　明
発行者　栗　原　哲　也

発行所　株式会社　日本経済評論社
〒101-0051　東京都千代田区神田神保町3-2
電話 03-3230-1661　FAX 03-3265-2993
URL：http：//www.nikkeihyo. co. jp
文昇堂印刷・山本製本所
装幀＊渡辺美知子

乱丁落丁はお取替えいたします。　Printed in Japan
Ⓒ TANAKA Akira 2002
ISBN4-8188-1406-7

■
本書の全部または一部を無断で複写複製（コピー）することは，著作権法上での例外を除き，禁じられています．本書からの複写を希望される場合は，小社にご連絡ください．

高橋泰隆著
日本植民地鉄道史論
―台湾、朝鮮、満州、華北、華中鉄道の経営史的研究―
A5判　八五〇〇円

台湾鉄道、朝鮮鉄道、そして満鉄に代表される中国東北部の鉄道が日本の進出によってどのように形成されていったか。またその経営はどのようになされていたか。

柴田善雅著
占領地通貨金融政策の展開
A5判　八五〇〇円

満州事変から太平洋戦争全期間にわたる日本の占領地（東アジア・東南アジア全域）における通貨帝国の構築と解体の実証的研究。占領地通貨体制はいかに破綻したか。

越沢　明著
満州国の首都計画
―東京の現在と未来を問う―
四六判　二二〇〇円

日本の植民地であった旧満州で実施された都市計画は、近代日本の都市計画の理念と技術を全面的に適用した一大実験場であった。壮大なスケールの全容を解明する。

久保文克著
植民地企業経営史論
―「準国策会社」の実証的研究―
A5判　七五〇〇円

台湾製糖の「準国策会社」的性格を大日本製糖や明治製糖などの民間会社と比較・検討。国策会社台湾拓殖の企業経営を通して台湾の植民地化も明らかにする。

松村高夫・解学詩・江田憲治編著
満鉄労働史の研究
A5判　五二〇〇円

日中戦争下の「満州国」における日本の国策会社満鉄と昭和製鋼所、福昌華工など関連企業の労働史と運動史を解明し、中国人労働者の生活・抵抗・蜂起の実像を描く。

（価格は税抜）

日本経済評論社